국어 어휘론 개설

◆

심재기 · 조항범 · 문금현
조남호 · 노명희 · 이선영
공저

(주)박이정

'국어 어휘론'을 하나의 책으로 묶은 지 어느새 여섯 해를 넘기려 한다. 우리 여섯 사람은 그동안 나이도 들고 공부도 깊어져서 이 어휘론 속에서 풀어놓은 옛날 논의들이 얼마간 낡은 것일 터인데, 우리는 크게 수정하지 않고 조금 손을 보아 개정판이라 고쳐 부르기로 하였다. 이 책에서 얘기한 것들은 대개 어휘론의 기초 항목들이라 그 뼈대는 건드리기가 싫었기 때문이다. 더구나 새로운 논의와 관심은 이 책의 얘기를 토대로 하여도 얼마든지 넓게 펼쳐지리라고 믿는다.

참으로 오래된 얘기지만, 우리 조상들은 말공부를 모든 학문의 첫머리에 놓았었다. 그 시대의 글공부가 처음부터 글자(곧 한자)를 익히는 것이었으니 천자문(千字文)을 읽는 것이 곧 어휘 공부였고, 좀 더 글공부가 깊어져서 사서삼경(四書三經)을 읽게 되면, 그 경서를 읽기 전에 먼저 그 책에 나오는 특이한 낱말들 곧 물명(物名), 성씨(姓氏) 및 각종 도보(圖譜)를 익히도록 하였다. 이것은 그 경서에 나오는 기본어휘 또는 기초어휘를 알게 하는 작업이었다. 시경(詩經)을 읽기 전에 익혀야 할 도보가 자그마치 스물여섯 가지나 되는데 거기에는 그 노래에 등장하는 시대(時代), 지역(地域), 계절(季節), 천문(天文), 예기(禮器), 악기(樂器), 복식(服飾), 병기(兵器), 거제(車制) 등 그 시대의 자연, 사회, 풍속 등을 파노라마처럼 보여 주고 있다. 우리는 지금 이런 전통을 거의 다 잃어버리고 잊어버린 채, 산천을 노래하면서 "이름 모를" 새들, 꽃들, 나무들을 아무렇지도 않게 입에 올리며 살아간다. 우리나라 글공부의 총체적인 모습이다.

우리는 이러한 잘못이 더 이상 반복되지 않기를 기원하며 이 책을 묶었다. 이 개정판을 새로 내기로 결정하고 우리 지은이들의 게으름을 끈질기게 참아 준 박이정의 편집진 여러 분께 새삼 고마움을 전한다.

2016년 8월
지은이 여섯 사람을 대신하여
심재기(沈在箕) 씀

'국어 어휘론'이란 이름의 학문 분야가 국어학 연구의 한 갈래로 자리 잡은
지 어느새 반세기의 세월을 넘겼다. 그러나 그동안 '국어 어휘론'이란 제목을
붙인 연구 서적이 간행된 것은 겨우 열 손가락을 꼽을 정도로 한산하였다. 음운,
형태, 통사, 문법 등 국어학의 다른 분야가 엄청난 분량의 연구 업적을 내놓는
동안 어휘를 연구하는 사람들은 무엇을 하였던 것일까? 우리는 이 물음에 한없
이 곤혹스럽다. 굳이 해명하자면, 첫째는 어휘론 분야에 관심을 두는 연구자가
다른 분야에 비하여 현격하게 적다는 점이요, 둘째는 어휘론의 연구 범위가 음
운 체계나 통사 구조처럼 제한된 틀 속에 들어 있는 것이 아니라 계량적으로
숫자를 가늠하기 어려울 만큼 끊임없이 확대되는 열린 구조라는 점일 것이다.
그러나 바로 이런 어휘론의 특성이 참다운 연구자들의 도전을 기다리고 있다고
할 수 있다. 근자에 들어와 어휘론에 관심을 둔 연구자가 점차 늘어가고 있는
추세에 있다. 흥미롭게도 언어 연구의 핵심이 음운이나 문장 구조에 있는 것이
아니라 낱말에 있다고 힘주어 주장하는 소리를 심심치 않게 듣게 되었다. 언어
에 대한 문화적 사회적 교육적 접근의 중요성이 점점 커지기 때문일 것이다.
어휘론의 미래가 예견되는 대목이기도 하다.

이러한 시대적 분위기를 의식하며 우리 지은이들은 국어 어휘론에 뜻을 둔
사람들에게 편하게 읽을 개론서를 만들면 좋겠다는 생각을 하게 되었다. 우리들
지은이 여섯 사람은 1980년대 중반부터 국어 어휘론에 뜻을 두고 함께 공부한
한 연구실의 동지들이다. 이름을 붙이자면 서울대학교 대학원 국어 어휘론 전공
연구실이요, 연구 동지들이다. 한 사람은 스승이요, 다른 이들은 대학원 학생으
로 모인 것이긴 하지만 연구실 안에서는 사제의 구분이 따로 없었다. 어쩌면
공부 얘기보다는 잡담을 더 즐겼는지 모른다. 아니 솔직하게 말하자면 세상 돌
아가는 얘기가 많았는데 그중에서도 취직 걱정을 제일 많이 하지 않았나 싶다.
그렇게 세월이 흘러 스승은 정년퇴직을 하였고 다섯 명의 제자들은 다행스럽게

도 국어 어휘론을 중심으로 하는 연구 생활을 계속하는 사람들이 되었다.

이렇게 또 몇 해가 흘러갔다. 그리고 지난해 겨울 어느 날, 모처럼 새해 인사나 나누자고 여섯 사람이 한자리에 모였을 때, 우리가 국어 어휘론 연구의 열기를 불어넣는 씨앗이 되자는 결의를 하게 되었다. 그러고도 몇 차례 우리는 의견 조정을 위하여 설왕설래하였다. 그 끝에 우리는 어휘론 여섯 마당을 다음과 같이 꾸미기로 결정하였다. 제1장 심재기, 제2장 노명희, 제3장 조남호, 제4장 조항범, 제5장 이선영, 제6장 문금현. 이렇게 하여 이 국어 어휘론 개설서가 탄생하였다.

국어 어휘론은 마음만 먹으면 해야 할 분야가 산더미처럼 쌓여 있는 곳간이다. 어휘라는 연구 대상이 본질적으로 열린 마당인지라 관심 있는 사람이 들어와 신명나게 한판 놀기로 한다면 누구나 크게 보람을 얻을 수 있는 노다지 금광이다. 우리 여섯 사람이 이 어휘론 연구에 종사하여 보람을 느끼듯, 뒤따르는 연구자들이 이 공부를 통하여 행복을 누리고 또 이 책이 어휘론 연구의 불씨를 지피는 불땀 좋은 불쏘시개가 되었으면 좋겠다.

2011년 1월
북한산 밑 작은 공부방에서
지은이 대표 심재기(沈在箕) 씀

차 례

1장

국어 어휘의 특성

*이 장은 심재기(1990)을 토대로 하였다.

1. 국어 어휘와 음절

대략 7천5백만 명이 모국어로 사용하고 있는 우리 한국어가 몇 십만의 어휘 목록을 보유하고 있는지는 아직 확실치 않다. 최소 30만 단어는 되는 것으로 추산되는데, 이런 규모의 언어라면 이 세상에 있는 언어들 가운데서는 대단히 큰 언어임에 틀림없다. 다시 말하여 7천5백만 명이 사용하며, 30만 이상의 어휘 수를 가진 국어는 그것을 사용하는 사람들의 의식과 노력이 어떠하냐에 따라 앞으로의 세계를 위하여 훌륭하게 이바지하는 좋은 언어가 될 것인지 아닌지를 판가름나게 할 것인데 그러한 세계사적 사명감과 결부시켜 국어를 생각하고자 할 때에 국어 어휘가 어떤 특징을 지니고 있는가를 생각한다는 것은 매우 중요한 기초 작업이 될 것이다.

국어 어휘는 무엇보다도 먼저 국어 표기의 수단으로 창제된 한글로 거의 완벽하게 표기될 수 있다는 사실이 지적되어야 한다. 이 사실은 한글의 우수성을 지적하는 것으로 이해되는 것이 보통이지만 좀 더 깊이 궁리하여 본다면 국어 어휘의 특성이 한글 표기로 아주 잘 드러날 수 있음을 반증하는 것으로 해석될 수도 있다. 그런데 한글에 의한 국어 표기 방법에서 가장 두드러진 특징은 기본적으로 음소문자인 한글이 음절 구성체로 조립되어 표기된다는 사실이다. 그래서 한글은 음소문자이면서도 음절문자로 운영된다는 이중성을 갖게 되었다. 이러한 음절문자식 표기 방안이야말로 국어 어휘의 특성을 검토하는 대전제가 된다. 그것은 국어 어휘가 음절을 기본 단위로 하여 분석될 수 있음을 뜻하는 것이다.

한글을 서유럽의 알파벳처럼 풀어쓰자는 논의가 금세기 초엽부터 나돌기 시작했으나 그것이 하나의 기발한 착상에 머물고, 결코 실용 단계로 발전하지 않은 까닭은 표기 관습의 전통 또는 보수성 때문이 아니라 어휘 구조의 본질을 파괴한다는 것과도 관련이 있을 것이다. 또한 한글 창제 당시에 자모 하나하나는 음소문자로 만들었으면서도 한자의 발음을 표기하기 위하여 음절로 조립하는 표기 방안이 개발된 것이라고 하여 음절 구성의 조립 방식이 순전히 한자 때문인 것처럼 말하는 사람들이 있으나 이것도 올바른 견해는 아닌 듯하다. 국어 어휘가 음절 단위로 파악된다는 사실과 한자가 음절 단위로 파악된다는 것이 다행스럽게도 일치했기 때문이라고 보아야 할 것이다.

국어 어휘가 음절 단위로 파악된다고 하는 이유를 내세울 때에 우리가 기억해 두어야 할 것은 기초어휘 가운데 상당수가 단음절로 되어 있다는 사실이다. '눈 [眼], 코[鼻], 입[口], 귀[耳], 손[手], 발[足], 등[背], 배[腹], 살[膚], 피[血], 뼈[骨], 애[腸]' 같은 신체어휘나, '물[水], 불[火], 뭍[陸], 땅[地], 앞[前, 南], 뒤[後, 北], 나[我], 너[汝]'와 같은 일반어휘가 단음절로 되어 있다는 것은 원시국어 이래 어휘 의 생성 발달이 음절을 기초로 하여 전개되었음을 암시하는 것으로 이해하여도 좋을 것이다. 이것은 대부분의 언어에 공통되는 현상일지도 모르지만 국어 어휘의 특성을 논의하는 자리에서 마땅히 짚고 넘어가야 할 점인 것만은 분명하다.

2. 음운론적 유연성

국어 어휘는 개별 단어의 기원이 어디에 있느냐 하는 계보(系譜)에 따라 고유어, 한자어, 외래어로 나뉜다. 고유어는 원시국어 이래 순수한 국어 단어라고 생각되는 것이고, 한자어는 한자로 표기가 가능한 모든 우리말 단어이며, 외래어는 금세기에 서양 여러 나라에서 새로운 문물 제도와 더불어 들어온 단어들이다. 엄격하게 따진 다면 한자어도 중국 문화의 산물이요 중국을 기원으로 하는 것이므로 서양 외래어 와 함께 외래어로 취급되어야 마땅할 것이지만, 그 한자어들이 모두 국어 음운 체계에 동화되어 완벽한 한국 한자음으로 읽힐 뿐만 아니라, 고유어와도 이질적인 느낌을 별로 주지 않으면서 자유롭게 결합하기 때문에 특별히 '한자어'라는 명칭을 두어 반고유어(半固有語)의 대접을 한다. 그러나 국어 어휘의 특성을 논할 때에는 고유어의 특성이 중점적으로 논의되어야 할 것이다.

지금까지 고유어의 어휘적 특성은 '배의성(配意性)' 또는 '유연성(有緣性)'이라 는 단어로 응축시켜 표현하여 왔다. 단어를 의미 분석이 가능한 어휘 형태 단위로 쪼개어 놓았을 경우에 단어의 의미 형성 과정이 명쾌하게 나타나기 때문이었다.

즉 의미의 배열 상태가 쉽게 나타나는 특성을 '배의성' 또는 '유연성'이라 이름 붙였던 것이다.

이 유연성은 음운론적인 현상과 형태론적인 현상으로 나누어 보아야 한다. 음운론적인 유연성은 음운 교체성이라는 명칭으로도 설명될 수 있겠는데, 하나의 어휘 형태소에서 음운론적으로 대립이 되는 음운들이 서로 교체되어 쓰임으로써 크게는 그 단어의 의미의 분화를 초래하고 작게는 어감의 차이를 불러일으키는 현상을 가리킨다. 이러한 음운 교체에는 모음 교체와 자음 교체의 두 가지가 모두 존재한다. 한편 형태론적인 유연성은 형태 첨가성이라는 명칭으로도 설명될 수 있는 현상으로 하나의 기본 어간 형태소에 다른 형태소가 그 앞이나 뒤에 결합하여 새로운 단어를 만들어 내는 것을 가리킨다. 이 형태 첨가의 방법은 형태소들의 의미가 대등한 자격으로 결합하느냐 하나가 다른 것에 종속되는 형식으로 결합하느냐에 따라 합성법이니 파생법이니 하는 명칭으로 구분하여 왔었다.

먼저 음운론적 유연성이라 할 수 있는 음운 교체성을 살펴보기로 하자.

국어의 모음은 양성모음과 음성모음이라는 대립의 체계를 유지하여 왔다. 국어에서 이른바 모음조화 현상이 존재한다는 것은 모음의 양분된 대립 체계가 이른 시기부터 확립되어 있었음을 반증하는 것인데 바로 이것이 어휘의 생성과 분화에도 크게 기여하였다. 가장 오래된 국어 자료가 15세기 중세국어 자료이므로 이 시기의 자료에서 찾아보기로 한다.

(1) 맛[味] : 멋[外形的 風味]   살[歲] : 설[元旦]
    갗[皮] : 겇[表面]   나[我] : 너[汝]
    마리[匹, 頭] : 머리[頭]   남다[餘] : 넘다[溢]
    밧다[脫衣] : 벗다[避免]   할다[誹謗] : 헐다[破壞]
    다ᄋ다[盡] : 더으다[增]

(2) 곧다[直] : 굳다[堅]   곱다[曲] : 굽다[屈]
    녹다[鎔] : 눅다[緩]   보ᄃ랍다[軟] : 부드럽다[柔]
    졸다[減縮] : 줄다[減縮]   노ᄅ다[黃] : 누르다[黃]

(3) 긁다[刮] : 긁다[搔]   늙다[衰殘] : 늙다[古老]

　　붉다[明] : 붉다[赤]   술다[燒] : 슬다[消]

　　ᄂᆞ초다[下] : 느추다[緩]

　위의 예에서 볼 수 있는 바와 같이 어간 모음의 교체는 때로는 독립된 단어를 만들기도 하였고, 때로는 '노ᄅᆞ다[黃] : 누르다[黃]'에서처럼 기본의미는 고정되었으면서도 느낌이나 대상물 본성의 작은 차이를 표현해 내는 장치로 기능하여 왔다. 예컨대 '염치(廉恥)'라는 한자어는 그 단어가 지닌 기본의미의 중후성에도 불구하고 '얌체'라는 어간 모음 교체에 의한 변이형을 가지게 됨으로써 본래의 단어 '염치'와는 개념상 정반대의 뜻을 나타내는 경우까지 생기게 되었다. 현대국어에서는 대부분의 의성·의태어가 어간 모음의 교체로 어감상의 차이를 나타내는 어휘군을 형성하고 있다.

　몇 예를 보인다.

(4) 팔랑팔랑 : 펄렁펄렁   아장아장 : 어정어정

　　캄캄하다 : 컴컴하다   오물오물 : 우물우물

　　꼬물꼬물 : 꾸물꾸물   꼼지락거리다 : 꿈지럭거리다

　자음의 교체도 어감상의 차이를 나타내는 어휘군을 만든다.

(5) 감감하다 : 캄캄하다 : 깜깜하다

　　댕댕하다 : 탱탱하다 : 땡땡하다

　　발발거리다 : 팔팔거리다 : 빨빨거리다

　　잘랑잘랑 : 찰랑찰랑 : 짤랑짤랑

　그러나 위와 같이 자음 교체에 의해 생성된 단어들은 모음 교체의 경우처럼 각기 독립된 의미 영역을 확보한 개별 단어로 발전하지는 않는다.[1]

---

1) 중세국어에서 'ᄇᆞ람[風] : ᄑᆞ람[嘯]'이 주목할 만한 예가 되고 있다. 물론 'ᄑᆞ람'은 'ᄇ

3. 형태론적 유연성

앞에서도 언급한 바와 같이 형태론적 유연성은 어휘 형태소들의 결합으로 말미암아 나타나는 특성이다. 어휘 형태소들이 다양한 첨가 방법으로 만들어내는 국어 어휘는 국어 어휘 형성의 근간을 이루고 있다.

형태소의 첨가 방법은 합성법과 파생법의 두 갈래로 나뉜다. 먼저 파생법에 의한 단어 만들기를 살펴보기로 하자.

하나의 어간 형태소가 의미의 중심을 지키고 있고 그 앞이나 뒤에 새로운 의미를 첨가하기 위한 접사가 붙음으로써 파생법에 의한 단어가 만들어진다. 기본이 되는 어간 형태소의 앞에 접사가 붙는 것을 접두파생법이라 하며 뒤에 붙는 것을 접미파생법이라 한다. 다음과 같은 것이 접미파생법에 의한 단어들이다.

(6) 짐, 잠, 꿈, 걸음, 놀음, 울음, 웃음, 앎, 게으름, 괴로움, 그리움, 기쁨, 슬픔, 그림, 그믐

(7) 내기[勝否], 보기[例], 되매기[轉買], 사재기[賣惜], 더하기[加算], 빼기[減算], 글짓기[作文], 뽑기[選拔]

위의 예들은 모두 동사나 형용사 어간에 '-ㅁ'이나 '-기'라는 명사를 만드는 접미사를 붙여 명사가 된 것들이다. '-ㅁ'과 '-기'는 어떤 동사 어간이나 형용사 어간에도 첨가가 가능하므로 '먹음, 읽음, 돌아봄, 읽기, 쓰기, 말하기, 듣기'와 같이 일반적으로는 동명사를 만드는 것이지만 위의 (6)과 (7)의 예들은 처음 만들어질 때에는 동명사로 쓰였을지 모르나 거기에 새로운 특수 의미가 일반화함으로써 용언이 지닌 문법적 기능을 상실하고 완전히 명사로 굳은 이른바 전성명사들이다.

다음은 처음부터 전성명사를 만들기 위하여 특정한 동사 어간 형태소에만 결합하는 접미사와 합쳐져서 생성된 명사들이다.

람' 앞에 'ㅎ'이 개입되어 생긴 것으로 보아야 한다.

(8) 날개, 덮개, 지우개, 집게, 지게

　　노래(놀+애), 마개(막+애), 저지레(저지르+에)

　　놀이, 다듬이, 미닫이, 잡이, 풀이, 높이, 깊이

　　꾸중(꾸짖+웅), 마주(맞+웅), 노랑, 빨강

위의 예에서 '-게' '-애' '-이' '-ㅇ'과 같은 접미사들을 뽑아낼 수 있는데 이것들은 각각 물건의 이름, 행동, 또는 척도 등의 이름을 나타내는 명사를 만들기 위하여서만 쓰이는 접미사들이다.

(9) 털 : 터럭, 줌 : 주먹, 갗 : 가죽

　　잎 : 잎사귀, 목 : 목아지, 말 : 망아지

(9)에서는 '-억' '-욱' '-아지'와 같은 접미사를 가려낼 수 있는데 이것들은 새로운 의미를 첨가한다기보다는 어감의 차이를 나타내는 정도의 기능을 하고 있다. 물론 현대국어에서 '줌'과 '주먹'은 각기 다른 의미 영역을 나타내고 있다.

　　접미파생법에 의한 단어 만들기는 동사, 형용사의 경우에도 광범하게 나타나고 있다. 다음의 예들을 보자.

(10) 밥하다, 떡하다, 나무하다, 한잔하다, 벗하다

　　복되다, 참되다, 헛되다, 순화되다, 진실되다

　　일시키다, 공부시키다, 운동시키다, 말시키다

　　그늘지다, 기름지다, 값지다, 건방지다, 멀어지다, 써지다

　　겹치다, 감치다, 몰아치다, 마주치다

　　멋쩍다, 열적다, 귀살쩍다, 괴이쩍다

　　어른스럽다, 촌스럽다, 사랑스럽다, 엉큼스럽다, 게걸스럽다

　　사람답다, 신사답다, 아름답다, 아리땁다

(10)에서는 '-하-' '-되-' '-시키-' '-지-' '-치-' '-적-' '-스럽-' '-답-'과 같은 접미형태소들이 그 앞에 놓인 형태소와 결합하여 특이한 의미의 동사나 형용사를 만든

단어들을 보인다. 이 용언을 만드는 접미형태소들의 문법적 기능이 무엇인가를 밝히고 또 그들의 차이를 구별하려는 노력은 지난 반세기 국어 문법 연구의 가장 핵심적인 부분이었다. 그중에서도 논쟁의 초점이 되었던 것은 '-하-'와 '-지-'를 손꼽을 수 있을 것이다. 특히 '-지-'는 대단히 흥미 있는 접미형태소임이 밝혀졌는데 그 특성은 명사 어간을 상태동사 어간으로 바꾸어 주고(멋 : 멋지다), 상태동사 어간을 자동사 어간으로 바꾸어 주며(멀다 : 멀어지다), 자동사 어간을 피동사 어간으로 바꾸어 주고(달리다 → 달려지다), 타동사 어간을 피동사나 자동사 어간으로 바꾸어 주는(열다 → 열어지다, 쓰다 → 써지다) 기능을 한다. 국어의 접미형태소들이 갖고 있는 이와 같은 폭넓은 의미 기능의 예를 다른 언어에서도 찾을 수 있을 것이지만 국어에서 특별히 보편적인 현상으로 존재한다는 것은 거듭 강조해도 좋을 것이다.

> (11) 달구다, 엉구다, 비우다, 걷우다, 낮추다, 멈추다
> 곪기다, 남기다, 늘리다, 빨리다, 넓히다, 궂히다
> 미덥다, 서럽다, 놀랍다, 그립다, 기쁘다, 아프다

(11)은 '-우-' '-이-' '-ㅂ-' 등을 기원적 형태소로 하여 그 앞에 있는 동사나 형용사를 통사적 기능이 다른 동사나 형용사로 만든 예들이다. 가령 '낮다[低]'는 형용사이지만 '낮추다'는 타동사가 되었고 '놀라다[驚]'는 자동사이지만 '놀랍다'는 형용사로 바뀌었다. 한때는 이들 '-우-' '-이-' '-ㅂ-' 계통의 접미형태소들을 '보조어간'이라고 잘못 생각하기도 하였다. 이것들이 보조어간이라고 한다면 '낮다'와 '낮추다'는 어감은 다르나 하나의 단어라고 보아야 하는데 그런 견해는 분명히 잘못된 것이었다.

'-ㅂ-' 계열의 접미형태소와 관련하여 국어 어휘의 생성과 소멸에 매우 흥미 있는 현상을 살펴볼 수 있다. 중세국어에서 '곯다, 앓다, 깃다, 믿다' 등은 타동사였다. 그런데 이들 동사 어간에 '-브-' 또는 '-브-' 접미형태소를 첨가시키어 '골프다/고프다, 알프다/아프다, 깃브다/기쁘다, 믿브다/미쁘다'라는 새로운 단어들을 만들어 냈는데 이것들은 모두 현대국어에서 통사적으로는 형용사의 기능을 갖는 단어로

바뀌었다. 그러나 여기에 그치지 않고 '-하-' 접미형태소를 또 다시 첨가하여 '고파하다, 아파하다, 기뻐하다'와 같은 단어를 만들어냈다('미뻐하다'는 아직 생성되지 않았다.). 이들 단어가 타동사임에는 틀림없으나 '곯다'와 '고파하다', '앓다'와 '아파하다'는 의미 영역이 다른 별개의 단어로 쓰인다. 이와 같이 국어 어휘의 생성에는 접미파생법이 무엇보다도 중요한 구실을 하고 있다.

접두파생법은 국어에서 새 단어를 만드는 중요한 장치이기는 하지만 접미파생법만큼 생산적은 아니다. 또 접미파생법에 의한 어휘 생성에서는 통사적 기능에 변화가 와서 품사가 바뀌는 경우가 많으나 접두파생법에서는 단어의 의미 중심이 접두형태소를 앞에 거느리게 되어 있어서 품사가 바뀌는 경우는 발생하지 않는다. 다음 예를 보자.

> (12) 개떡, 개살구, 개나리, 개판, 개소리
> 날고기, 날것, 날탕, 날김치
> 맨손, 맨밥, 맨주먹, 맨입
> 한겨울, 한더위, 한밤중, 한여름

(12)에서 '개-, 날-, 맨-, 한-' 등은 기원적으로는 독립된 단어에서 나온 것이지만 독립성을 상실하고 뒤에 오는 단어와 결합하여 새로운 단어를 만들어내고 있다. '개-'는 "질이 낮은, 막돼먹은, 야생의"의 뜻을 나타낸다. 따라서 '개소리'는 '개-'를 접두형태소가 첨가된 파생어로 파악할 경우 "돼먹지 않은 말"이라는 뜻을 갖게 되어 "개가 짖는 소리"라는 단어와는 다른 단어가 된다. '개나리'도 "품질이 떨어지는 나리꽃"이라는 뜻으로 '개-'와 '나리'가 결합한 접두파생어인데 일반 언어 대중은 그 단어에 너무 친숙해져서 '개-'를 접두형태소로 인식하지 않는 경향이 있다. 그러나 언어 대중의 통속적인 언어 인식과 어휘 형성론의 논의를 혼동해서는 안 될 것이다.

> (13) 들볶다, 들쑤시다, 들부수다, 들먹다
> 빗나가다, 빗보다, 빗듣다, 빗맞다

새빨갛다, 샛노랗다, 새파랗다, 새까맣다
얄밉다, 얄궂다, 드물다, 드세다

(13)은 접두형태소를 갖고 있는 동사 또는 형용사의 예들이다. '들-, 빗-, 새-, 얄-, 드-'와 같은 접두형태소들도 애초에는 독립된 단어로 쓰이던 것이었을 터이나 여기에서는 뒤에 놓인 동사나 형용사의 의미를 제한하는 기능을 나타낼 뿐 그것들이 독립하여 쓰일 경우의 형태를 추정하기 어려울 정도로 형태상의 변화를 입었다. '들-'은 "심하게"라는 뜻을 나타내고 '빗-'은 "빗기어, 부정확하게"의 뜻을 나타내고, '새-'는 "더욱 세게"의 뜻을 나타낸다.

명사 어간 앞에 놓이는 접두형태소는 후행하는 명사를 수식하는 관형어의 구실을 하며 동사 어간 또는 형용사 어간 앞에 놓이는 접두형태소는 후행하는 용언 어간을 한정하는 부사어의 구실을 한다. 이런 점으로 보아서 국어 어휘의 형성에도 국어의 통사적 특성이 그대로 반영된다는 것을 알 수 있다. 이 접두파생법은 접두형태소가 독립성을 갖는 단어가 아니라는 점만 제외하면 다음에서 논의할 합성어 형성과 본질적으로 차이를 보이는 것은 아니라고 하겠다.

파생법과 짝을 이루고 있는 합성법은 두 개의 독립적인 형태소가 대등한 자격으로 결합하여 새로운 단어를 형성하는 단어 만들기 방법이다. 국어 어휘가 형태론적 유연성을 강하게 반영한다고 말할 때에, 우리가 머릿속에 상상하는 것은 합성법에 의한 단어형성이라고 말해도 과언이 아니다. 다음의 예들은 국어의 형태론적 유연성을 증명하기 위하여 자주 인용되었던 것들이다.

(14) 거줏말[僞 + 言]　　　목숨[頸 + 息]
　　 한숨[大 + 息]　　　 マ릭비[霧 + 雨]
　　 눇믈[眼 + 水]　　　 믌결[水 + 理]
　　 빗복[腹 + 核]　　　 뿟눈[米 + 眼]
　　 목구무[頸 + 穴]　　　입시울[口 + 弦]

(14)의 예를 영어 단어와 대응시켜 보면 이들 단어가 얼마나 쉽게 분석될 수 있는지가 판명된다. 가령 '거즛+말'을 'lie'와 대비시켜 보거나 '목+숨'을 'life'와 대비시켜 보면 국어 어휘의 유연성이 더욱 두드러지게 돋보인다.

중세국어에서는 현대국어에서 이미 쓰이지 않거나 형태상의 변화를 입은 상당수의 합성동사가 있는데 그것들을 보면 국어의 합성어 생성이 얼마나 생산적이었는가를 짐작할 수 있다. 다음에 몇 예를 보인다.

> (15) 길잡다, 녀름짓다, 맛보다, 본받다
>   눈멀다, 믈들다, 빗나다, 짓놀다
>   믈잠다, 앞셔다, 뒤돌다

> (16) 나ᅀᅡ가다, 도라오다, 니러서다
>   ᄉᆞ라디다, 븟어디다, 뻐러디다

> (17) 업시너기다, 갓고로디다
>   아니ᄒᆞ다, 몯ᄒᆞ다

> (18) 듣보다, 오ᄅᆞᄂᆞ리다, 나들다
>   뛰놀다, 딕먹다, 빌먹다, 잡쥐다

(15)는 명사와 동사가 결합하여 합성동사가 된 것들이다. '길(을)잡다, 녀름(을)짓다'의 경우는 목적격조사의 생략을 상정할 수 있고, '눈(이)멀다, 믈(이)들다'의 경우는 주격조사의 생략을 상정할 수 있으며, '믈(에)잠다, 앞(에)셔다'의 경우는 처소격조사의 생략이 추정된다. 국어 어휘의 형성에는 이와 같이 국어의 통사 규칙이 철저히 지켜진다는 사실을 주목해야 한다. (16)은 '-아/-어' 형태소가 동사 어간다음에 덧붙어 있음이 주목된다. 현대국어에서는 이 방법이 아직도 보편적인 합성동사 생성 방법으로 쓰이고 있는데 그 앞선 시기의 모습이 이들 중세국어의 예에서 발견된다. (17)은 부사와 동사가 결합한 것이고, (18)은 두 개의 동사 어간이 나란히 대등한 자격으로 결합한 합성동사들이다. (18)과 같은 단어 만들기는 현대국어

에서는 사라지고 없다. 흔히 이러한 중세국어의 합성동사를 비통사적 합성동사라고 하는데 '듣(고)보다', '오르(고)느리다', '빌(어)먹다', '잡(아)쥐다'와 같이 생략된 어미가 상정되기 때문에 비통사적이라고 하지만 국어의 통사 규칙을 어긴 것이라고는 할 수 없다.

다음의 합성어를 살펴보자.

> (19) ㅎㄹ밤, 밡바당, 미힛쥐
>   나막신, 아랑곳, 달걀, 쇠고기

(19)에서 'ㅎㄹ밤'은 사이시옷이 들어 있고 '나막신'에는 '나모+신' 사이에 사이시옷과 같은 기능을 하는 '악/억' 형태소가 끼어들어 있음을 짐작할 수 있다. '달걀'과 '쇠고기'에도 소유격조사 '-의'가 들어 있음을 확인하게 된다. 이처럼 합성어로 구성된 국어 어휘는 형태론적 분석이 가능하고 그것들은 예외 없이 국어의 통사 규칙을 철저하게 지키고 있음을 볼 수 있다. 이것이 곧 고유어, 국어 어휘의 형태론적 유연성이요 형태 첨가성이다.

4. 한자어의 어휘적 특성

이제는 한자어의 어휘적 특성이 어떤 것인가를 살펴보기로 하자. 결론부터 말하여, 음운론적으로 국어 체계에 완벽하게 동화되었다는 점을 제외한다면 어휘의 다른 면은 한자어의 본고장인 중국어의 특성을 그대로 유지하고 있다. 그럼에도 불구하고 한자어가 국어의 어휘 체계 안에서 무리 없이 사용되는 까닭은 첫째, 음운론적 동화 이외에도 합성어 만들기에서 고유어와 무리 없이 결합할 만큼 고유어와의 친화력을 발휘하기 때문이며, 둘째, 중국어 문법에 따르면 어구로 해석되는 3음절 이상의 한자 성구들이 국어의 체계 안에서는 하나의 단어로 되는 현상 때문이다.

먼저 고유어와 한자어가 이질감 없이 합성어를 형성한 예를 보기로 하자.

(20) 밥床, 門설柱, 겉床, 藥밥, 洋담배, 色종이, 꼬마自動車, 窓살
<small>상   문   주   상   약   양   색   자동차   창</small>

위의 예들을 보면 한자어가 한자로 표기가 되는 단어일 뿐, 고유어와 특별히 구별할 필요가 없을 것이라는 느낌이 들 정도로 합성어 결합 양상이 자연스럽다.

(21) ㄱ. 어차피(於此彼), 급기야(及其也), 심지어(甚至於), 별안간(瞥眼間)

ㄴ. 동분서주(東奔西走), 금과옥조(金科玉條), 금의환향(錦衣還鄉), 무소부지(無所不知), 죽마고우(竹馬故友), 일거양득(一擧兩得)

(21ㄱ)의 예들은 국어의 체계 안에서는 단일한 단어이요, 품사상으로는 부사로 처리된다. 그러나 한문 문법에 충실하게 그 의미를 풀이한다면 '어차피'는 "어떻든"이 아니라 "이렇게 하거나 저렇게 하거나"의 뜻으로 풀어야 하고 '급기야'는 "드디어"가 아니라 "이와 같은 지경에 이르러서"라고 풀이해야 한다. 그러나 국어의 체계 안에서는 단일한 부사로 취급될 뿐이며 또 그것이 이해하는 데 아무런 장애도 초래하지 않는다. (21ㄴ)의 예들도 그 뜻을 풀이하면 어구 내지는 문장으로 풀이하여야겠지만 국어의 체계 안에서는 단지 하나의 명사 구실을 할 뿐이다.

한자어는 한자를 이해하고 그 어원을 분석하는 관점에 설 경우에는 한문 문법의 간섭을 받는 것이라고 생각하게 되지만, 한자를 모르는 경우에는 한문 문법이 고려될 수 없는 것이라고 일단 말할 수 있다. 그러나 '학교에 들어감'이라는 개념이 '입학(入學)'으로 표현될 때 한문 문법을 아무리 무시하려 하여도 '입학'의 '학'이 '학교'의 '학'과 같음을 알게 되고 결국 '입학'이 국어의 문법에는 맞지 않는 단어 만들기에 의해 형성된 단어임을 깨닫게 된다. 그리하여 한자어 가운데에는 자연스런 국어 어순과는 다르게 결합된 단어의 무리가 있음을 인정하게 되는데 그러한 어휘에 다음과 같은 것을 손꼽을 수 있다.

(22) ㄱ. 피난(避難), 살생(殺生), 방화(防火), 관광(觀光), 휴회(休會), 개의(開議)

ㄴ. 견탈(見奪), 소정(所定), 소위(所謂), 피침(被侵), 피살(被殺),
　　소회(所懷)

ㄷ. 물론(勿論), 불리(不利), 비리(非理), 무죄(無罪), 부결(否決),
　　막역(莫逆)

ㄹ. 회중(懷中), 상한(傷寒), 의외(意外), 망명(亡命), 피정(避靜),
　　대입(大入)

　(22ㄱ)은 목적(目的) 구성의 단어로 자연스러운 국어 표현에서는 '난을 피함', '생물을 죽임', '불을 놓음'과 같은 해석을 하게 된다. (22ㄴ)는 피동(被動) 구성으로 '빼앗음을 당함(빼앗김)', '정한 대로', '(세상에서) 일컫는 것을 따르면'과 같은 해석을 해야 하고, (22ㄷ)은 부정(否定) 구성으로 '말할 것도 없이', '이롭지 않은', '이치에 맞지 않은' 등으로 모두 뒤에 있는 글자부터 해석을 요구하는 중국어(한문)의 통사 구조를 반영한다. 그리고 (22ㄹ)은 생략(省略) 구성으로서 한문에 대한 소양이 없는 사람들은 조건 없이 암기하여야만 하는 단어들이다. '회중'은 '懷於身中(몸 안에 지님)'에서 줄어든 단어이고, '상한'은 '傷以寒(추위로 인하여 병을 얻음)'의 축약이다. '망명'은 '逃亡而求命(도망하여 목숨을 건짐)'의 뜻이지 글자대로 '목숨을 망하게 함'이 아니며, '피정'은 '避世靜靈(속세를 피하여 조용한 곳에서 영혼을 고요하게 함)'의 뜻이지 '고요한 곳을 피함'으로 해석할 수는 없다. 이렇게 본다면 한자어가 표면적으로는 음절 수에 관계없이 하나의 단어 또는 명사 어근으로 취급되지만, 내면적으로는 여전히 한자 고유의 특성인 단음절 표의문자로서의 기능을 지니고 있음을 인정해야 한다. 이것은 한자가 국어 어휘 체계 안에서 일종의 단음절 형태소의 기능을 담당하고 있음을 뜻한다. 바로 이 점이 한자어가 국어 어휘 체계 안에서 지니고 있는 특성이라고 할 수 있다.

　한편 한자어는 고유어와 대비하였을 때 의미론적으로 고유어와는 다른 점이 있다. 첫째는 고유어와는 다른 의미 영역을 담당하면서 고유어와 대립적인 위치에 있는 점이고, 둘째는 한자어의 만들어짐이 고유어와는 다른 경로를 거치기 때문에 시대적인 단절이 존재한다는 점이다.

　첫째로 한자어가 고유어와는 다른 의미 영역을 갖고 있는 점은 다시 몇 가지로 나누어 살펴볼 수 있다. 우선 고유어가 일반 생활 어휘 또는 기초어휘를 담당하고 있음에 반하여 한자어는 전문어휘, 특수어휘 쪽을 담당하고 있는 점이다. 한자어의 유입 초기부터 관념적이고 사변적인 개념어들은 유교 경전과 불교 경전을 통하여 물밀 듯이 국어 어휘 체계 속에 쏟아져 들어왔다. 이러한 추세는 19세기 말까지 계속되었다. 따라서 일반 생활 어휘를 제외한 다른 분야에서는 한자어 없이는 의사 소통이 이루어질 수 없을 만큼 한자어의 독무대로 발전하였다. 이러한 한자어의 세력은 조만간 일반 생활 어휘에까지 침투하여 한자어와 고유어가 짝을 이루는 동의어군을 형성하게 되었다. 그 결과 한자어는 존경 표현의 감정 가치를 지니는 점잖은 어휘가 되었고 고유어는 그와 반대로 상스럽고 교양 없는 표현이라는 통념 이 형성되었다. 이러한 사회적 분위기를 조장한 것은 물론 조선 왕조의 신분 사회, 그 상층을 구성하고 있는 양반 사대부들이었다. 요즈음에 와서 한자어가 반드시 존경 표현의 어휘는 아니라는 새로운 인식이 싹트고 있으나 이미 사회의 공인 과정 을 거친 상당수의 어휘가 한자어는 존대어이고 고유어는 비존대어로 통용되고 있 다. 어른의 나이를 '춘추(春秋)' 또는 '연세(年歲)'로 표현하는 것은 이러한 사회적 통념이 아직도 건재하고 있음을 나타낸다.

둘째로 한자어는 각 시대마다 그 시대의 필요에 의해 만들어져 쓰이다가 시대의 변화로 소멸되는 수가 있다. 그런데 후대에 와서 또 다른 시대적 요청에 의해 만든 한자어가 우연히 전 시대에 다른 목적, 다른 의미로 쓰이던 것일 수가 있다. 예컨대 '방송(放送)'은 조선 왕조 시대에는 "죄인을 석방함"의 뜻이요, '발명(發明)'은 "죄 인이 자신의 무죄함을 변명함"의 뜻이었다. 한자가 오랜 세월에 걸쳐 여러 의미가 중첩됨으로써 다의적 특성을 지니게 되었기 때문에 생기는 현상이라고 보아야 할 것이다. 오늘날 새로운 과학 정보에 필요한 새 단어를 한자로 만들고자 할 경우, '방송'이나 '발명'과 같은 시대별 의미 차이가 문제되지 않는가는 면밀하게 조사하 여야 할 것이다.

한자어가 중국을 원초적인 발상지로 하여 형성된 어휘라는 것은 움직일 수 없는 사실이다. 그러나 한자로 적히는 어휘라고 하여 모두 중국에서 만들어진 것은 아니 다. 한자어는 크게 나누어 세 나라를 발상지로 한다. 첫째는 중국이고 둘째는 한국이며 셋째는 일본이다. 중국을 발상지로 하는 한자어는 다시 세 부류의 어휘군으로 나누어 볼 수 있다. 유교 경전을 중심으로 한 고전 한문에서 단어로 자주 쓰이게 되어 일반어휘로 굳은 것, 불교 경전을 중심으로 한 단어로 고대 인도어인 산스크리트를 원어로 하는 것(여기에는 음역어와 의역어의 두 가지가 있다.) 그리고 중국 백화문을 기원으로 하는 것의 세 가지이다. 다음에 그 예를 보인다.

(23) ㄱ. 가정(家庭), 감동(感動), 개조(改造), 검소(儉素), 결혼(結婚),
　　　고독(孤獨), 고향(故鄕), 기회(機會), 노력(努力), 농사(農事)
　　ㄴ. 건달바(乾達婆), 미륵(彌勒), 미타찰(彌陀刹), 불체(佛體),
　　　남무불(南無佛), 업장(業障), 연기(緣起), 법우(法雨), 대비(大悲)
　　ㄷ. 보배(←寶貝), 상투(←上頭), 무명(←木棉), 다홍(←大紅), 사탕(←砂糖),
　　　배추(←白菜)

(23ㄱ)은 고전 한문에 기원을 둔 한자어들이다. 오늘날에도 친숙하게 쓰이는 이들 단어들이 얼마나 오래 전에 만들어진 것인가에 새삼 놀라게 된다. (23ㄴ)에서 '건달바(乾達婆), 부처/불체(佛體)'와 같은 것은 산스크리트의 음역어이고 '업장(業障), 연기(緣起)'와 같은 것은 의역어이다. (23ㄷ)은 모두 중국 문화와의 직접적인 접촉의 결과로 중국 문물과 함께 들어온 중국어 단어들이어서 한국 한자음으로 읽히지 않고 중국음으로 읽히기 때문에 한자로 적히기보다는 '보배(寶貝), 상투(上頭), 무명(木棉)' 등 한글로 적히는 경우가 많아서 한자어라는 느낌을 주지 않는 것들이다.

한자어는 한국에서 만든 것도 있다. 한자를 진서(眞書)라 하여 한글보다 더 중요하게 여겼던 우리 선조들이 스스로 한자어를 만들어 썼다는 것은 조금도 이상한 일이 아니다.

(24) 채독(菜毒), 감기(感氣), 신열(身熱), 한심(寒心), 사주(四柱), 팔자(八字),
　　복덕방(福德房), 서방(書房), 도령(道令), 사돈(査頓), 동기(同氣)

(24)의 예들은 한국에서만 통용되는 한자어들이다. 아마도 한자어를 한국, 중국, 일본 세 나라에 두루 통하는 국제어라고 가정할 경우 한국 한자어는 다른 나라에서는 이해되지 않을 것이다. 더구나 순수한 고유어를 한자로 음차하여 적은 '사돈(査頓)'의 경우는 한자를 아무리 축자적으로 분석하여도 바른 뜻을 찾아낼 수는 없을 것이다.

어휘가 본성적으로 한 나라의 문화사를 반영하는 증거가 된다는 것은 이미 잘 알려진 사실이지만, 일본을 발상지로 한 한자어를 보면 그러한 사실을 더욱 실감하게 된다. 금세기에 들어와 집중적으로 사용하게 된 일본 기원 한자어는 새로운 과학 문명을 반영하는 것들이다. 일본이 동양에서 서양 문명을 제일 먼저 받아들여 소화하였음을 증명하는 증거물이기도 하다. 다음 예들을 보자.

> (25) ㄱ. 연역(演繹), 귀납(歸納), 절대(絶對), 선천(先天), 범주(範疇),
> 현상(現象), 주관(主觀), 객관(客觀), 관념(觀念), 철학(哲學),
> 미술(美術), 기차(汽車), 토론(討論), 신경(神經), 원소(元素)
> ㄴ. 편물(編物), 시장(市場), 입구(入口), 부교(浮橋), 내역(內譯),
> 매상(賣上), 대절(貸切), 조립(組立), 선불(先佛), 화대(花代),
> 장면(場面), 견습(見習), 역할(役割), 호명(呼名), 할인(割引)

(25ㄱ)은 일본이 서양의 문화를 받아들이면서 새로운 단어의 필요성을 절감하고 독자적으로 개발해 낸 한자어로서 개화 이후 우리나라에서도 통용된 한자어들이다. (25ㄴ)도 일본에서 만든 한자어인데 일본에서는 한자를 훈독(訓讀)하는 전통이 아직도 남아 있어서 모두 훈독하는 것들이다. '편물(編物)'을 'amimono', '입구(入口)'를 'iriguci', '조립(組立)'을 'kumitate'로 읽는다. 그러나 글자로 쓸 때에는 한자를 사용하기 때문에 우리나라에서는 한국 한자음으로 읽는 한자어가 되었다. 이것들은 한국이 일본의 식민지였었다는 역사적 사실을 어휘로 증명하는 예증이라고 할 수 있다.

이와 같이 한자어는 각 시대에 걸쳐 지속적으로 국어 어휘 체계 안에서 숫자상의 팽창을 계속해 오면서 한편으로는 고유어의 세력을 약화 또는 소멸시키고 또 다른

한편으로는 한자로 표기될 수 없을 정도로 귀화 현상을 보이기도 하였다. 다음의
예를 살펴보자.

(26) 믿글월 : 原文(원문)　　　믿얼굴 : 本質(본질)

　　죽사리 : 生死(생사)　　　즈믄 : 千(천)

　　겨르롭다 : 閑暇(한가)롭다　　과그르다 : 過激(과격)하다

　　ᄉ맛알다 : 通達(통달)하다　　바드랍다 : 危殆(위태)롭다

　　어위크다 : 寬大(관대)하다　　마괴오다 : 證明(증명)하다

(27) ᄀ람 : 江(강), 湖水(호수)　　구실 : 稅金(세금)

　　길, 길이 : 利子(이자)　　누리, 뉘 : 世上(세상)

　　도섭 : 變化(변화), 妖術(요술)　　머귀 : 梧桐(오동)

　　즈름, 주름 : 居間(거간), 仲介人(중개인)　가멸다 : 富裕(부유)하다

(28) 성냥(石硫黃), 대롱(竹筒), 숭늉(熟冷), 영계(軟鷄), 동냥(動鈴), 차례(次第),

　　배웅(陪行), 조금(潮減), 누비(納衣), 방죽(防築), 흐지부지(諱之秘之)

(26)의 예들은 고유어가 한자어의 세력에 밀려 완전히 소멸된 경우이고, (27)의
예들은 고유어의 생명이 아직 남아 있으나 거의 소멸의 위기를 맞은 것들이다.
(28)은 한자음에 변화가 일어나서 고유어처럼 된 단어들이다. 이처럼 한자어는 국
어 어휘 체계 안에서 고유어와 대립하여 고유어를 밀어내기도 하고 고유어의 모습
으로 귀화의 길을 걸으면서 공존하고 있다.

5. 외래어의 어휘적 특성

국어 어휘의 세 번째 계열을 이루는 어휘군은 서양 여러 나라 언어를 기원으로 하는 외래어이다. 이들 외래어의 상당수가 영어로서 현대 과학을 중심으로 한 여러 전문 분야의 용어들이다. 그러나 이들 외래어는 일본 식민지 기간 중에 일본어로 정착된 뒤에 국어 어휘 체계 안에 들어왔기 때문에 지난 반세기 동안은 일본식 발음의 잔재가 남아 있었다. 예컨대 '컵(cup)'은 한 때 '고뿌'라고 발음되었었고 '드럼(drum)'은 '도라무', '캔(can)'은 '깡'이라는 발음이 일반화되었었다. 그러다가 1950년대 이후 원어에 가까운 발음으로 교정하는 과정을 거쳐 현재는 원어와 국어의 음운 체계가 조화를 이룬 새로운 외래어 발음이 정착되었다. 이렇게 서양을 기원으로 하는 외래어는 국어 어휘 체계 안에서 두 번에 걸친 발음 정착 과정을 입었다는 점이 주목된다. 언어 현상이 정치, 사회의 조건에 영향을 받는 단적인 예라 하겠다. 이들 서양 기원의 외래어는 대체로 특정 분야를 특정 언어가 담당하고 있다. 예컨대 음악 용어는 이탈리아어가 담당하였고 의약 분야는 독일어를 기원으로 했으며 미술 분야는 프랑스어를 기원으로 하였다.

그러나 요즈음은 외래어를 늘려 가는 창구를 영어 쪽으로만 열어 놓고 있는 현상을 보인다. 더구나 식견이 모자라는 일부 인사들이 아직 외래어로 정착했다고 볼 수 없는 생소한 외국어(주로 영어)를 일상 회화나 문자 생활에서 필요 이상으로 사용하는 풍조가 나타나고 있다. 이것이 외래어의 증가 요소로 작용한다면 앞으로 이러한 외래어는 점점 더 그 숫자를 늘려갈 것이다. 그러나 이들 외래어가 국어에서 모자라는 어휘를 보충해 주는 새로운 자원임에는 틀림없는 것인즉, 이들 외래어에 대해 지나친 경계심은 갖지 않아야 할 것이다.

외래어가 국어 어휘 체계에 흡수될 때에는 그것이 원래의 말에서 어떤 문법적 기능을 가진 것이건, 명사로 받아들이게 된다는 점은 특별히 주목되어야 한다. 가령 '카무프라즈(camouflage)'는 영어에서 명사와 동사의 두 가지 기능을 하지만 국어에서는 '카무프라즈-하다(겉보기 좋게 위장하다)'와 같은 형태로 쓰인다. 한편 이들 외래어가 2음절 이상의 단어로 되어 있을 때에는 2음절 축약어로 단순화시키는 경향이 있음도 주목해야 한다. '데몬스트레이션(demonstration)'은 '데모'로 줄였고, '내비게이션(navigation)'는 '내비'로 줄여 쓰는 것 등이 그런 예에 속한다. 물론 이러한 줄임말의 전통은 일본어에서 확립된 것인데 국어가 그러한 일본어의 영향에서 완전히 자유로울 수는 없는 것으로 생각된다.

앞으로 외래어의 증가는 예측을 할 수 없을 만큼 빠른 속도로 진행될 것이다. 현대 문명의 변화와 발전은 고유어나 한자어만으로는 소화할 수 없을 정도로 빠르게 진행하기 때문이다.

2장

국어 어휘의 어종

*이 장의 일부 내용은 노명희(2009ㄱ, 2010)을 토대로 재구성하였다.

1. 한자어와 외래어

1.1. 어종의 구별

국어 어휘 중 본래부터 국어에 있었던 어휘를 고유어라 하고 다른 나라 말에서 들어와 국어의 일원이 된 것을 차용어(借用語, loan word)라 한다. 차용어에는 외래 요소인 한자어와 외래어가 포함된다. 차용어와 외래어를 동일한 뜻으로 사용하여 한자어를 외래어의 일종으로 다루기도 하지만 여기서는 한자어를 외래어와 구별하여 양자가 함께 차용어의 하위 부류가 되는 것으로 본다. 동일하게 중국에서 차용한 말이라도 '국가(國家), 학교(學校), 공부(工夫)'와 같이 한자로 표기되며 한국 한자음으로 읽히는 것은 '한자어'라 부르고, '라조기(辣子鷄), 자장(炸醬), 쿵후(功夫)'와 같이 원어의 발음을 그대로 차용한 말은 '외래어'로 보기로 한다. 둘 다 차용한 말이긴 하나 전자는 오래 전에 중국 문어를 통해 유입되어 한국 한자음으로 읽히므로 우리는 이를 구별하여 한자어라 부른다. 반면 '라조기, 자장' 등은 한국 한자음이 아닌 원어의 발음을 들여온 것이므로 서구 언어에서 차용된 어휘들과 마찬가지로 '외래어'에 포함시킬 수 있다. 그리하여 국어 어휘의 어종 구성을 말할 때 고유어, 한자어, 외래어의 삼종 체계로 파악하는 것이 보통이다.

모든 한자어가 다 차용된 것은 아니다. 한자어 중에는 중국이나 일본에서 들여온 것 외에 우리나라에서 만들어 쓰는 한자어도 있다. 예컨대, '감기(感氣), 삼촌(三寸)'과 같은 단어는 우리나라에서 합성된 단어들이고, 더욱이 '대지(垈地), 시가(媤家), 전답(田畓)' 등의 '대(垈), 시(媤), 답(畓)'은 글자 자체가 우리나라에서 만들어진 한자들이다. 학자에 따라서는 이들을 구별하여 '고유한자어'라 부르고 다른 나라에서 들여온 한자어를 '외래한자어'라 하기도 하지만 여기서는 이들을 구별하지 않고 포괄적으로 한자어로 부르기로 한다. 이 점에서 한자어는 그 기원에 관계없이 한자로 표기되며 한국 한자음으로 발음되는 말을 포괄적으로 가리킨다.

한자어 중에는 '귀화어(歸化語, naturalized word)'라 부르는 말들도 있다. 이에는 '배추(白菜), 무명(木綿)' 등이 있는데, 이들은 한국 한자음으로 읽히지 않는다는 점에서는 '라조기'류와 비슷하나 우리말로 변용되어 본래의 어형으로 복귀가 불가능하다는 특징이 있다. 이들은 원래의 어형에서 멀어져 대부분의 화자가 그 어원을 알기 어려우므로 거의 고유어처럼 인식된다.

외래어에 대해서는 그 정의가 다양하다. 외래어를 넓은 의미로 사용하는 사람은 고유어와 대립시켜 다른 언어에서 우리말 속에 들어온 모든 어휘적 요소를 가리키기도 한다. 즉 차용어와 같은 것으로 보는 것이다. 그러나 우리가 흔히 사용하는 '외래어'라는 용어는 차용어 모두를 가리키지 않는다. 국어 어휘 구성을 고유어, 한자어, 외래어의 삼종 체계로 파악하여 외래어는 차용어 중에서 한자어가 아닌 것만 가리킴이 일반적이다. 그런데 이와 같은 좁은 의미의 외래어는 외국어와 관련하여 그 범위가 논란이 되곤 한다. 먼저 좁은 의미의 외래어 정의를 몇 가지 살펴보기로 한다.

> (1) ㄱ. 외국어에서 국어 속에 들어와야 한다, 사용되어야 한다, 단어라야 한다
> (김민수 1973:103~104).
> ㄴ. 서양으로부터 차용 귀화한 것을 중심으로 하여 한자어를 제외한 모든
> 근대 이후의 차용어(심재기 1982:109).
> ㄷ. 국어 어휘 중에서 외국어에 기원을 둔 말. 외국에서 들어온 말로 외국어
> 가 아니고 국어에 속한다(김세중 1998:5~6).
> ㄹ. 외래어는 그 차용원이 대부분 외국어인 단어이다. 외래어 의식은 일상생
> 활과 관련하여 차이가 날 수 있지만 우리말 문맥에서 한글로 적히거나
> 한글 자모로 대표되는 우리말 음운으로 발음되면 외래어가 되는 것으로
> 보아야 한다(임홍빈 2008:12~28).

외래어는 흔히 외국어와 구별하여 외국어로부터 들어와 국어에 정착된 단어만을 일컫는다. 외래어는 국어의 일원이지만 외국어는 국어가 아니므로 순화 대상어가 되는 것이다. (1ㄱ)의 '외래어' 정의는 이러한 요소를 모두 포함하고 있다. "외국에서 들어와 국어 속에 정착되어 사용되는 단어" 정도로 표현할 수 있다. 이러한 사실에 근거하여 외래어와 외국어를 구별하는 기준으로 우리말 문맥 속에서 널리

사용되어야 한다는 '쓰임의 조건'과 외국어가 원래 언어에서 지니고 있던 특징을 잃어버리고 우리말의 특징을 지니게 되어야 한다는 '동화의 조건'을 제시하기도 한다. 그러나 이러한 구별 기준을 실례에 적용시키는 것은 쉽지 않은 일이다. 어느 정도 쓰여야 쓰임의 조건을 충족하는 것인지 불분명하며 '동화'의 구체적인 기준을 제시하기도 쉽지 않다. 예컨대 '선글라스, 노트, 키, 테이블' 등은 널리 쓰이기는 하지만 국어 속에서 동화의 과정을 거친 것인지 분명하지 않다. 그렇다고 이러한 예를 외래어가 아닌 외국어라 하기도 어렵다. '색안경, 공책, 열쇠, 탁자'와 같은 대응 고유어나 한자어가 있다고 하더라도 이들은 약간의 의미 차이를 보이면서 공존하는 외래어에 해당한다. 따라서 '동화의 조건'이 외래어 정의에 필수적인가 하는 문제가 제기된다.

(1ㄴ)은 근대 이후의 차용어만을 외래어에 포함시키고 있다. 근대 이전의 외래어에는 주로 중국에서 범어를 음역한 '미륵(彌勒), 보리(菩提), 보살(菩薩)'과 같은 차용어나 고려시대 몽고어로부터 들어온 관직명, 말, 매, 군사 등에 관한 차용어가 해당된다. 대표적인 몽고어 차용어로 '아질게 말(〈아질게 몰 兒馬), 가라말(〈가라 몰 黑馬), 보라매(秋鷹), 고도리(樸頭)' 등이 있다. 또한 중국어에서 차용한 '먹, 상투, 모시, 비단, 무명' 등의 예도 이에 해당한다. 이러한 예들은 외국어에서 들어온 말이기는 하나 원어의 발음과 멀어져서 화자들이 외래어로 인식하기 힘든 예들이다. 이 점에서 이러한 예들이 실질적으로 '외래어'에 포함된다고 하기 어려우므로 근대 이후의 차용어만을 외래어 정의에 포함시킨 것이다.

(1ㄷ)도 (1ㄱ)과 거의 같은 기준으로 외래어를 외국어와 구별하여 정의하고 있다. 이에 비해 (1ㄹ)은 "차용원이 외국어인 단어로 한글로 적히거나 우리말 음운으로 발음되는 것"을 모두 '외래어'로 정의하고 있다. 이는 외래어를 외국어와 구별하여 국어에 속하는 예만을 포함시키던 기존의 입장과는 분명히 다른 정의이다. 사실 외래어와 외국어를 엄격히 구별하기는 힘든 면이 있다. 국어에 동화되어 국어화한 예들은 외래어이고 최근에 들어와서 아직 굳어지지 않은 예들은 외국어라고 할 때 이들은 정도상의 차이만 보일 것이기 때문이다. 다음 예를 보자.

(2) ㄱ. 라디오(radio), 초콜릿(chocolate), 소파(sofa), 젤리(jelly), 주스(juice),
　　쿠션(cushion), 가스(gas), 버스(bus), 비스킷(biscuit), 뷔페(buffet),
　　토너(toner)

　　ㄴ. 갭(gap), 배터리(battery), 버튼(button), 보스(boss), 개그맨(gagman),
　　팬(fan), 패션(fashion), 인터뷰(interview), 샘플(sample)

　　ㄷ. 슬림(slim), 콘셉트(concept), 사이트(site), 가든(garden)

(2ㄱ)과 (2ㄴ)은 모두 『표준국어대사전』에 수록되어 있는 외래어의 예이다. (2
ㄱ)은 순화어가 올라있지 않아 국어화된 전형적인 외래어에 속한다고 할 수 있다.
이에 대응하는 고유어나 한자어가 없는 것이다. (2ㄴ)은 '간격/차이, 건전지, 단추/
누름쇠, 우두머리, 익살꾼, 애호가, 옷맵시/최신 유행, 면접/회견, 본보기/표본' 등과
같이 순화어가 올라 있는 예로, 외래어 대신 순화어를 쓸 것이 권장되고 있다. 그러
나 실질적으로 '개그맨' 대신 순화어인 '익살꾼'을 쓰는 사람은 거의 없는 듯하다.
외래어와 순화어가 공존한다는 것은 해당 고유어나 한자어가 외래어와 유의어로
존재한다는 것을 의미하기도 한다. 이에 비해 (2ㄷ)은 비교적 최근에 들어온 것으
로 사전에 수록되어 있지 않은 예이다. 그렇다면 (2ㄱ)은 외래어로, (2ㄴ, ㄷ)은
외국어로 보아야 할 예들인가? 어디까지를 외래어로, 또는 외국어로 보아야 하는
것인지 판단이 쉽지 않은 것이다.

또한 (2ㄴ)에 해당하는 순화어로 한자어나 고유어가 존재하지만 이들은 해당
외래어와 의미가 완전히 동일하지 않은 경우도 있다. 예컨대 '버튼'의 경우 '버튼을
채우다'에서는 '단추'로 순화하고, '버튼을 누르다'에서는 '누름쇠'로 순화하고 있
다. 전자의 경우 '단추'가 우세하게 사용되지만 후자의 경우 '누름쇠'를 쓰는 사람
은 거의 없고 '버튼'을 쓴다. 국어 어휘로서 '단추'와 '버튼'은 의미 영역이 나뉘어
사용되고 있는 것이다. (2ㄷ)의 예도 이에 대당하는 대역어들이 존재하기도 하지만
이들과 외래어는 의미 차이를 가지면서 공존하는 것으로 볼 수도 있다. 이 점에서
최근에 들어온 외래어들이 얼마나 오랫동안 사용되어 국어 어휘로 자리잡을지는
알 수 없지만 국어 문장 속에 쓰인 모든 예들이 잠재적인 외래어에 속한다고 볼
수 있다.

현행 외래어 표기법(1986 문교부 고시)은 최근에 외국에서 바로 수용되어 아직 굳어지지 않은 말도 그 대상으로 삼고 있다. 이 외래어 표기법은 다양하게 나타나는 외래어의 어형을 통일시켜 국민들에게 표준을 제공하려는 것이므로 외국의 인명, 지명의 표기도 규정하고 있다. 예컨대 각국의 월드컵 출전 선수 명단처럼 갓들어온 인명도 외래어 표기의 대상이 되는 것이다. 그러나 갓 들어온 외국의 인명, 지명 등을 외래어에 포함시킬 수 있느냐에 대해서는 문제가 제기될 수 있다.

따라서 외래어의 개념을 가장 폭넓게 생각한다면 외래어와 외국어가 고정적으로 구분되는 것이 아니라 한국어 화자가 한국어 사용 맥락에서 외국어 어휘를 쓴다면 이들은 이미 외래어가 되기 시작한 것이라고 볼 수 있다. 예컨대 뉴스에 새로운 외국어 단어가 사용된다면 이는 당장 외래어 표기법의 대상이 된다. 물론 이들이 완전한 국어의 일원이 되기 위해서는 상당한 정도의 빈도로 출현하여 사용되어야 하겠지만 일단 외래어의 자격을 갖게 되는 것이며 이들이 단순히 사전에 등재되지 않았다는 것이 외래어 여부를 구별하는 기준이 될 수는 없을 것이다.

그런데 앞에서 말한 한자어의 경우와 마찬가지로 외래어라고 해서 모두 다 외국어에서 차용된 것은 아니다. '핸드폰(handphone), 스키니진(skinny jean), 핸드마사지(handmassage)'처럼 한국에서 합성된 외래어도 있다. 이와 함께 단어와 단어의 합성이 아닌 '유티즌(utizen), 넷포터(netporter), 셀카(selca), 헬스로빅(health-robic)'과 같이 단어보다 더 작은 요소들이 결합하여 형성된 많은 혼성어들은 국어에서 자체적으로 만들어진 외래어에 속한다.

국어 어휘의 어종 구별을 이와 같이 고유어, 한자어, 외래어의 삼종 체계로 파악하는 데에는 좀 더 분명히 해 두어야 할 문제가 남아 있다. 국어 어휘 가운데에는 이 세 어종의 어느 하나로 명쾌하게 분류될 수 없는, 이른바 '혼종어(hybrid)'가 있다. 혼종어는 서로 다른 계통의 어종, 즉 고유어와 한자어, 고유어와 외래어, 한자어와 외래어가 결합하여 만들어진 단어이다. '밥상(-床), 떡케이크(-cake), 식빵(食〈포pão), 건빵(乾〈포pão)' 등의 예가 해당된다. 이는 국어 어종 구별을 실제 적용하는 데 따른 문제이다.

또한 국어 어휘의 어종을 고유어, 한자어, 외래어로 구별하는 것이 역사적 관점이 아닌 공시적 관점에서도 유효한가 하는 문제이다. 이들의 구별은 어휘 계통을 따지는 것이므로 국어 어휘사를 서술하는 데에 빠져서는 안 될 과제가 될 것이다. 공시적인 관점에서도 이들 어종을 구별할 필요가 있다는 것은 어종에 대한 지식이 화자의 언어능력의 일부를 구성하느냐는 문제와도 관련된다. 국어에 적용되는 몇몇 음운현상은 고유어, 한자어, 외래어를 구별하여 달리 다룰 필요가 있음을 보여준다. 동일한 음운현상이 어종에 따라 달리 적용되는 예를 찾아볼 수 있는데 이는 화자가 단어의 어종을 구별하여 인식하는 것으로 해석할 수 있다. 먼저 두음법칙이 적용되는 양상을 살펴보자.

(3) ㄱ. 남녀(男女), 손녀(孫女), 자녀(子女), 처녀(處女), 숙녀(淑女)

　　ㄱ′. 여성(女性), 여인(女人), 여학생(女學生), 여자(女子)

　　ㄴ. 거래(去來), 미래(未來), 본래(本來), 원래(元來), 유래(由來), 전래(傳來)

　　ㄴ′. 내년(來年), 내방(來訪), 내왕(來往), 내일(來日), 내한(來韓)

　　ㄷ. 논리(論理), 도리(道理), 수리(數理), 윤리(倫理), 진리(眞理)

　　ㄷ′. 이념(理念), 이론(理論), 이상(理想), 이성(理性), 이치(理致)

(4) ㄱ. 라디오(radio), 로켓(rocket), 로봇(robot), 리듬(rhythm), 리모컨(remote control), 린스(rinse), 립스틱(lipstick), 링(ring), 류머티즘(rheumatism), 레몬(lemon), 랑데부(rendez-vous), 라틴(latin), 러닝셔츠(running shirt), 뤼다(중 旅大), 륄리(프 Lully), 랠리(rally)

　　ㄴ. 뉴스(news), 뉴욕(New York), 니켈(nickel), 니트(knit)

(5) ㄱ. 구인란(求人欄), 광고란(廣告欄), 연예란(演藝欄), 기입란(記入欄), 작품란(作品欄)

　　ㄴ. 가십난(gossip欄), 모임난(--欄), 어린이난(---欄)

(3ㄱ′)은 한자 '녀(女)'가 비어두인 (3ㄱ)의 예와 달리 어두에 올 때 '여'로 두음법칙의 적용을 받는 것을 보여준다. 마찬가지로 (3ㄴ, ㄴ′)에서도 '래(來)'가 어두에 오면 두음법칙에 따라 '내'로 바뀐다. (3ㄷ, ㄷ′)은 '리(理)'가 어두에서 '이'로 'ㄹ'

이 탈락되는 현상을 보여준다. 'ㄴ, ㄹ'로 시작하는 한자가 어두에서 탈락하거나 'ㄴ'으로 실현되는 것이다. 그런데 (4)는 이러한 두음법칙이 외래어에는 적용되지 않는 것을 보여준다. 이에 따라 (4ㄱ)에서 보는 바와 같이 국어 어휘 중 초성이 'ㄹ'로 시작하는 단어는 외래어가 절대 다수를 차지하게 된다. (4ㄴ)은 어두 음절이 '냐, 뉴, 니' 등으로 시작하는 단어로 외래어에도 그리 많지 않다. 이들은 두음법칙 적용 여부가 어종에 따라 차이가 나는 것을 보여준다. 더구나 '뤼, 륄' 등의 음절 구조는 외래어에서만 볼 수 있는 특이한 음절구조라 할 수 있다. 또한 외래어 표기 법에는 타이어와 베트남어를 제외하면 원칙적으로 'ㄲ, ㄸ, ㅃ'과 같은 된소리를 쓰지 않는다. 이러한 사실은 국어 어휘 체계에서 외래어를 한자나 고유어와 구별 하여 다룰 필요가 있음을 보여준다.

(5)는 동일한 한자 '란(欄)'을 한자어 뒤에서는 (5ㄱ)의 '구인란'과 같이 '란'으로 적고, 외래어나 고유어 뒤에서는 (5ㄴ)의 '가십난, 모임난'과 같이 '난'으로 적는 것을 보여준다. (5ㄱ)처럼 같은 어종인 한자어끼리의 결합에서는 두음법칙이 적용 되지 않으나 (5ㄴ)처럼 다른 어종이 결합한 혼종어에서는 두음법칙이 적용된 결과 이다. 이는 한자어와 한자어가 결합한 '구인'과 '란' 사이에는 형태소 경계가 있고, 비한자어인 '가십, 모임'과 '난' 사이에는 단어 경계가 있어 두음법칙이 적용된 것 으로 보인다. 이들이 단지 표기법상의 문제라고 하더라고 선행어의 어종이 '란'의 표기에 영향을 미친 예에 해당한다. 즉 선행어의 어종을 구별하여 인식한다는 한 근거가 될 수 있을 듯하다.

또한 몇몇 수사나 수관형사의 경우 고유어는 고유어끼리, 한자어는 한자어끼리 결합하는 경향이 있다.

(6) ㄱ. 한 사람/*한 인(人), 세 사람/*세 인(人), 다섯 사람/*다섯 인(人)

　　ㄴ. 일인(一人)/*일(一) 사람, 삼인(三人)/*삼(三) 사람,
　　　　오인(五人)/*오(五) 사람

　　ㄷ. 옷 한 벌/*일 벌, 두 벌/*이 벌, 나무 세 그루/*삼 그루, 쌀 두 말/*이 말

　　ㄹ. 일(一) 년(年), 일(一) 개월(個月), 십(十) 리(里) / 학생 한 명(名),
　　　　사과 한 개(個), 잉크 세 병(瓶)

ㅁ. 이(二) 킬로그램/*두 킬로그램, 오(五) 미터/*다섯 미터,
일(一) 달러 오십(五十) 센트/*한 달러 쉰 센트

(6ㄱ)과 같이 '사람'이라는 고유어 명사가 후행하면 고유어 관형사 및 수사 '한, 세, 다섯' 등이 결합하고, (6ㄴ)과 같이 한자어 수사 '일(一), 삼(三), 오(五)'는 한자어 '인(人)'과 결합하여 쓰인다. 마찬가지로 (6ㄷ)은 고유어 의존명사 '벌, 그루, 말' 등이 고유어 수관형사 '한, 두, 세'와는 결합하여도 한자어 수사 '일(一), 이(二), 삼(三)' 등과는 결합하여 쓰이지 못함을 보여준다. 이에 비해 (6ㄹ)은 한자어 의존명사 '년, 개월, 리' 등이 한자어 수사와 결합하여 쓰이지만 일부 한자어 의존명사 '명, 개, 병' 등이 고유어 수관형사와 결합하여 쓰일 수 있음을 보인다. 한자어 의존명사의 종류에 따라 고유어 또는 한자어와 결합하여 쓰이는 것이다. 이는 한자어의 국어화 정도에 따라, 즉 고유어와 거의 구별없이 일반적으로 쓰이는 한자어의 경우 고유어와 결합하여 쓰이는 것이 아닌가 한다. (6ㅁ)은 외래어 계통의 단위성 의존명사가 올 경우 고유어가 아닌 한자어 수사나 수관형사가 오는 것을 보여준다. 이는 후행하는 의존명사의 어종에 따라 앞에 오는 수관형사의 어종이 제약되는 현상으로 [±Native], [±Foreign] 등의 형태 자질로 설명이 가능하다. 이러한 제약도 공시적 관점에서 고유어, 한자어, 외래어를 구별하는 근거가 될 수 있겠다.

1.2. 어휘 구성의 변화

흔히 언어는 하나의 생명체처럼 변화한다는 말을 하지만 언어 변화 중 가장 역동적인 변화 과정을 겪는 것은 어휘가 아닐까 한다. 국어 어휘의 역사적 변천 과정도 마찬가지이다. 고대국어의 특징은 국어 어휘의 순수성에 있었으나 한자의 차용으로 고유어가 한자어와 대립하는 변화를 겪게 된다. 한자의 차용은 초기에 향찰식 표기 등을 낳았지만 전기중세국어 시기에 이르면 상류계급은 우리말을 구어로 사용하고, 한문을 문어로 사용하는 이중 언어 생활을 하게 된다. 향가와 고려가요에 쓰인 어휘를 보면 고유어 대 한자어의 비율이 80 : 20 정도로 나타난다. 문학 작품에 고유어가 많이 쓰인다는 점을 감안하더라도 고유어의 비율이 압도적임을 알

수 있다. 이 시기에 국어 어휘로 정착된 한자어는 유학과 관련된 중국 기원의 한자
어와 불교와 관련된 인도 기원의 한자어이다.

> (7) ㄱ. 가구(家口), 가정(家庭), 고독(孤獨), 기회(機會), 개조(改造), 결혼(結婚),
>   덕망(德望), 구원(救援), 여유(餘裕), 출입(出入), 용감(勇敢), 정성(精誠),
>   정직(正直), 거래(去來)
>   ㄴ. 건달바(乾達婆), 여래(如來), 고행(苦行), 번뇌(煩惱), 업장(業障),
>   인연(因緣)

(7ㄱ)은『삼국사기』,『삼국유사』등 우리나라 사서에 나오고 중국의 사서에도
나오는 한자어들로 문헌의 수입에 의해 유포된 것으로 추정된다. (7ㄴ)은 불교 관
련 한자어인데 향가에 나타나는 예로 그 당시에도 일반화되었을 것으로 추측되는
한자어이다.

후기중세국어에 와서는 한자어가 상당히 일반화되었는데 한자어와 고유어가 어
휘 분량상으로 거의 대등한 위치를 차지한 것으로 보인다. 이 시기에는 명·청으로
부터 중국의 생활 언어인 백화문(白話文)에 쓰이는 새로운 부류의 한자어까지 받아
들임으로써 한자어의 양이 늘어나게 된 것이다. 이들 백화계 한자어는『노걸대언해
(老乞大諺解)』,『박통사언해(朴通事諺解)』등에 수록된 어휘로 다음과 같은 예들이
있었다.

> (8) 보비(寶貝), 탕건(唐巾), 상투(上頭), 비단(匹段), 무명(木棉), 다홍(大紅),
>   사탕(砂糖), 비치(白寀)

(8)의 백화계 한자어는 문헌을 통해 우리나라에 들어와 한국한자음으로 읽히는
한자어와는 발음상으로 다르다. 이들은 중국어에서 직접 차용하였으므로 거의 중
국 원음에 가깝게 발음되어 중국의 근대음을 보여준다. 역사적으로 이 단어들이
차용된 시기에 이들은 한자어보다 중국에서 유입된 외래어로 볼 가능성이 있다.
이들 어휘는 현대국어에서 '보배, 탕건, 상투, 비단, 무명, 다홍, 사탕, 배추' 등으로

나타난다. 원래의 어형에서 멀어져서 고유어처럼 인식하게 된 단어들이다.

근대국어 시기에는 사회적 변화에 따라 국어 어휘도 많은 변화를 겪게 된다. 한자어는 중국뿐만 아니라 일본에서도 많은 수가 차용되었다. 19세기 말엽부터는 서양 문물과의 접촉이 시작되고 일본에서의 번역어를 그대로 받아들인 한자어가 급증하게 된다. 여기에 일본의 식민통치기간에 많은 일본어 어휘 및 일본식 외래어가 국어에 들어온다. 해방 이후 일본어의 잔재를 없애려는 국민적 노력에 힘입어 일부 예만 살아남고 거의 사라진 상태이다.

> (9) ㄱ. 벤또→도시락, 스메키리→손톱깎기, 노가다→막노동, 에리→옷깃,
>   다쿠앙→단무지, 덴뿌라→튀김, 소데나시→민소매, 시다→조수,
>   후루꾸→엉터리
> ㄴ. 빵꾸→펑크(puncture), 마후라→머플러(muffler),
>   런닝구→러닝셔츠(running shirts), 도라꾸→트럭(truck),
>   스게또→스케이트(skate), 사라다→샐러드(salad)

(9ㄱ)은 일본어가 고유어나 한자어로 순화된 예이다. (9ㄴ)은 일본어를 거쳐 받아들이면서 일본어식으로 발음하다가 원어의 발음에 충실하게 바뀐 예이다.

해방 이후 국어 어휘는 서구 문화를 직접 받아들이면서 서구어로부터 들어온 외래어가 늘고 있다. 특히 미국과의 교류가 급증하면서 오늘날까지 외래어는 주로 영어로부터의 차용어가 대다수를 차지하게 된다. 영어 차용어는 그 수도 많고 종류도 다양하다.

> (10) ㄱ. 바나나(banana), 벤치(bench), 버튼(button), 덤핑(dumping),
>   뉴스(news), 디스코(disco), 딜레마(dilemma), 가이드(guide),
>   가십(gossip), 개그맨(gagman), 기타(guitar), 퀴즈(quiz),
>   시리즈(series), 퓨즈(fuse), 골(goal)
> ㄴ. 포맷(format), 인터뷰(interview), 스매시(smash), 서비스(service),
>   세미나(seminar), 마사지(massage), 노크(knock)
> ㄷ. 스마트(smart), 슬림(slim), 드레시(dressy), 스피디(speedy),
>   핸섬(handsome), 터프(tough), 보이시(boyish)

(10ㄱ)에 보는 바와 같이 차용어의 많은 수를 차지하는 것이 명사이다. 원어에서 품사가 명사인 경우는 국어에 유입되면서 아무 변화없이 그 형태 그대로 명사로 쓰인다. (10ㄴ)은 국어에서 명사로 쓰이지만 서술성이 있어 '하다'와 결합하여 동사로도 쓰이는 예이다. 이들은 주로 원어에서 명사와 동사의 두 가지 품사로 쓰이는 예들로 국어에 들어오면서 명사로 받아들여지고, 여기에 다시 '하다'를 결합하여 동사로 쓰인다. (10ㄷ)은 영어에서 형용사로 쓰이는 예로 국어에서는 '하다'와 결합하여야만 형용사로 쓰이므로 실은 단어가 아니라 어근(root)이다. '스마트, 슬림' 자체로는 자립적인 명사의 용법이 없는 것이다. 이것은 차용어가 국어에 유입될 때 원어의 품사가 어느 정도 영향을 미치면서 정착하는 과정을 보여준다 하겠다.

1.3. 어휘 구성의 비율

현대국어에서 고유어, 한자어, 외래어의 구성 비율은 어떨까? 흔히 한자어가 60% 정도 차지한다고 한다. 그러나 이 비율은 대상 자료가 무엇인지에 따라 약간씩 차이가 난다. 사전의 통계 자료인지, 또는 일상생활에서 쓰이는 구어 자료인지 문어 자료인지에 따라 어종별 어휘 구성 비율이 약간씩 차이가 난다. 먼저 사전을 대상으로 한 어종별 비율은 다음과 같다.

	고유어	한자어	외래어	합계
우리말큰사전	74,612(45.46%)	85,527(52.11%)	3,986(2.43%)	164,125
국어대사전	62,912(24.4%)	178,745(69.32%)	16,196(6.28%)	257,853
표준국어대사전	111,156(25.2%)	252,755(57.3%)	24,050(5.6%)	387,453

〈표 1〉 사전 표제어의 어종별 분포

『우리말 큰사전』(1957, 한글학회)과 『국어대사전』(1961, 이희승 편)은 한자어의 비율이 각각 52.11%와 69.32%로 수치의 차이가 꽤 큰 편이다(김광해 1993:112). 『표준국어대사전』의 통계는 고유어 25.2%, 한자어 57.3%, 외래어 5.6%를 차지하는 것으로 조사되었다. 이들은 다른 어종이 결합한 혼종어를 포함시키지 않은 수치로 혼종어 가운데 한자어+고유어 결합이 8.3%에 이른다(이운영 2002:50-51). 세 사전에서 모두 한자어의 비율이 50-60% 대를 차지하는 것을 알 수 있다.

그러나 각 어종이 차지하는 비율은 말을 할 때와 글을 쓸 때, 또 글의 성격에 따라서 달라질 가능성이 있다. 조남호(2002:481)는 150만 어절의 자료를 토대로 빈도 조사를 한 바 있다. 다음 〈표 2〉에서 '단어 종수'는 중복해서 나타난 단어들을 1로 계산하여 단어들의 개수를 합산한 것으로 빈도를 고려하지 않은 것이고, 〈표 3〉에서 '단어 총수'는 출현빈도를 고려한 것이다. 여기서 특기할 만한 사항은 전체 평균과 비교해 볼 때 고유어의 비율이 문학, 대본, 구어 자료에서 높게 나타나고 한자어의 비율은 교양, 신문 등에서 높게 나타난다는 것이다. 전체 비율은 사전과 유사하게 한자어가 51.8%, 고유어가 24.05% 정도를 차지하지만 분야별로 그 비율의 차이가 심한 것을 알 수 있다. 문학, 대본에서는 한자어보다 고유어의 비율이 더 높고 교양, 신문에서는 한자어의 비율이 훨씬 높다.[2]

	교재	교과	교양	문학	신문	잡지	대본	구어	기타	전체
고유어	37.67	35.95	22.25	40.16	17.3	28.26	56.88	38.46	41.44	24.05
한자어	41.69	43.13	54.08	37.93	57.74	47.15	24.52	41.26	39.19	51.8
외래어	2.89	2.72	3.06	3.17	4.94	5.28	4.36	5.2	2.53	4.74

〈표 2〉 단어 종수에서의 어종별 분포

이와 비교하여 다음 〈표 3〉의 단어 총수에서의 어종별 비율은 또 다른 의미를 지닌다. 즉 출현 빈도를 계산했을 때는 전체 비율에서 고유어가 높아 고유어 대 한자어의 비율이 54 : 35로 나타난다. 특히 교재, 문학, 대본, 구어 등에서 고유어가 압도적으로 높은 비율을 차지하며 신문만 예외적으로 한자어의 비율이 높게 나타난다.

---

[2] 조남호(2002)에서 조사된 9개 분야 중 '교양'은 인문, 사회, 자연과학 분야에 관한 글들이고, '교재'는 외국인에게 한국어를 가르치기 위해 만든 한국어 교재이다. '교과서'는 주로 초등학교 교과서이고 일부 중학교 교과서가 포함되며, '문학'은 대부분이 소설이고 일부 동화를 포함한 것이다.

	교재	교과	교양	문학	신문	잡지	대본	구어	기타	전체
고유어	67.12	58.25	44.64	71.43	34.35	54.04	78.49	73.56	69.93	54.11
한자어	24.78	30.99	42.34	20.01	52.02	33.57	13.89	19.29	22.29	34.67
외래어	1.25	1.08	1.64	1.07	2.89	3.31	1.91	1.74	1.52	1.96

〈표 3〉 단어 총수에서의 어종별 분포

〈표 2〉의 단어 종수에서와 달리 〈표 3〉의 단어 총수에서 고유어의 비율이 높게 나타나는 것은 고유어가 반복해서 사용되는 경우가 훨씬 많다는 것을 의미한다. 즉 상위 빈도 단어, 즉 반복해서 사용되는 횟수가 많은 단어에서는 고유어가 한자어보다 더 많은 수를 차지한다. 다음 〈표 4〉는 상위 빈도 100위까지 단어에서 어종별 분포가 어떻게 나타나는지를 보여준다.

	전체	교재	교과	교양	문학	신문	잡지	대본	구어	기타
고유어	81	87	77	64	88	53	78	93	88	87
한자어	15	12	18	33	7	41	19	7	10	10
외래어	0	0	0	0	0	1	0	0	0	2

〈표 4〉 상위 빈도 단어에서의 어종별 분포

〈표 4〉는 모든 분야를 통틀어 상위 빈도에서 고유어가 한자어보다 많이 쓰인다는 것을 보여준다. 전체적으로 고유어의 비율이 압도적으로 높은 것을 알 수 있으며 그 격차는 '대본'에서 93 : 7로 가장 심하다. 앞의 〈표 2〉에서 한자어의 비율이 고유어의 비율보다 두 배 이상 높았던 '신문'과 '교양'에서 상대적으로 격차가 줄었을 뿐이다.

전체 상위 빈도 단어 100개 중에서 고유어는 81개이고 한자어는 15개에 불과하며 외래어는 0개이다. 고유어 81개가 사용된 횟수를 모두 합하면 358,752개로 조사된 전체 단어 1,484,463개 중에서 24%의 비율을 차지한다. 조사된 단어의 수가 58,437개이므로 0.1%에 불과한 81개의 단어가 사용된 전체 단어의 24%를 차지하는 것이다.

이 조사 결과를 토대로 우리말에서 사용되는 단어의 수는 한자어가 더 많지만 더 빈번하게 사용되는 것은 고유어임을 알 수 있다. 사용 빈도가 높을수록 고유어의 비율이 높고 사용 빈도가 낮을수록 한자어가 높은 비율을 차지하게 된다. 즉 고빈도어인 기본어휘에서는 고유어가 많은 비율을 차지하고 중간 정도의 빈도로 나타나는 단어나 저빈도어인 전문 어휘 등에서는 한자어가 많은 비율을 차지한다. 문교부(1956)의 『우리말 말수 사용의 잦기 조사』에 따르면 빈도 순위 100까지의 단어 중 한자어는 '연(年), 국(國), 등(等), 대(對)하다, 자기(自己), 중(中)' 등 여섯 개에 불과하지만, 빈도순 901-1,000에서는 51%, 빈도순 2,401-2,500에서는 63%를 한자어가 차지한다.

2. 국어 어휘의 공존

2.1. 유의어

국어 어휘 속에 존재하고 기원을 달리하는 어휘군들은 유의어의 대립 구조를 이루기에 적합하다. 이는 같은 의미의 단어가 있음에도 불구하고 외래 요소가 들어와 기존 단어와 유의 관계를 형성할 수 있기 때문이다. 이러한 방식으로 만들어진 유의 관계를 차용적 유의 관계라고도 한다. 이러한 유의 관계가 발생하는 이유는 차용의 동기와 관련되어 있다. Hockett(1965:402-407)는 외래어 차용의 동기에 필요 동기(need-filling motive)와 함께 과시 동기(prestige motive)가 있음을 말하였다. 차용적 유의어는 이 가운데 특히 과시 동기에 의한 차용의 예가 많을 것으로 예측되며, 이는 한자어나 외래어가 고유어보다 문화적으로 상위 언어라는 인식에서 기인하는 것일 수 있겠다.

고유어와 한자어는 많은 유의어쌍을 갖는다. 이들은 유의 경쟁을 하게 되면서 한 쪽이 소멸하기도 하고 의미 분화를 일으키면서 서로 공존하기도 한다. 역사적으로 유의 관계를 형성하던 고유어와 한자어가 경쟁하다가 고유어가 소멸된 대표적인 예로 (11ㄱ)을 들 수 있다. '뫼, 천량, 지게' 등의 고유어는 소멸하고 '산, 재물, 문'과 같은 한자어가 사용된다. 국어 어휘사의 대표적인 특징 중의 하나가 이처럼 고유어가 한자어로 대체된 현상이라 할 수 있다.

    (11) ㄱ. 뫼-산(山), 천량-재물(財物), 지게-문(門), 잣-성(城), 항것-주인(主人),
           죽사리-생사(生死), 가멸다-부유(富裕)하다, ᄇᄅᆷ-벽(壁)
      ㄴ. 시골-촌(村), 문득-홀연(忽然)히, 손수-친(親)히

이에 비해 (11ㄴ)은 고유어와 한자어가 공존하는 예에 해당한다. 이들은 거의 같은 의미로 쓰이기도 하지만 의미 영역이 분화되면서 고유어와 한자어가 공존하고 있는 예들이다. '시골'과 '촌(村)'의 경우 '시골/촌 사람' 등에서는 같이 쓰일 수 있으나 '촌'이 "마을, 지역"의 의미를 지닌 '이번에 우리 촌/*시골에는, 대학촌/*대학시골, 선수촌/*선수시골' 등의 예에서는 '시골'이 쓰일 수 없다.

다음 (12)의 예문은 '문득'과 '홀연히'가 공유하는 의미를 갖기도 하지만 의미 영역이 분화된 것을 보여준다. (12ㄱ)과 달리 (12ㄴ)에서는 '홀연히'만 쓰이고 '문득'은 쓰이기 어려워 구체적인 문맥에서 약간의 의미 차이를 보이면서 의미 영역을 분담하게 된다.

    (12) ㄱ. 문득/홀연히 깨닫다, 문득/홀연히 고개를 돌리다
      ㄴ. *문득/홀연히 떠나다, *문득/홀연히 종적을 감추다

역사적으로는 한자 '홀(忽)'을 "문득"으로 번역한 예들을 찾아볼 수 있어 이들이 동의 관계에 있었을 것으로 추측된다(남성우 2006:279). (13)에서 보는 바와 같이 고유어 '믄득'과 한자어 '홀연히'가 모두 한자 [忽]에 대응된다. 이들은 "문득, 갑자기"의 뜻을 가진다.

(13) ㄱ. 先生이 <u>믄득</u> 소리를 ᄆᆞ이 ᄒᆞ야 니ᄅᆞ샤ᄃᆡ(安定이 <u>忽</u>厲聲云)

<飜譯小學 九27a>

ㄴ. 어름이 <u>믄득</u> 절로 헤여뎌(冰<u>忽</u>自解ᄒᆞ야)　　　<飜譯小學 九25a>

ㄷ. 나조히 <u>忽然</u>히 놀이 제 지븨 드러오나ᄂᆞᆯ(<u>忽</u>有獐入其室)

<續三綱行實圖 2a>

　　다음 (14)에서 보는 '손수'와 '친(親)히'의 관계도 유사하다. (14ㄱ)은 '손수'와 '친히'가 모두 가능한 데 비해 (14ㄴ)에서는 "제 손으로 직접"이라는 좀더 한정된 뜻을 지닌 '손수'는 쓰이기 어렵다.

(14) ㄱ. 아버지께서는 손수/친히 밥을 지으셨다.
　　　ㄴ. 어려운 사정에도 불구하고 *손수/친히 찾아오셨다.

　　고유어와 한자어 사이의 유의 관계는 문체나 격식의 차이를 동반하기도 한다. 고유어는 오래 전부터 구어로 사용되어 온 것으로 비격식적인 표현에 주로 사용되는 데 비해 한자어는 보다 격식적인 표현에 사용되는 경향이 있다.

(15) ㄱ. 아버지-부친(父親), 얼굴-안면(顔面), 일어나다-기침(起寢)하다
　　　ㄴ. 이걸 자네 부친/아버지께 전해 드리게.
　　　ㄷ. 옆집 영식이 아버지/*영식이 부친께서는 영식이와 잘 놀아주신다.
　　　ㄹ. 영식이 아버지/*영식이 부친, 오늘 영식이와 놀기로 약속하셨지요.

　　(15ㄱ)의 고유어 '아버지, 얼굴'은 한자어 '부친, 안면'보다 덜 격식적인 표현에 쓰이는 듯하다. (15ㄴ)은 '아버지, 부친'이 다 가능하지만 '부친'을 쓰면 더 격식적인 표현으로 '하게'체 어미와 더 잘 어울리는 듯하다. (15ㄷ)은 비격식적인 문맥에서 '영식이 부친'은 어울리지 않는 듯하다. 특히 영식이가 어린 경우 '부친'보다 '아버지'가 적합하다. (15ㄹ)은 '아버지'는 호칭으로 쓰일 수 있지만 '부친'은 호칭으로 쓰이기 어려움을 보여준다.

(16) ㄱ. 이-치아, 집-댁, 술-약주

ㄴ. 할머님의 치아/*이가 많이 안 좋아지셨다.

ㄷ. 오늘 선생님 댁/*집으로 찾아뵙기로 했습니다.

(16ㄱ)의 한자어 '치아, 댁, 약주'도 해당 고유어에 비해 더 격식적이라 할 수 있지만 이 경우는 높임의 의미를 함께 가진다. (16ㄴ, ㄷ)에서는 한자어 대신 고유어 '이'나 '집'을 쓸 경우 예의에 어긋나는 표현으로 간주된다.

또한 한자어는 고유어에 비해 분화적, 전문적인 특성을 갖는다. 즉 고유어가 좀 더 포괄적인 의미를 갖는 데 비해 한자어는 한정적인 의미 특성을 갖는다. 이에 따라 고유어와 한자어의 유의 관계는 일대다 대응 현상을 보이는 경우가 많다. 아래 (17)의 예에서 보는 바와 같이 고유어 '고치다'에 해당하는 한자어는 선택 제약을 가지면서 그 적용 영역이 축소되는 경향을 보인다(김광해 1989:52-52).

(17) '고치다'에 대응하는 한자어

ㄱ. 수리(修理)하다, 수선(修繕)하다 : 건물을 수리하다/고치다

ㄴ. 치료(治療)하다 : 질병을 치료하다/고치다

ㄷ. 교정(矯正)하다 : 치아를 교정하다/$^?$고치다

ㄹ. 시정(是正)하다 : 잘못된 관행을 시정하다/고치다

ㅁ. 수정(修正)하다 : 계획을 수정하다/고치다

ㅂ. 개정(改正)하다 : 법률을 개정하다/고치다

ㅅ. 변경(變更)하다 : 계획을 변경하다/고치다, 노선을 변경하다/$^?$고치다

ㅇ. 개혁(改革)하다 : 세제를 개혁하다/고치다

ㅈ. 교정(校正)하다 : 원고를 교정하다/고치다

(17)의 한자어들은 거의 모든 사용 문맥에서 고유어 '고치다'와 교체되어 쓰일 수 있다. 이 중 '교정(矯正), 시정(是正), 개정(改正)' 등은 해당 한자어들의 구성요소가 고유어 '바르다'에 대응하는 훈을 포함하고 있으므로 한자어의 의미 폭이 더 좁아지게 된다. 특히 (17ㄷ)의 '교정하다'는 "틀어지거나 잘못된 것을 바로 잡음"이라는 의미를 지니므로 의미폭이 넓은 고유어 '고치다'로 단순 대치하면 어색해진

다. '치아를 교정하다' 대신 '*치아를 고치다'로 쓰는 것은 불가능하고 '치아를 바르게 고치다'처럼 의미를 한정해야 한다. (17ㅅ)의 '노선을 변경하다'도 '*노선을 고치다' 대신 '새롭게 바꾸어서 고치다' 정도로 한정하면 어느 정도 대치가 가능할 것 같다. 이러한 사실은 고유어 '고치다'의 의미 폭이 그만큼 넓다는 것을 의미한다.

근대국어 이후 외래어가 늘기 전에는 국어의 유의 관계는 고유어와 한자어의 대립 관계를 근간으로 하는 이중 구조를 이루었다. 그러나 최근에 외래어의 유입이 많아지면서 국어 어휘의 유의어 양상도 변화되는 경향을 보인다. 점차 외래어와 고유어, 외래어와 한자어가 유의어 형성의 주된 구조를 이루게 되는 듯하다.

(18) ㄱ. 열쇠-키(key), 목도리-머플러(muffler), 치마-스커트(skirt),
　　　　춤-댄스(dance), 단추-버튼(button)

　　 ㄴ. 면접(面接)/회견(會見)-인터뷰(interview), 할인(割引)-세일(sale),
　　　　시간(時間)-타임(time), 구호(口號)-슬로건(slogan),
　　　　예절(禮節)-에티켓(etiquette), 충격(衝擊)-쇼크(shock)

　　 ㄷ. 틈-간격(間隔)-갭(gap), 잔치-연회(宴會)-파티(party),
　　　　빛깔-색채(色彩)-칼라(color), 탈-가면(假面)-마스크,
　　　　말미-휴가(休暇)-바캉스, 계집-부인(夫人)-마담(madame)

(18ㄱ)은 고유어와 외래어가 유의 관계를 형성하는 예이고, (18ㄴ)은 한자어와 외래어가 유의 관계를 형성하는 예이다. (18ㄷ)은 고유어, 한자어, 외래어가 어종별로 유사한 의미의 단어를 갖는 예이다. 이들은 유사한 의미를 지녀 서로 대치되어 쓰이는 경우가 많지만 약간의 의미 차이를 보이면서 공존하고 있다.

(18ㄱ)의 고유어 '열쇠'와 외래어 '키'는 거의 같은 의미를 갖는 것처럼 보이지만 흔히 재래식 장롱의 경우는 '열쇠'라 하고 자동차의 경우는 '키'라 한다. 그 대상이나 쓰임에 따라 약간씩 의미 영역을 분담하고 있는 것이다. 앞에서도 이미 언급하였지만 '단추'와 '버튼'의 경우는 용법상의 차이가 더 분명하다. '옷의 단추를 달다'는 '옷의 *버튼을 달다'와 같이 '버튼'으로 대치되지 않는다.

(18ㄴ)은 한자어와 외래어가 유의 관계를 이루는 예로, '인터뷰'를 한자어 '면접/

회견'으로 순화하였다. '인터뷰'는 '필기시험과 인터뷰를 통과해야 한다'와 같은 예에서는 "면접시험"의 의미를 갖고, '오늘 기자들과 인터뷰가 있다'와 같은 예에서는 "회견"의 의미를 갖는다. 그러나 '시민들과 인터뷰한 내용/목격자들을 인터뷰한 후에' 등과 같은 예에서는 '면접'이나 '회견'으로 대치하여 쓰기 어려운 면이 있어 순화어와 의미 차이를 보인다.

(18ㄷ)의 '틈-간격-갭'의 경우도 '갭'을 고유어 '틈'이나 한자어 '간격'으로 순화하였지만 약간의 의미 차이가 존재하여 문맥에 따라 달리 쓰인다. '틈/간격이 벌어지다'는 가능하지만 '학생들 틈/*간격/*갭에서 생활하다, 오랜만에 틈/*간격/*갭을 얻다' 등의 예에서는 '간격'이나 '갭'이 쓰일 수 없다. '갭'은 "의견, 능력, 속성 등의 차이"를 의미하면서 '세대 간의 갭/이상과 현실 사이의 갭이 크게 느껴지다/그녀와 나 사이에 갭이 생기다' 등의 예에서 많이 쓰인다. 이들 예를 '간격'이나 '틈'으로 대체하여 쓸 경우 어감상의 차이를 갖게 된다. 마지막의 '계집-부인-마담'과 같은 경우는 의미 영역이 아주 분명하게 분화된 예에 속한다. '계집'은 고유어로 "여자를 낮잡아 이르는 말"이 되었고, '부인'은 "남의 아내를 높여 이르는 말"이 되었다. '마담(madame)'은 "술집이나 다방, 보석 가게 따위의 여주인"을 의미하게 되었다. 고유어 '계집'이 역사적으로 낮추는 말이 아니었으나 [+비하]의 의미 자질을 갖게 되면서 의미가 분화된 것으로 볼 수 있고, '마담'은 프랑스어에서 '부인'을 의미하지만 국어에서 특정한 직업의 여자 주인을 의미하게 되면서 분명한 의미 차이를 지니게 되었다. 이러한 예들은 고유어, 한자어, 외래어가 의미 변화를 겪으면서 의미 영역을 분담하게 되고 이에 따른 국어 어휘의 공존 양상을 잘 보여준다 하겠다.

2.2. 동의중복[3]

동의중복은 주로 의미를 강조하기 위해 동일한 의미를 지닌 형태를 연속적으로 사용하는 것으로 새로운 의미를 더해 주지 못하여 불필요하거나 잉여적으로 보이는 현상이다. 따라서 이 현상은 언어 경제성의 원리에 위배되는, 이른바 말하거나

---

[3] 이 부분은 노명희(2006ㄴ, 2009ㄱ)을 참조하여 집필하였다.

글쓰기 오용 사례의 한 부류로 여겨지기도 한다. 그러나 많은 언어에서 광범위하게 나타나는 현상이며 국어에서도 폭넓게 나타난다. '여름철, 처갓집'과 같이 단어 층위에서뿐만 아니라 '미리 예견(豫見)하다, 배에 승선(乘船)하다'와 같이 통사적 층위에서도 활발히 출현한다. 또한 이들 중에는 의미가 변화하여 중복어가 필연적으로 부가되는 예들이 있어 오용 사례로 보기 어려운 경우도 있다. 가령 '면도(面刀)칼'에서 '칼'은 '도(刀)'와 동의중복된 요소이지만 '면도'가 "면도하는 행위"를 의미하게 되면서 의미적으로 구별되어 쓰이고 있다. '손수건'에서도 '수건'에 '손'을 뜻하는 '수(手)'가 있지만 '수건'의 지시 범위가 더 넓어 '손'을 잉여적인 요소라 하기 어렵다.

따라서 이 현상은 해당 단어에 대해 화자의 인식이 변화함으로써 나타나는 현상으로 이해된다. 특히 한자어에서 나타나는 '처갓집, 역전 앞' 등의 표현은 화자가 한자어의 구성 성분을 분석적으로 인식하여 그 뜻을 따로 해석하지 않음으로써 생기는 현상의 하나이다. 이 현상은 단어 의미의 재구조화와 관련될 수도 있고 유의 관계에 있는 어휘들의 공존 양상과도 관련된다. 유의 관계를 형성하는 어휘들이 의미 분화를 일으키면서 공존하게 되는 어휘 체계의 한 단면을 보여주는 것이다.

어휘 계통의 관점에서 볼 때 동의중복은 같은 어종(語種)보다는 다른 어종의 어휘들 사이에서 일반적으로 나타나며 그러한 사정은 국어의 경우에도 마찬가지이다. 국어 어휘 중에서 이종(異種)의 어휘, 즉 한자어와 고유어, 외래어와 고유어 사이의 중복이 더 많이 발견되는 것이다. 이는 화자가 한자어나 외래어를 이질적인 어휘로 인식하기 때문이다. 그러나 고유어와 고유어가 중복되는 경우('틈새')나 한자어와 한자어가 중복되는('국제간' 등) 동종 어휘 간의 중복도 없지 않다. 이러한 예는 이종(異種) 어휘 간의 동의중복보다 그 빈도가 상대적으로 낮고 동의중복의 형성 과정에도 차이가 있다. 여기서는 어종별로 동의중복이 나타나는 현상을 고찰하여 국어 어휘의 공존 양상을 살펴보도록 하자.

한자어와 고유어 사이의 동의중복은 가장 보편적으로 발견되는 유형이다. 한자어는 오래 전에 국어에 유입된 차용어로서 오랜 세월을 거쳐 국어 어휘의 일원으로 편입되었다. 동의중복은 이 과정에서 보편적으로 나타나는 현상으로, 특히 해당 한자어의 구성성분이 이에 대응하는 고유어 훈으로 동의중복되는 예들이 다수 발견된다. 2음절 한자어에 고유어가 중복되는 예는 아주 일반적이며 그 유형도 다양하다.

(19) 처갓(妻家)집, 약숫(藥水)물, 한옥(韓屋)집, 철교(鐵橋)다리, 생일(生日)날,
     철로(鐵路)길, 황토(黃土)흙, 계수(桂樹)나무, 삼월(三月)달,
     호피(虎皮)가죽, 강촌(江村)마을, 대청(大廳)마루

(19)의 예들은 두 명사가 상하위어 관계를 형성하며 선행명사의 구성요소가 해당 고유어로 중복된다. 즉 '처가'의 '가(家)'에 해당하는 고유어 '집'이 중복되어 나타난다. 이 경우 '가'와 '집'의 의미가 같다는 점에서 순수한 의미의 동의중복이라 할 만하다. 이때 단순형 '처가'와 중복형 '처갓집'은 유의 관계를 형성하게 되는데, 이들은 특별히 지시적인 의미 차이를 보이지는 않는다. 다만 동일한 화자가 단순형 '처가'와 중복형 '처갓집'을 둘 다 쓴다면 '처갓집'이 좀 더 구어적인 특징을 지니는 듯하다. 거의 같은 의미를 지닌 두 단어가 공존하게 되는 것이다.

한자어와 고유어 간의 동의중복은 주로 2음절 한자어에 나타나는 경우가 많고, 그 2음절 한자어의 구성성분 중 한 요소가 중복되는 것이 일반적이다. 그런데 다음 예는 2음절 한자어 전체의 상위어에 해당하는 고유어가 중복되어 나타난다. (20)의 '동백'은 '나무'의 하위어로 상위어인 '나무'를 함의(entailment)한다. '동백'만으로도 의미가 전달되지만 '나무'라는 예측 가능한 의미의 단어를 중복하여 썼으므로 넓은 의미의 동의중복에 속한다. 이 경우 '동백'과 '동백나무'가 유의 관계를 이루게 된다.

(20) 동백(冬栢)나무, 점심(點心)밥, 추석(秋夕)날, 두견(杜鵑)새, 신음(呻吟)소리

(21) ㄱ. 장미(薔薇)꽃
     ㄴ. 국화(菊花)꽃, 무궁화(無窮花)꽃

(21)은 예 (19)와 예 (20)에서 보는 두 가지 중복 유형의 차이점과 공통점을 동시에 보여준다. 단어형성의 유형상 차이를 보여주는 동시에 동의중복이 궁극적으로 같은 동기에 의해 형성된다는 동질성을 함께 보여주는 것이다. 두 명사 '장미'와 '꽃', '국화'와 '꽃'이 상하위어 관계를 형성하는 것은 동일하다. 그러나 (21ㄱ)의 '장미꽃'은 (20)과 같은 부류로 '장미' 안에 '꽃'과 같은 의미의 한자가 존재하지 않는다. 이에 비해 (21ㄴ)의 '국화꽃'과 '무궁화꽃'은 '화(花)'와 '꽃'이 같은 의미를 지녀 (19)의 중복 유형에 속하게 된다. 이와 같이 두 부류의 중복 유형이 다르더라도 '장미꽃'과 '국화꽃, 무궁화꽃'에서 '장미'는 '국화, 무궁화' 등과 같은 패러다임상에 위치하게 된다. 이는 화자가 '국화, 무궁화'의 '화'를 "꽃"이라는 개별 의미로 해석하지 않는 데서 오는 현상으로 해석된다. '국화'도 '장미'와 동일하게 "국화과의 여러해살이 풀"로 인식하고 그것의 '꽃'은 '국화꽃'으로 명명하게 되는 것이다. 즉 '장미 : 장미꽃=국화 : 국화꽃'의 관계로 파악한다면 '장미, 국화' 등은 식물의 부류 명칭으로 이해된다. 그러나 다음 (22)와 같은 문맥에서 '장미'와 '국화'가 식물명과 그것의 꽃이라는 두 가지 의미를 다 가질 수 있음을 보여준다.

(22) ㄱ. 식목일에 장미/국화를 심었다
　　 ㄴ. 장미/국화 한 송이를 받았다.

(22ㄱ)에서는 '장미, 국화'가 식물명을 의미하고 (22ㄴ)에서는 그것의 꽃을 지칭하게 된다. 그렇다면 '장미'와 '장미꽃', '국화'와 '국화꽃'은 유의 관계를 형성하면서 동일한 의미로도 쓰인다고 할 수 있다.

외래어와 고유어 사이의 중복에서도 상하위어 관계가 형성된다. 고유어가 외래어를 부가 설명하는 기능을 함께 가지면서 단순형과 중복형이 유의 관계를 이룬다.

(23) ㄱ. 몸뻬(←<일>monpe)바지, 진(jean)바지, 판탈롱(<프>pantalon)바지,
　　　　즈봉(←<프>jupon)바지, 우동(<일>udon)국수, 판다(panda)곰,
　　　　레지(<일>reji "다방 따위에서 손님을 접대하며 차를 나르는 여자")
　　　　아가씨, 댄스(dance)춤
　　 ㄴ. 모찌(←<일>mochi)떡, 미소(<일>miso)된장(-醬)

(23ㄱ)의 '몸뻬바지'에서 '몸뻬'는 "여자들이 일할 때 입는 바지의 하나"로 바지의 한 종류이다. '몸뻬'와 '바지'는 상하위어로 '몸뻬'와 '몸뻬바지'가 유의어가 된다('몸뻬/몸뻬바지를 입고 일을 하고 있다'). '진바지, 판탈롱바지'도 동일한 부류에 속한다. '즈봉바지'의 경우 '즈봉'이 "양복 바지"만을 의미한다면 이 부류에 속한다고 할 수 있으나, '즈봉'이 바지 전반을 의미하면 '즈봉'과 '바지', '즈봉바지'가 유의어가 된다.

(23ㄴ)의 '모찌떡'은 '모찌'가 일본어에서 떡이라는 뜻이므로 고유어 '떡'과 동의중복된 예이다. '모찌떡'을 '찹쌀떡'으로 순화하였는데, 이는 '모찌떡'이 떡의 한 종류인 "찹쌀떡"만을 의미하기 때문이다. 본래는 의미가 같았던 '모찌'와 '떡'이 결합하였으나 현대국어에서는 '모찌'와 동의중복형 '모찌떡'이 유의 관계를 형성하여 공존한다. 결국 '모찌'의 의미가 국어에서 변화된 것이다. '미소된장'도 '미소'가 일본어에서 '된장'이라는 뜻이기는 하나 동의중복형 '미소된장'은 일본식 된장을 뜻하게 되어 '미소'와 같은 의미로 쓰인다. '미소국'과 '미소된장국'이 거의 같은 의미를 지닌다. 이들은 주로 선행 명사와 동의중복된 형태가 유의 관계를 형성하면서 공존하는 예들이다.

이와 같이 동의중복 현상은 한자어와 고유어, 외래어와 고유어처럼 이종 어휘 사이에 흔히 나타나 어휘가 공존하는 또 하나의 양상을 보여준다. 동종 어휘 간에도 동의중복이 나타나기도 하는데, 한자어에 한자어가 중복되는 다음 예가 대표적이다.

(24) ㄱ. 탄신-일(誕辰日), 시가-댁(媤家宅), 외가-댁(外家宅), 처가-댁(妻家宅)
　　 ㄴ. 초갓(草家)-집/*초가-댁, 한옥(韓屋)-집/*한옥-댁
　　 ㄷ. 처갓(妻家)-집/처가-댁, 대갓(大家)-집/대가-댁

(24)의 '탄신'은 "임금이나 성인이 태어난 날"을 의미하여 '신(辰)'과 '일'이 동의중복된 예이며 '시가댁'도 '가(家)'와 '댁(宅)'이 동의중복된 예로 볼 수 있다. 단순형 '탄신, 시가' 등과 중복형 '탄신일, 시가댁'이 유의 관계에 놓이게 된다. '탄신일'에서는 '신(辰)'이 날이라는 의미를 지니는데도 불구하고 '일'이라는 한자

를 덧붙여 의미를 명확히 하고 있다. 이는 국어 화자들이 '탄신'의 의미를 막연히 "성인이나 귀인이 태어남을 높여 이르는 말"인 '탄생'과 유사한 의미로 해석하여 쓰기 때문으로 볼 가능성이 있다. 이는 한자어와 고유어의 중복형인 '역전 앞'에서 화자가 '역전'을 무심히 "기차정거장" 쯤으로 인식하여 다시 '앞'을 붙여 쓰는 것으로 해석하는 것과 유사하다.

이와 같이 한자어끼리의 동의중복에서는 좀더 쉽고 자주 쓰는 한자어를 중복하여 씀으로써 의미를 명확히 하는 특징을 보인다. 여기서 의미가 명확하게 인식된다는 것은 그것이 국어 화자에게 개별적인 기능 단위로 인식되어 자주 쓰이기 때문이다. '탄신'의 '신(辰)'은 국어에서 접미사적 용법이나 의존명사 등의 용법을 갖지 못하여 사용 빈도가 상대적으로 낮기 때문에 기능 단위의 자격을 지니지 못한다. 따라서 '신'은 국어 화자들의 어휘부에 개별 단위로 저장되어 있을 가능성이 희박하지만 '일(日)'은 '국경일(國慶日), 공휴일(公休日), 경축일(慶祝日)' 등 접미한자어로서의 용법을 지니므로 어휘부에 따로 저장되어 있을 가능성이 높다. 그러므로 '탄신'에 국어 화자들이 기능 단위로 인식하는 '일(日)'을 덧붙여 의미를 명확히하는 것이다. '일, 댁'과 같은 한자어 기능 단위들은 고유어의 문법 단위와 거의 구별없이 인식되는 경향이 있는 듯하다.

이와 관련하여 '생일날(生日-), 국경일날(國慶日-)'과 같은 중복형도 가능한데 이는 한자 '일'에 고유어 '날'을 중복하여 쓴 것이다. 이는 드물게 쓰여 기능 단위가 되지 못하는 '신(辰)'에는 '일(日)'을 겹쳐 쓰고 여기에 다시 중복 표현을 하고자 할 때는 이에 대응하는 고유어 '날'을 겹쳐 쓰는 것을 보여준다. 여기서 잉여성이 문제되는 것은 '국경일날'처럼 원 단어의 구성요소 '일'과 중복되는 요소 '날'이 모두 일상적이어서 기능 단위가 되는 경우이다. '일'도 기능 단위로 '탄신일'과 같은 예에서 중복되는 요소로도 사용되므로 '일'에 '날'이 붙은 '국경일날'과 같은 예는 '날'이 더 잉여적인 요소로 느껴진다.

'시가댁, 외가댁'에서도 '가(家)'가 국어에서 집을 뜻하는 기능 단위로 쓰이지 않으므로 '댁'이라는 한자어를 중복하여 쓰는 것으로 해석된다. 이들 예는 결국 2음절 한자어의 구성 요소와 같은 의미를 지닌 기능 단위 한자어가 동의중복을 일으키는 예가 된다. 이때 '댁'은 다른 사람의 집을 높여 부를 때 붙여 쓰므로 '시가'와 '시가댁', '처가'와 '처가댁'이 지시 대상은 같더라도 높임의 정도라는 의미 차이를 보이면서 공존하게 된다.

한자어+한자어의 중복이 한자어+고유어 중복보다 드문 예에 속한다는 사실과 관련해서 (24ㄴ)과 (24ㄷ)의 비교는 흥미롭다. (24ㄴ)은 한자어+고유어 사이의 중복('초가집')은 가능하나 한자어+한자어 중복('*초가댁')은 제한된다는 것을 보여준다. (24ㄷ)의 '처갓집/처가댁'과 같이 둘 다 허용하는 경우도 있으나 여기에는 사정이 있다. '댁'이 존대의 의미를 더 갖게 되므로 높임의 대상이 될 수 있는 '처가, 대가'에는 '댁'이 결합할 수 있으나 높임의 대상이 될 수 없는 '초가, 한옥'에는 '댁'이 결합할 수 없는 것이다. 이는 한자어끼리의 동의중복은 이종 어휘 사이의 중복보다 더 드물고, 한자어와 고유어 사이의 동의중복이 더 광범위하게 나타난다는 사실과 부합한다. 이 경우 한자어끼리의 동의중복은 존대 맥락이라는 특별한 경우에 가능하다. 중복형이 더 유표적인 의미를 갖게 되는 것이다.

2.3. 혼종어

고유어와 한자어, 한자어와 외래어 등 서로 다른 어종의 언어 요소가 결합하여 만들어진 단어를 혼종어(hyrid)라 한다. 혼종어의 형성은 어종과 관련된 어휘 공존의 또 다른 양상이다. 이 현상은 한자어나 외래어가 국어 어휘화하는 과정의 하나로 이들 외래 요소가 다른 어종과 자유롭게 결합하여 새로운 단어를 형성한다는 것은 화자가 이들을 고유어와 특별히 구별하여 인식하지 않음을 의미하는 것이기도 하다. 따라서 혼종어 형성에 참여하는 한자어나 외래어는 그만큼 국어 어휘로서의 지위를 확고하게 가지고 있는 단위라고 해석할 수 있다. 한자어나 외래어가 유입된 이래 혼종어는 끊임없이 형성되어 왔으나 최근에 외래어의 급격한 증가로 외래어와의 혼종어가 많이 등장하고 있다. 오래 전에 형성된 혼종어의 경우는 국어에서 활발히 쓰이면서 원어에 대한 의식이 거의 사라져 고유어와 구별없이 인식되는 예도 있다.

앞에서 논의한 동의중복어 가운데 이종 어휘 사이의 동의중복은 혼종어의 대표적인 예에 해당한다. 동의중복 현상은 화자가 한자어나 외래어를 이질적인 요소로 인식하여 유사한 의미의 고유어나 한자어를 중복하여 씀으로써 생기는 경우가 많다. 동의중복에 의한 혼종어는 동의중복이 아닌 혼종어와 형성 기제가 다른 것으로 볼 수 있어 구별하여 다룰 필요가 있다. 여기서는 앞에서 다룬 동의중복에 의한 혼종어는 가급적 논외로 하고 그 밖에 어떠한 유형의 혼종어가 있는지 보기로 한다.

먼저 고유어와 한자어가 결합한 혼종어에는 다음과 같은 예가 있다. 이들은 고유어가 선행하고 한자어가 후행하는 예들로 그 구조가 약간씩 다르다.

> (25) 밥상(-床), 발판(-板), 뒷문(-門), 몸통(-桶), 번개탄(--炭), 널판(-板),
>   꽃병(-甁), 밤중(-中)

(25)는 고유어 명사 '밥, 발, 뒤, 몸, 번개, 널, 꽃, 밤' 등이 한자어와 결합한 예이다. 고유어뿐만 아니라 한자어 '상, 판, 문, 통, 탄, 판, 병, 중' 등도 자립명사 또는 의존명사로 쓰여 국어의 단어형성에 활발히 참여하는 예들이다. 1음절 한자어의 경우 이에 대응하는 고유어가 자립명사로 존재하는 경우 자립적으로 쓰이지 못하는 예가 많다. 예컨대 '하늘, 땅, 풀, 나무' 등에 대응하는 한자어 '천(天), 지(地), 초(草), 목(木)' 등은 자립적으로 쓰이지 못한다. 이에 비해 대응 고유어가 자립명사로 존재하지 않는 일음절 한자어는 자립명사의 용법을 갖는 것이 일반적이다. '책(冊), 상(床), 창(窓), 문(門)' 등의 한자어 명사는 이에 대응하는 고유어 명사가 존재하지 않는다. 이것은 1음절 자립한자어들이 고유어나 외래어 등 다른 명사와의 결합이 자유로워 그만큼 혼종어 형성에 제약을 덜 받는다는 것을 의미한다.

> (26) 겉봉(-封), 달력(-曆), 가락지(--指), 모음집(--集)

(26)의 '봉(封), 력(曆), 지(指), 집(集)' 등의 한자는 자립적으로 쓰이지 못하는 형태로 고유어 명사와 결합하여 혼종어를 형성한 예이다. 이 중 '겉봉, 달력'은 '피봉(皮封), 월력(月曆)'의 차용역어(借用譯語 loan translation)일 가능성이 있다. 이는 국어에서 '피(皮), 월(月)'이 자립형식으로 쓰이지 못하고 이에 대응하는 고유

어 '걸, 달'이 자립형식으로 존재하므로 대체되었을 가능성이 있는 것으로 보인다.

'가락지'의 경우 어원적으로는 한자의 훈을 겹쳐 쓴 동의중복의 예이다. 고유어의 '가락'은 중세국어에서 '발가락, 손가락'을 의미하는 명사로 쓰였으므로 '지(指)'의 훈과 같다. 그러나 현대국어에서 '가락'은 자립 명사로서의 용법보다는 '엿한 가락'과 같이 주로 "가늘고 길게 토막이 난 물건을 세는 단위"로 쓰인다. 의존명사의 용법 외에 '가락'은 '엿가락, 발가락, 가락윷'과 같이 주로 합성어의 구성 성분으로 남아 있다. 결국 '가락지'는 "장식으로 손가락에 끼는 고리"로 의미가 변화하여 동의중복의 결과 새로운 의미를 얻게 된 예이다.

'모음집'도 고유어 '모음'과 한자어 '집(集)'이 동의중복된 예로, '논문 모음집, 시 모음집' 등의 말이 활발히 쓰이고 있다. '모음'은 명사형으로 '시 모음, 논문 모음' 등의 용법이 가능하고 대신 한자어 '집'을 결합하여 '시집, 논문집'으로 쓸 수 있다. 그러나 자립적이지 않은 1음절 한자어와 결합한 '논집(論集), 문집(文集), 선집(選集)' 등의 예는 '집' 대신 고유어 '모음'을 결합한 '*논모음, *문모음, *선모음' 등이 불가능하다. 이는 선행 한자가 자립성이 없으므로 고유어와의 결합이 자유롭지 못하기 때문이다. '집(集)'은 '모음'이라는 고유어 명사형이 쓰이지 못하는 자리에 쓰여서 이를 보완해 주는 듯하다. "갖가지 글이나 문서를 모아 놓은 책"의 의미로 쓰이면서 한자어 기능 단위의 자격을 지닌다.

    (27) 어지럼증(---症), 따옴표(--標)

(27)은 '어지럼, 따옴'과 같은 고유어 명사형에 한자어가 결합한 예이다. 이때 '어지럼'은 '잠시 어지럼을 느꼈다'와 같이 명사 상당어로 쓰일 수 있으나 '따옴'은 '그 책은 *따옴이 너무 많다'와 같이 명사로 쓰이기 힘들다. '따옴'의 경우는 '새김질, 생김새, 갈림길'의 '새김, 생김, 갈림'과 같이 실제 명사로 쓰이고 있지는 않지만 형태론적으로 단어로서 적격한 구성을 갖춘 '잠재어'의 성격을 갖는다.

    (28) 곱상(-相), 밉상(-相), 밀창(-窓), 걸상(-床), 들창(-窓); 먹성(-性), 싫증(-症)

    (29) 된장(-醬), 난생(-生), 질통(-桶)

(28)은 동사나 형용사의 어간에 '상(相), 창(窓), 상(床)' 등의 1음절 한자어 명사가 결합한 예이다. 용언의 어간에 명사가 결합한 구성은 비통사적 합성어로 현대국어에서는 비생산적인 단어 결합 방식으로 간주된다. 이러한 방식으로 결합한 고유어 단어로 '접칼, 접바둑, 덮밥' 등 일부 예가 있을 뿐이다. 더구나 '먹성'의 '성'은 접미사로 굳어진 한자로 볼 수 있어 공시적으로 '먹다'는 동사 어간에 접미사 '성'이 결합된 것처럼 보인다. 그러나 이러한 구조에 속하는 '먹성, 싫증'은 대응하는 한자어가 있다는 공통점이 있다. '먹성'에 해당하는 '식성(食性)', '싫증'에 해당하는 '염증(厭症)'이라는 한자어가 있어 선행 한자 '식(食), 염(厭)'이 고유어 용언 '먹-, 싫-' 등으로 대체되어 생긴 것이라면 이 예들도 차용 역어로 볼 가능성이 있다. 이것은 '성, 증'이 국어에서도 '귀염성, 붙임성, 어지럼증, 갑갑증' 등에서처럼 고유어와의 결합이 가능한 접사적 용법을 갖게 되면서 개별 단위로 인식되는 사실과도 관련되는 듯하다. '식성, 염증'의 선행 요소가 고유어로 대체되어도 단어 결합이 어색하지 않은 것이다. '식성'과 '먹성'의 경우 약간의 의미 차이를 보이는데, '먹성'은 "음식에 대해 좋아하거나 싫어하는 성미"(식성/먹성이 까다롭다)뿐만 아니라 '먹성이 대단하다'의 예에서와 같이 "음식을 먹는 분량"의 의미를 갖는다.

(29)는 용언의 관형사형에 한자어 명사가 결합한 예로 통사적 합성어에 속한다. 용언 '되-, 나-, 지-'에 관형사형 어미 'ㄴ, ㄹ'이 결합하고 여기에 명사가 결합한 것이다.

다음으로 고유어에 한자어가 결합한 혼종어 중 파생어를 보자. 여기에는 고유어 접두사에 한자어가 결합한 경우와 고유어 명사나 어근에 한자어 접미사가 결합한 구조가 있다.

(30) 헛고생(-苦生), 날강도(-强盜), 맏손자(-孫子), 숫처녀(-處女),
　　　 개수작(-酬酌), 개망신(-亡身)

(31) 오름성(--性), 나듬성(--性), 믿음성(--性), 헹굼성; 알레르기성, 알칼리성,
　　　 해프닝성, 코미디성, 코믹성, 알콜성, 스타성, 포르노성

(30)과 같이 고유어 접두사에 한자어가 결합한 경우는 드물지 않으나 (31)과 같이 고유어에 한자어 접미사가 결합한 경우는 그리 많지 않은 듯하다. '성'과 같은 한자어 접미사의 경우 고유어보다 외래어 어기에 결합한 예들이 더 많이 발견되는 것을 볼 수 있다. 한자어에서 완전히 접미사로 굳어진 것으로 볼 수 있는 예가 많지 않고 '적(的)'과 유사하게 '성'도 고유어 어기와의 결합이 활발하지 못하다. 따라서 고유어 어기에 한자어 접미사가 결합한 혼종어의 예는 그리 많지 않다.

접미사 '적'도 고유어 어기와는 자유롭게 결합하지 못하는 데 비해 '톨스토이적, 촘스키적'과 같이 외래어 어기와는 자유롭게 결합하는 특성이 있다. 선행 어기가 [-Native]의 형태 자질을 가질 것을 요구하는 것이다. '마음적'과 같은 예가 쓰였으나 어색하여 널리 쓰이지 않는 듯하다. 그러나 최근 신어 자료에서 '적'의 분포가 확대되면서 고유어 어기를 취하는 예들이 발견되기도 한다. 그런데 다음 (32ㄱ)에서는 '적' 결합형이 여전히 자연스럽지 못한데 (32ㄴ, ㄷ, ㄹ)과 같이 어기가 확장되어 구를 어기로 취하면 자연스러운 문장이 된다. 구에 결합하는 '적'을 구별하여 다룬다면, [-Native]라는 어기에 대한 제약이 약화되는 것을 보여준다.

> (32) ㄱ. ?해바라기적, ?아빠적, ?놀이적
> ㄴ. 그들은 권력만 쫓아다니는 <u>해바라기적</u> 속성을 가진 사람들이다.
> ㄷ. <u>해외에 가족들을 보낸 기러기 아빠적인</u> 사고 방식
> ㄹ. 그간 17만 명이 넘는 관객이 이 연극을 봤다. <u>인형·천을 활용한 놀이적</u> 기법으로 어린이 관객을, 슬픈 사랑 이야기로 어른 관객을 포획했다.
> <2003 신어>

다음은 한자어와 고유어의 순서로 결합된 혼종어의 예이다. 먼저 합성어에 해당하는 예를 보이면 다음과 같다.

> (33) ㄱ. 문고리(門--), 책벌레(冊--), 색종이(色--), 약밥(藥-), 명란젓(明卵-), 창살(窓-), 산기슭(山--), 약숫물(藥水-), 처갓집(妻家-)
> ㄴ. 식칼(食-), 산달(産-), 월담(越-); 칫솔(齒-), 토담(土-)

(33ㄱ)은 한자어 명사와 고유어 명사가 결합한 예로, '문, 책, 색, 약, 창, 산'과 같은 1음절 한자어들이 고유어와 구별없이 자유롭게 단어형성에 참여하는 것을 보여준다. 자립성을 얻은 1음절 한자어의 경우 고유어와의 결합이 자유롭다. 앞에서 예로 든 '약숫물, 처갓집'과 같은 동의중복어들도 이 유형에 속하게 된다. (33ㄴ)은 선행 한자가 국어에서 자립적으로 쓰이지 못하는 의존형식이다. '식칼, 산달, 월담'은 동사 요소인 한자에 고유어 명사가 결합한 것이다. 자립성이 없는 1음절 한자의 경우 주로 한자 형태소와 결합하여 단어를 형성한다는 점을 고려하면 '한자 의존형식+고유어 명사'와 같은 결합이 흔한 것은 아니다. 이 경우도 이에 대응하는 한자어 '식도(食刀), 산월(産月), 월장(越牆)' 등이 존재한다는 점이 주목된다. '식도'에서 '도'에 해당하는 고유어 '칼'을 결합했을 가능성이 있기 때문이다. 이에 비해 '칫솔, 토담'의 경우는 구성 한자 '치, 토'에 해당하는 고유어가 자립명사로서 존재하므로 이를 고유어로 대치한 '잇솔, 흙담' 등의 고유어 단어가 존재한다.

한자어와 고유어의 순서로 결합한 혼종 파생어에는 두 가지 종류가 있다. 한자어 접두사에 고유어 어기가 결합하는 경우와 한자어 어기에 고유어 접미사가 결합하는 경우이다.

> (34) ㄱ. 생고구마(生---), 양딸기(洋--), 시어머니(媤---), 친할머니(親---)
>
> ㄴ. 총질(銃-), 초보꾼(初步-), 사진발(寫眞-), 여성스럽다(女性---),
> 학자답다(學者--), 공부하다(工夫--), 면면이(面面-), 색색이(色色-),
> 소신껏(所信-)

(34ㄱ)은 전형적인 한자어 접두사가 고유어 어기를 취한 예로, '생'의 경우 어기의 어종을 구별하지 않고 결합하는 특징을 갖는다. '생크림(生cream), 생필름(生film)'과 같이 외래어에도 자유롭게 결합한다. (34ㄴ)은 한자어 명사에 고유어 접미사가 결합한 예로, 이들 접미사는 어느 정도 생산성이 있어 어기의 어종 제약이 거의 없어 이 외에도 많은 혼종어를 형성한다. 따라서 수적으로는 한자어+고유어 결합 유형의 혼종어가 고유어+한자어 결합 유형보다 더 많을 것으로 예측된다. 합성어에서 '약숫물'과 같은 동의중복 유형의 단어가 많이 존재하고 한자어 접미사

에 비해 고유어 접미사가 어기의 어종에 의한 제약을 덜 받기 때문이다.

다음으로 외래어와 결합한 혼종어의 예를 보도록 하자.

      (35) ㄱ. 사교댄스(社交dance), 유리컵(琉璃cup), 메모지(memo紙),
               쇼크사(shock死), 잉크병(ink瓶)

           ㄴ. 이모팬(姨母fan), 번개쇼핑(--shopping), 거울폰(--phone),
               효도폰(孝道phone), 떡케이크(-cake), 키즈사업(kids事業),
               간지남(かんじ男), 간지폭풍(かんじ暴風)

      (36) ㄱ. 훌리건화하다(hooligan化--), 투글족(two-族), 팬질(fan-)
           ㄴ. 유아틱하다(幼兒tic--), 귀차니즘(--ism), 휴게텔(休憩tel)

(35ㄱ)은 사전에 등재된 혼종 합성어로 우리에게 익숙한 예들이다. (35ㄴ)은 최근 신어에서 외래어와 결합하여 만들어진 혼종 합성어의 예이다. 외래어에 한자어나 고유어가 결합한 예들로, '간지'는 일본 어원의 외래어이다.

이에 비해 (36ㄱ, ㄴ)은 신어에 등장하는 혼종 파생어로 외래어가 결합한 예이다. (36ㄱ)은 외래어 어기에 한자어 접미사 '화, 족'과 고유어 접미사 '질'이 결합한 예이며, (36ㄴ)은 한자어나 고유어에 외래어 접미사로 볼 수 있는 '-틱, -이즘, -텔' 등이 결합한 예이다. 앞에서 한자어 접미사 '적, 성' 등이 [-Native] 어기에 결합한다는 제약이 있다는 사실을 언급하였다. 여기에 제시된 '틱'은 '적'과 유사한 의미를 지니면서 최근에 등장한 외래어 접미사로 혼성어 형성의 대표적인 예가 되었다. '적'은 원래 '로맨틱'의 'tic'을 번역 차용한 것인데 다시 '틱'이라는 외래어 접미사를 차용해 어종 자질이 비관여적이 되는 대표적인 사례가 된 것이다. 즉 '틱'이 처음에는 '로맨틱, 에로틱'과 같은 외래어 어기에 결합하였을 것이나 점차 '유아틱, 여성틱, 학생틱, 시골틱' 등과 같은 예에 생산적으로 쓰이면서 어기의 어종에 대한 제약이 없어 혼종어 형성의 대표적인 예가 된다.

3. 단어형성법

여기서는 단어형성의 관점에서 국어 어휘가 어떻게 구성되어 있는지 살펴보도록 한다. 특히 어종에 따른 단어형성의 차이를 고려하면서 단어의 특성을 살펴보자. 국어 단어를 학교 문법에 따라 단일어(simple word)와 복합어(complex word)로 나누고 복합어 안에 파생어(derived word)와 합성어(compound word)가 속하는 것으로 보기로 한다.

3.1. 단일어

단일어(simple word)는 형태소 하나로 이루어진 단어를 말한다. 단어의 구조를 파악할 때 조어론에서는 어미를 뺀 어간이 형태소 몇 개로 이루어졌느냐에 따라 단어를 분류하게 된다. 명사의 경우 '흙, 눈, 저고리, 치마' 등은 한 형태소가 곧 단어의 자격을 가지므로 단일어가 된다. 형용사나 동사와 같은 용언의 경우 어간만으로는 자립형식이 되지 못하므로 '희다, 곱다, 가다, 먹다'와 같이 어간과 어미 두 개의 형태소가 합해져야 단어의 자격을 갖게 된다. 따라서 용언은 어미를 제거한 어간의 형태소가 단일 형태소일 때 단일어가 되는 것이다. '희-, 곱-, 가-, 먹-' 등의 고유어 어간이 하나의 형태소로 이루어졌으므로 단일어가 된다.

이러한 정의는 고유어뿐만 아니라 한자어나 외래어에도 동일하게 적용된다. 한 자어의 경우 일부 예를 제외하면 대개 한 음절이 한 형태소가 된다. 따라서 '책(册), 상(床), 창(窓), 문(門)'과 같이 1음절이 곧 자립형식인 경우는 단어의 자격을 얻어 단일어가 된다. 그러나 '춘추(春秋), 세월(歲月)'의 '춘, 추, 세, 월' 각각은 국어에서는 자립형식이 아니므로 단일어가 되지 못하고 형태소의 자격만 갖는다. 따라서 1음절 한자어가 자립형식으로 쓰일 때만 단일어의 자격을 갖게 된다. 1음절 단일 한자어는 약 100여 개가 있는데 이들은 대체로 대응하는 고유어가 존재하지 않는다는 특성이 있다(송기중 1992). 이에 비해 1음절 한자 형태소가 의존형식인 경우이에 대응하는 고유어가 대부분 자립명사로 존재한다.

(37) ㄱ. 강(江), 산(山), 책(册), 상(床), 창(窓), 문(門), 복(福), 색(色), 종(鐘),
　　　 병(病), 차(車), 각(角), 왕(王), 천(千), 백(百), 선(線), 성(城), 차(茶),
　　　 총(銃), 해(害), 핵(核), 약(藥)

　　ㄴ. 부(父), 모(母), 일(日), 월(月), 토(土), 천(天), 지(地), 야(野), 골(骨),
　　　 횡(橫)

　　ㄷ. 전(前) : 앞, 금(金) : 쇠, 폐(肺) : 허파

(37ㄱ)은 1음절 한자어가 자립형식으로 단어의 자격을 갖는 예들로 이에 대응하는 고유어가 자립명사로 존재하지 않는다. '강 : 가람, 산 : 뫼, 천 : 즈믄, 백 : 온'과 같은 일부 예는 대응하는 고유어가 사어(死語)가 되거나 의미 변화를 일으킨 것을 알 수 있다. (37ㄴ)은 이들 한자에 대응하는 고유어가 '아버지, 어머니, 해, 달, 흙, 하늘, 땅, 들, 뼈, 가로'와 같이 자립명사로 존재하는 예들이다. 이들 한자는 자립명사의 용법을 갖지 못하므로 단일어가 되지 못하고 의존 형태소의 자격만 갖는다. (37ㄷ)은 '전 : 앞'과 같이 한자어와 비한자어에 유사한 의미를 지닌 자립명사가 존재하는 경우로 이들은 의미 분화를 일으키거나 어감상의 차이를 보이면서 공존하는 예들이다.

1음절 한자어 자립명사들은 이에 대응하는 고유어가 없으므로 사용 빈도가 높은 어휘들이 많다. 또한 다른 한자어와 자유롭게 결합하여 단어를 형성하거나 고유어나 외래어와도 자유롭게 결합하여 혼종어를 형성한다. 예컨대 '강산, 강물, 산비탈, 책보, 밥상, 창살, 문틈, 복스럽다, 색종이, 종소리, 병치레' 등처럼 고유어와 거의 기능상의 차이를 보이지 않는다. 이들은 혼종어 형성에 자유롭게 참여하고 '약숫물, 면도칼' 등과 같은 국어 동의중복 현상에도 반영되어 나타난다.

이 외에 '단(但), 즉(卽), 혹(或)'과 같이 부사로 쓰이는 단일어가 있고, '근(近), 총(總), 약(約), 순(純)'과 같이 관형사의 용법을 지닌 예가 있다. 한자어 용언의 경우는 어기가 1음절 형태소라도 단일어의 자격을 갖지 못한다. '구(求)하다, 귀(貴)하다, 취(醉)하다' 등과 같이 한문에서는 동사나 형용사의 자격을 가지는 '구, 귀, 취' 등이 국어에서는 어미와 결합하기 위해서 '하다'와 결합하여 쓰인다. 따라서 '구, 귀, 취' 등은 1음절로 하나의 형태소이지만 '하-'가 접미사의 자격을 지니므

로 파생어의 범주에 들게 된다. 이는 '스마트(smart)하다, 스터디(study)하다' 등의
외래어도 동일하다.

한편 1음절 한자가 모두 단어나 형태소의 자격을 갖는 것은 아니어서 한자어
중 1음절이 아니면서 단일어가 되는 예가 있다(이익섭 1969:4-7). 이러한 예는 다
음과 같이 세 가지 유형이 있다.

> (38) ㄱ. 모순(矛盾), 산호(珊瑚), 포도(葡萄), 분부(吩咐), 나팔(喇叭),
> 벽력(霹靂), 방광(膀胱), 비파(琵琶), 마비(麻痺), 남루(襤褸),
> 괴뢰(傀儡))
> ㄴ. 총각(總角), 만두(饅頭), 구기(枸杞), 양말(洋襪), 어차피(於此彼)
> ㄷ. 보리(菩提), 보살(菩薩), 나락(奈落), 가사(袈裟), 섭씨(攝氏),
> 낭만(浪漫), 파리(巴里)

(38ㄱ)은 각 음절이 서로 이외의 다른 형식과 결합하는 일이 없거나 아주 드물고
둘 다 의존형식인 경우이다. 예컨대 '모'는 '순' 이외의 어떠한 형식과도 만나는
일이 없고, '순'은 '모' 이외의 어떤 다른 형식과 결합하는 일이 없어 '모순'은 최소
의 언어형식인 단일 형태소가 된다. 마지막 예인 '괴뢰'의 경우 '괴'는 '괴망(傀網),
괴면(傀面)' 등에서처럼 '뢰' 이외의 요소와 결합한 예가 아주 없지는 않으나 매우
제한되고, '뢰'는 '괴' 이외의 어떤 요소와도 만나는 일이 없다. (38ㄴ)은 각 음절이
문자면으로는 형태소의 자격을 갖는 것처럼 보이나 의미상의 공통성이 없는 경우
이다. '총각'의 구성성분 '총, 각'은 '총계(總計), 총선거(總選擧)', '삼각(三角), 각
모(角帽)' 등에 나타나는 '총, 각'과 아무런 의미상의 연관성을 찾을 수 없으므로
같은 형태소로 묶일 수 없다. 따라서 '총각'은 두 개의 형태소로 분석되지 않는
단일어이다. (38ㄷ)은 한자가 중국어가 아닌 다른 언어의 단어를 표기하기 위해
쓰인 음역어(音譯語)로 단일어에 속한다.

한자어와 달리 외래어의 경우는 원어의 형태소 분석과는 상관없이 다음절인 경
우도 대부분 하나의 형태소로 처리하는 것이 일반적이다. '텔레비전, 엘리베이터,
레스토랑, 오랑우탄, 쇼핑' 등과 같은 외래어는 모두 하나의 형태소로 이루어진

2장 국어 어휘의 어종 ●▪ **67**

단일어인 것이다. 이것은 우리가 가지고 있는 외국어에 대한 지식을 형태소 분석에 반영하지 않고 외래어가 국어에 유입되어 국어 어휘 체계 내에서 발휘하는 기능에 따라 형태소 분석을 한 결과이다. 이들이 원어에서 가지고 있던 형태소 경계와는 상관없이 국어에서 새로이 형태소 경계가 생기기도 하는데 다음과 같은 예를 통해 알 수 있다.

(39) ㄱ. 레스토랑 : 회토랑, 패스토랑
ㄴ. 호텔 : 휴게텔, 수면텔, 캡슐텔, 에어텔
ㄷ. 미팅 : 방팅, 소개팅, 삐삐팅, 폰팅

(39ㄱ)은 화자들이 '레스토랑'이라는 하나의 형태소에서 '-토랑'을 분석해 내어 새로운 단어를 만든 예이며, (39ㄴ)은 '호텔'에서 '텔'을 분석해 내어 새로운 단어를 형성한 예이다. '휴게텔, 수면텔'의 '텔'은 단순히 '호텔'을 의미한다기보다 '휴게실, 수면실' 등의 '실(室)' 결합형과 차별화하기 위해 사용된다. (39ㄷ)은 '미팅'에서 '팅'을 분석해서 이와 관련된 단어를 만들어 낸 신어라 할 수 있다. 이러한 예들은 국어에서 형태소 자격을 갖지 못하던 형태소의 일부가 형태소의 자격을 획득해 가는 과정을 보여준다. 외래어의 형태소 분석은 원어의 형태소 분석 경계와 무관하게 국어의 음절 단위로 분석된다. 예컨대 '미팅'은 영어에서 'meet+ing'로 분석되는데 국어에서 '팅'이 형태소의 자격을 갖게 된 것으로 본다면 '미+팅'으로 분석 가능하다.

고유어, 한자어, 외래어 단일어의 대표적인 예를 정리하면 다음과 같다.

(40) ㄱ. 흙, 눈, 코, 저고리, 치마, 희다, 곱다, 아주, 또, 어느
ㄴ. 강(江), 산(山), 책(冊), 상(床), 모순(矛盾), 총각(總角), 보살(菩薩)
ㄷ. 바이러스(virus), 사이다(cider), 스웨터(sweater),
텔레비전(television), 엘리베이터(elevator), 시나리오(scenario),
초콜릿(chocolate), 스케이트(skate), 타이프(type)

(40ㄱ)은 고유어, (40ㄴ)은 한자어 단일어의 예이다. (40ㄷ)은 외래어 단일어로 이들이 원어에서 내부 구조를 갖는 것과는 상관없이 국어에서는 하나의 형태소가 된다.

그런데 외래어의 형태소 분석은 유동적인 면이 있다. 앞에서 언급하였듯이 처음에는 하나의 형태소로 인식되더라도 국어 화자들이 이들을 분석해서 국어 단어형성에 이용하면서 형태소의 자격을 얻게 되는 경우가 생기기 때문이다. 예를 들어 '휴머니즘(humanism)'에서 영어 접미사 '-이즘'을 분석해서 새로운 단어를 형성하는 일이 많아지면서 '휴머니즘'을 더 이상 단일어로 보기 어렵게 되었다. 그리고 영어와 달리 국어는 음절 단위 표기 방식을 택하므로 음절 단위로 분석되는 경향이 있다. 영어 접미사를 기준으로 하면 '-이즘'이 되는데 국어에서는 '휴머니즘, 귀차니즘'과 같이 연철되거나 '젠더리즘(genderism), 테러리즘(terrorism)'처럼 영어 말음과 결합하여 '리즘'으로 표기되기도 한다. 전자의 예는 '휴먼+이즘, 귀찮-+이즘'으로 분석이 되지만 후자는 '젠더, 테러'가 단어로 존재하므로 '리즘'으로 분석된다. 이때 '이즘'과 '리즘'을 국어에서 하나의 형태소로 본다면 이들은 이형태 관계에 놓이게 되는데, 이는 국어에서 그리 일반적이지 못한 교체 조건을 인정하는 것이 된다.

3.2. 파생어

둘 또는 그 이상의 형태소로 이루어진 복합어(complex word) 중 파생어(derived word)는 '풋고추, 시누이, 먹이, 미닫이'와 같이 직접성분(IC immediate constituent) 중 하나가 접두사 또는 접미사인 단어이다.

고유어와 달리 한자어나 외래어 접두사의 예는 그리 많지 않다. 한자어 접두사는 어근과의 구별이 고유어보다 더 어려운 면이 있어 완전한 접두사로 볼 만한 예가 많지 않다. 고유어 어기에도 자유롭게 결합하는 생산적인 접두사로 다음과 같은 예가 있다.

(41) ㄱ. 시(媤)- : 시누이, 시어머니, 시할머니, 시부모, 시외숙, 시조부

ㄴ. 외(外)- : 외할머니, 외할아버지, 외삼촌, 외숙모

ㄷ. 생(生)- : 생감자, 생고구마, 생나물, 생라면, 생맥주, 생우유, 생과일,
생토마토

ㄹ. 왕(王)- : 왕거미, 왕개미, 왕바위, 왕새우, 왕소금, 왕버들

위의 접두사들은 한자어뿐만 아니라 고유어와의 결합도 자유로워 한자어라는 인식이 약화되고 있는 듯하다. 한자어 접두사는 주로 2음절어의 구성성분인 어근으로 쓰이다가 2음절 한자어 앞에 결합하여 생산성을 얻으면서 접사적 성격을 갖게 된 것으로 보인다. '생'의 경우도 '생과(生果), 생률(生栗), 생채(生菜), 생즙(生汁)'과 같은 2음절 한자어의 구성성분으로 쓰이다가 '생감자, 생우유, 생맥주' 등 2음절 이상의 한자어에 결합하여 접사적 용법을 갖게 된다. 한자어 접두사는 의미 변화를 수반하기도 하고 고유어 등 비한자어와 자유롭게 결합하게 되면서 어기에 대한 어종 제약이 없어지며 어근에 비해 생산성이 높다. 이에 비해 '선홍색(鮮紅色), 선녹색(鮮綠色), 호시절(好時節)'에서의 '선(鮮)-, 호(好)-'는 2음절 한자어의 앞에 결합하여 접사처럼 보이기도 하지만 이들이 결합하는 어기가 제한되고 어근의 의미를 그대로 유지하고 있으므로 완전한 접두사로 보기 힘들다.

국어에서 외래어 접두사로 볼 만한 예는 사실 아주 드물다. 『표준국어대사전』에는 외래어 접두사로 등재된 예가 보이지 않는다. 신어에 나타나는 다음 예들이 접두사로 다루어질 가능성이 있는 드문 예에 속한다.

(42) ㄱ. 네오(neo)-, 멀티(multi)-, 메가(mega)- : 네오웰빙족, 네오펑크, 멀티숍,
멀티히트, 메가베스트셀러

ㄴ. 노(no)-, 더블(double)- : 노버튼, 노옵션, 노팁, 노비자, 노머니,
더블라이프족, 더블아웃, 더블에이

일반적으로 차용은 명사와 같은 실질어를 중심으로 이루어지므로 문법 형태소라 할 수 있는 한자어나 외래어 접사가 드문 것은 당연할 것이다. 특히 외래어 접사의

경우 국어에 동화된 형태를 중심으로 형성될 가능성이 많다. 원어에서 접사가 차용된다는 것은 원어에 대한 지식이 보편화된 경우에 가능하다. 국어에 외래어가 많이 쓰이고 외국어에 대한 지식을 이용하여 많은 단어를 형성하면서 접사화되는 예들이 존재하게 된다. (42ㄱ)의 'neo-, multi-, mega-'는 영어에서도 접두사이지만 (42ㄴ)의 'no, double'은 국어에 들어와서 접두사화되고 있는 예로 볼 수 있다. 한자어와 마찬가지로 이들을 완전한 접두사로 인정할 수 있을지는 앞으로의 변화를 고려해야 할 듯하다.

국어 접미사에는 어기의 품사를 바꾸는 통사적 파생접사와 어기에 의미만 첨가하는 어휘적 파생접사가 있다. 고유어는 다양한 품사를 파생시키는 접미사가 있으나 한자어나 외래어 접미사는 아주 제한되어 있다. 고유어의 경우 명사 파생 접미사 '-이, -음, -기'를 비롯하여 동사 파생 접미사 '-하다, -대다, -거리다', 형용사 파생접미사 '-하다, -답다, -스럽다, -롭다', 부사 파생접미사 '-이, -히' 등이 있다.

한자어의 경우 대부분 명사 파생 접미사이며 일부 접미사가 어근을 만들기도 한다. 한자어는 접두사와 마찬가지로 어근과 접미사를 구별하기 힘든 면이 있으나 다음과 같은 예는 접미사로 볼 만하다.

> (43) ㄱ. 적(的) : 사회적, 신사적, 인간적, 톨스토이적, 촘스키적
>
>   ㄴ. 화(化) : 민주화, 대중화, 기계화, 모듈화, 컬러화
>
>   ㄷ. 성(性) : 동물성, 수익성, 참을성, 알칼리성, 헹굼성
>
>   ㄹ. 자(者) : 경력자, 발굴자, 탈락자, 투기자, 범법자

> (44) ㄱ. 시(視) : 수단시, 동일시, 신성시, 죄악시, 도외시
>
>   ㄴ. 연(然) : 대가연, 학자연, 군자연, 장군연

한자어 접미사는 (43ㄱ-ㄹ)에서 보듯이 대부분 명사 파생접미사라 할 수 있다. (43ㄱ)의 '적' 파생어는 조사 결합에 제약을 보이기도 하지만 명사로 보는 것이 일반적이다. (43ㄴ)의 '화'는 어기에 서술성을 부여하여 '민주화하다'와 같이 접미사 '하다'와의 결합을 가능하게 한다. (44)의 '시, 연'은 특이한 접미사라 할 만한데

'수단시, 대가연'과 같은 접미사 결합 형태가 명사와 같은 특정 품사의 역할을 할
수 없고 여기에 '하다'가 결합하여야 용언으로 쓰일 수 있다. 이와 같이 자립적으로
쓰이지 못하고 단어형성의 어기가 되는 예들을 어근으로 부른다면 '시, 연'은 어근
을 만드는 어근형성 접미사로 부를 수 있다.

외래어 접미사의 예도 그리 많지 않다. 앞에서 '휴게텔, 수면텔'의 '텔'과 '소개
팅, 삐삐팅'의 '팅'이 모두 형태소의 자격을 갖는다고 했는데 이 가운데 '텔'은 접미
사로 볼 만하다. 이 예는 '호텔'에서 '텔'을 분석해 낸 것이긴 하나 '호텔'이 지닌
원래 의미에서 "대중이 이용하는 숙박 시설" 정도의 의미를 지닌다. 약간의 의미
변화를 겪었을 뿐만 아니라 한자어와의 결합도 자유로워 어기에 대한 어종 제약도
약화되었다. 이 예는 '방팅, 소개팅, 폰팅'의 '-팅'과 그 성격이 약간 다르다. '팅'의
경우 '미팅'에서 '팅'을 분석해 낸 것이긴 하나 '미팅'의 의미를 그대로 가지고
있어 '미팅'의 줄임말 정도의 역할을 하게 된다. 그렇게 본다면 '팅' 결합형은 파생
어가 아니라 혼성어로 볼 가능성도 없지 않다. 이 예는 외래어 형태소 분석의 유동
적인 면과 관련된다고 할 수 있다. 다음 예는 외래어 접미사로 볼 만한 예들이다.

> (45) ㄱ. 맨(man) : 증권맨, 광고맨, 현대맨, 헌혈맨, 설치맨, 작업맨, 배달맨,
> 테스트맨
> ㄴ. 틱(tic) : 아동틱, 유아틱, 소녀틱, 모범생틱
> ㄷ. 이즘(ism) : 대처리즘, 테러리즘, 언니즘, 귀차니즘

(45ㄱ)의 'man'은 영어에서 자립명사로 쓰이다가 'postman, chairman' 등에서
접미사로 변해가는 과정에 있는 예이다. 국어에서 '맨'은 자립명사로는 쓰이지 않
고 주로 접사적인 용법을 지닌다. (45ㄴ)의 '틱'도 최근 들어 다시 생산성을 얻어가
는 접미사이다. 이 예는 한자어 접미사 '적'과 대조적인 용법을 보인다. '유아적,
소녀적'과 달리 '유아틱, 소녀틱'은 '적' 결합형과 유사한 의미를 가지면서 어기의
부정적인 속성을 특성화하는 용법이 있는 듯하다. '틱'의 경우 다시 '하다'가 결합
하여야 '유아틱하다' 등의 형용사로 쓰일 수 있어 '시(視), 연(然)'과 함께 어근형성
접미사에 속하게 된다. (45ㄷ)의 '이즘'은 "일정한 태도나 사고방식"을 의미하는

한자어 '주의'와 유사한 의미를 지닌다. '이즘'은 영어 접미사로 주로 외래어에 결합하여 쓰였으나 최근에는 '언니, 귀찮-'과 같은 고유어에도 결합한 신어가 발견된다.

고유어에는 '발갛다 : 빨갛다, 발갛다 : 벌겋다'와 같이 자음 또는 모음이 교체되는 내적 변화(internal change)에 의한 파생이 있으나 한자어나 외래어에서는 발견되지 않는다. 또한 고유어에는 '신 : 신다, 가물 : 가물다'처럼 일부 명사가 그대로 동사 어간으로 쓰이는, 흔히 영접사파생이라 부르는 예도 있으나 한자어와 외래어에는 그러한 예도 발견되지 않는다. 이들 차용어는 기본적으로 명사 상당어로 들어오므로 접미사 '하다'와 결합한 후에 용언으로 쓰인다.

(46) ㄱ. 공부(工夫)하다, 방학(放學)하다, 실패(失敗)하다, 출입(出入)하다, 등산(登山)하다

ㄴ. 스터디(study)하다, 세일(sale)하다, 카피(copy)하다, 비즈니스(business)하다

(47) ㄱ. 선명(鮮明)하다, 가련(可憐)하다, 화려(華麗)하다

ㄴ. 핸섬(handsome)하다, 보이시(boyish)하다, 터프(tough)하다

(46ㄱ, ㄴ)은 한자어 명사나 외래어 명사에 '하다'가 결합하여 동사로 쓰이는 예이다. 이들은 영어에서 명사와 동사로 쓰이는 예들로 영어에서는 전환(conversion)으로 설명된다. 영어에서는 그대로 품사가 바뀌어 쓰일 수 있지만 국어에서는 명사에 직접 어미를 결합할 수 없으므로 접미사 '하다'가 결합하여야 동사가 된다.

(47ㄱ, ㄴ)은 어기가 자립명사로 쓰이지 못하는 한자어, 외래어 어근(root)들이다. 상태성을 띤 어기로 주로 원어에서 형용사로 쓰이던 예들이 국어에 들어와서는 홀로 자립적으로 쓰이지 못하며 '하다'가 결합한 후 형용사로 쓰인다. 이러한 예들은 차용어가 국어에 유입되어 어휘화하는 과정을 보며주는 예로 고유어와 한자어, 외래어를 구별하는 특징이 된다.

3.3. 합성어

합성어(compound)는 직접성분이 모두 단어의 중심부인 어기(語基)로 이루어진 단어이다. 예컨대 '골목길, 새언니, 덮밥, 굳세다'와 같은 고유어, '책상(册床), 상장 (賞狀), 방학(放學), 지진(地震)'과 같은 한자어, '모델하우스(model-house), 치즈 케이크(cheese-cake)'와 같은 외래어는 직접성분이 모두 단어의 중심부인 명사나 관형사, 용언의 어간, 어근 등으로 이루어져 합성어에 속한다.

합성어는 같은 기원의 어종끼리 결합하는 것이 일반적이다. 앞의 '골목길, 새언 니, 덮밥, 굳세다' 등은 모두 고유어끼리 결합한 합성어이고, '책상(册床), 강산(江 山), 사진첩(寫眞帖)'과 같은 예는 한자어끼리 결합한 합성어이다. 외래어끼리 결합 한 예로 '가이드라인(guide-line), 모델하우스(modelhouse), 헤어스타일(hair-style), 미니스커트(miniskirt), 코드프리(codefree)' 등이 있다.4) 이처럼 같은 어종끼리 결 합한 합성어가 주를 이루지만 한자어나 외래어가 국어 어휘 속에 자리 잡으면서 다른 어종 사이의 어휘 결합이 자유로워진다. '밥상(-床), 된장(-醬)' 같은 고유어+ 한자어, '떡케이크(-cake), 거울폰(--phone), 몸개그(-gag)'와 같은 고유어+외래어, '휴대폰(携帶phone), 노천바(露天bar)'과 같은 한자어+외래어 등의 혼종 합성어 형성이 활발하다. 이들 혼종 합성어에 참여하는 한자어나 외래어는 국어화된 예들 로 단어에 준하는 자격을 갖는다고 할 수 있다.

합성어의 경우 고유어에는 합성명사('고무신, 바닷가, 버섯볶음'), 합성동사('뛰 놀다, 알아듣다, 돌아가다, 타고나다'), 합성형용사('검붉다, 검디검다, 다시없다'), 합성부사('잘못, 밤낮') 등 다양한 품사가 있다. 반면 차용어인 한자어나 외래어는 주로 합성명사를 갖게 된다. 이미 지적했듯이 한자어인 '공부(工夫), 방문(訪問)', 외래어인 '스터디(study), 리드(lead)' 등은 명사로 쓰이고 '하다'와 결합하여 파생 동사가 된다. '화려(華麗)하다, 내추럴(natural)하다' 등의 형용사도 접미사 '하다'

---

4) 외래어 합성어는 이들을 분석하였을 때 구성 성분이 국어에서 어기의 자격을 지닐 수 있는지 검토가 필요하다. 예를 들어 '모델하우스'는 '게스트하우스, 타운하우스' 등이 국어에서 쓰이므로 '하우스'가 자립명사로 사용되지 못하더라도 합성어의 자격을 지닌 다고 본다.

와 결합하여 쓰이게 되므로 파생어가 된다. 결국 한자어나 외래어 합성어에는 합성동사나 합성형용사가 존재하지 않는 것이다.

단일어에 대한 기술에서 보았듯이 다음절로 이루어진 한자어의 상당수는 1음절 어기가 결합된 합성어로 국어 합성어에서 많은 비중을 차지한다. 2음절 한자어 합성어는 한문 문법에 따라 그 구조를 분석하게 된다. 이때 한자어의 내부 구조가 전체 한자어의 어휘 범주를 결정하는 데 일정 정도 관여한다. 한자어가 명사로서의 용법을 갖느냐 하는 문제가 한자어의 구성 성분과 함께 구조와도 관련되어 복잡한 양상을 보인다. 이들은 기본 구조, 수식 구조, 병렬 구조를 이루는 것으로 나눠 볼 수 있다(노명희 2007:171-186).

> (48) ㄱ. 주어+서술어 : 지진(地震), 월식(月蝕), 시립(市立)
>   / 심란(心亂), 야심(夜深), 성급(性急)
> ㄴ. 서술어+목적어 : 방학(放學), 문병(問病), 종강(終講)
>   / 애처(愛妻), 공처(恐妻)
> ㄷ. 서술어+보어 : 귀가(歸家), 등교(登校), 하차(下車)
>   / 주일(駐日), 재미(在美), 대북(對北)

(48)은 기본 구조로 서술어가 주어, 목적어, 보어와 같은 논항을 취하는 일종의 논항 구조로 근간 성분들로 이루어진 구조이다. 이때 서술어의 자질이 전체 한자어의 범주에 어느 정도 영향을 미치는 것으로 판단된다 (48ㄱ)의 '주어+서술어' 구조로 이루어진 '지진, 월식, 시립'은 서술어가 동사로 전체 한자어가 명사의 용법을 갖는 데 비해 '심란, 야심, 성급'은 서술어가 형용사로 이들 한자어는 명사로 쓰이지 못하고 '하다'와 결합하여 형용사로 쓰인다. (48ㄴ)의 '서술어+목적어' 구성 중 '방학, 문병, 종강'과 (48ㄷ)의 '서술어+보어' 구성 중 '귀가, 등교, 하차'는 명사로 '하다'와 결합하여 동사로 쓰인다. 이에 비해 '서술어+목적어' 구성의 '애처, 공처'와 '서술어+보어' 구성의 '주일, 재미, 대북'은 명사로서의 용법에 제약을 보인다. '*애처가, *애처를' 등 조사 결합이 불가능하며 '*애처하다'와 같이 '하다'와 결합하여 동사로 쓰이지도 못한다. '애처가(愛妻家)'와 같이 합성어의 구성성분으

로 쓰일 뿐이다. '주일, 재미' 등은 서술어인 '주(駐), 재(在)' 등이 두 개의 논항을 취하는 부류로 한 개의 논항을 보어로 취하면서 또 다른 논항을 꾸미는 일종의 관계절을 형성한다. 따라서 '주일 대사, 재미 교포, 대북 정책'과 같은 구를 형성하는 일종의 수식어로 쓰인다.

다음으로 수식 구조를 보자.

(49) ㄱ. 관형수식어+피수식어 : 각국(各國), 호피(虎皮), 생일(生日), 미인(美人)
　　　ㄴ. 부사수식어+피수식어 : 독립(獨立), 자살(自殺), 상봉(相逢)
　　　　/ 상이(相異), 자명(自明), 자족(自足)

(49)의 수식 구조에는 관형 성분이 명사를 수식하는 경우와 부사어가 용언을 수식하는 경우가 있다. 피수식 성분이 명사인 (49ㄱ)의 '각국, 호피' 등은 명사로 쓰인다. (49ㄴ)에서는 피수식 성분이 동사인 '독립, 자살, 상봉'은 명사가 되지만 '상이, 자명, 자족'처럼 피수식 성분이 형용사인 것들은 자립적으로 쓰이지 못하고 '하다'와 결합하여야만 형용사가 된다.

병렬 구조는 대등한 성분이 나열되는 것으로 명사, 형용사, 동사가 나열되는 예를 찾을 수 있다.

(50) ㄱ. 명사+명사 : 부모(父母), 산수(山水), 남녀(男女), 좌우(左右),
　　　　　상하(上下), 도로(道路), 우주(宇宙), 언어(言語), 근본(根本)
　　　ㄴ. 형용사+형용사 : 명암(明暗), 장단(長短), 강약(强弱)
　　　　/ 귀중(貴重), 정확(正確), 견고(堅固)
　　　ㄷ. 동사+동사 : 출입(出入), 거래(去來), 개폐(開閉)
　　　　/ 생사(生死), 동정(動靜), 출결(出缺)
　　　　/ 연애(戀愛), 실패(失敗), 견학(見學)

(50ㄱ)의 명사 나열은 두 구성 성분의 의미가 '부모'처럼 반대되는 경우나 '우주, 언어'처럼 비슷한 경우 모두 명사로서의 용법만 지닌다. 그런데 (50ㄴ)의 형용사 병렬의 경우 구성 성분의 의미 관계가 전체 범주에 영향을 미친다는 점이 특이하

다. '명암, 장단'과 같이 두 구성 요소가 대립적인 의미를 지닌 경우, 특히 등급적 반의 관계에 있는 경우 전체 범주가 명사로만 사용된다. 등급적 반의 관계의 특징은 양 끝이 개방되어 있어서 중간 지대를 가지고 있다는 것과 논리적으로 한 쪽의 부정이 대립어와 등가적이지 않으며 두 개념이 동시에 성립될 수 없다는 것이다. 따라서 이들 예는 '하다'와 결합하여 서술어로 쓰이지 못하게 된다. '*명암하다, *장단하다'가 불가능한 것은 '*명하고 암하다'거나 '*장하고 단하다'는 것이 동시에 긍정되지 못하기 때문인 듯하다. '*명암하다'가 단어로서는 불가능한데 '밝고 어둡다'라는 구로서는 존재한다. 이 경우는 관련 대상이 여럿이어서 선택적으로 성립하는 듯하다. 이에 비해 '귀중, 정확' 등은 비슷하거나 유사한 의미의 두 형용사가 병렬된 경우로 명사로 쓰이지 못하고 '하다'와 결합하여 형용사로 쓰인다.

(50ㄷ)은 동사가 병렬된 경우로 '출입, 거래'와 같이 두 구성성분이 상관적 반의 관계에 해당될 때는 명사로서의 용법도 지니고 '하다'와 결합하여 동사로 쓰인다. 상관적 반의 관계에서는 반의 관계를 이루는 말들이 역행적 과정을 보인다. 한 단어가 한 방향으로의 움직임을 묘사하고 상대어는 반대 방향으로의 움직임을 묘사한다. 이들은 '가고 오다, 들이마시고 내쉬다'와 같이 한 행위가 아니라 여러 행위가 반복 표현될 수 있어 '하다'와 결합하여 동사로 쓰일 수 있다.

이에 비해 '생사, 동정' 등은 두 구성성분이 상보적 반의 관계에 해당한다. 이 반의 관계에서는, 예를 들어 '죽다/살다'와 같이 한 쪽을 부정하면 그것은 곧 다른 쪽을 긍정하는 것이므로 논리적으로 상보적이다. 또한 대립 관계에 있는 두 항목을 동시에 긍정하거나 부정하게 되면 모순이 일어난다. 따라서 이 예들은 '하다' 결합이 불가능하여 명사로만 쓰인다. '연애(戀愛), 실패(失敗)'와 같이 구성성분이 비슷하거나 유사한 의미를 지닌 동사의 경우는 '연애를 걸다, 연애하다'와 같이 서술성을 유지하면서 명사로서의 자립성도 갖는다.

한편 한자어 합성어를 그 구성 요소가 국어에서 어떠한 문법적 지위를 갖느냐에 따라, 즉 국어에서의 기능에 따라 다음과 같이 분류하기도 한다. 자립형식끼리 결합한 합성어, 자립형식과 의존형식이 결합한 합성어, 의존형식끼리 결합한 합성어로 나눌 수 있다.

(51) ㄱ. 자립형식+자립형식 : 약방(藥房), 책상(冊床), 강산(江山), 병균(病菌), 창문(窓門)

    ㄴ. 자립형식+의존형식(의존형식+자립형식) : 우정(友情), 상장(賞狀), 차비(車費), 치약(齒藥)

    ㄷ. 의존형식+의존형식 : 안경(眼鏡), 국민(國民), 학교(學校), 독서(讀書), 귀중품(貴重品)

이는 각 한자가 중국어에서 자립적으로 쓰이는 단어의 자격을 지니는 경우에도 국어에 유입되면서 의존 형태소의 자격만 지녀 다른 한자어 형태소와 결합하여야 쓰일 수 있음을 보여준다. '우(友), 민(民)'과 같은 예는 중국어에서 명사의 자격을 지니는 예들이지만 국어에서는 의존형식으로 단어의 자격을 지니지 못하고 어근 (root)의 자격만 지닐 뿐이다.

합성어는 흔히 통사적 합성어(syntactic compound)와 비통사적 합성어(asyn-tactic compound)로 구분된다. 통사적 합성어는 합성어를 구성하는 구성요소들의 결합 방식이 구를 이룰 때와 같아서 통사적 구성에도 출현하는 결합 방식을 가진 합성어이다. 이에 비해 합성어를 구성하는 구성요소의 결합 방식이 구를 이룰 때와 달라 통사적 구성에 출현하지 않는 결합 방식을 지닌 합성어를 비통사적 합성어라 한다. 고유어는 비통사적 합성어의 유형이 다양해서 용언의 어간끼리 결합하거나 ('굳세다, 검붉다, 굶주리다'), 용언의 어간에 명사가 결합한 '덮밥, 접칼' 등의 유형 도 존재한다. 한자어나 외래어의 경우 그 자체로 용언의 어간이 되는 일이 없으므 로 이런 종류의 비통사적 합성어는 발견되지 않는다. 어근과 명사가 결합한 비통사 적 합성어의 예로 고유어의 '알뜰주부, 부슬비' 등이 있는데, 이러한 구성에 해당하 는 한자어의 예가 (51ㄴ)에 해당한다. (51ㄷ)은 어근끼리의 결합이므로 역시 비통 사적 합성어에 해당되며 (51ㄱ)은 명사끼리의 결합이므로 통사적 합성어가 된다.

다음은 외래어 합성어에 해당하는 예들이다.

(52) ㄱ. 쇼핑몰(shopping mall), 치즈케이크(cheese-cake), 셀프카메라(self-camera), 웹서핑(websurfing), 개그우먼(gagwoman),

스크린도어(screendoor), 가이드라인(guideline)

ㄴ. 치어리더(cheerleader), 백스텝(backstep), 백댄서(backdancer),
갈라쇼(galashow)

(52ㄱ)은 '쇼핑, 몰, 치즈, 케이크' 등이 국어에서도 단어의 자격을 지니므로 명사+명사 구성의 통사적 합성어에 해당하나 (52ㄴ)은 '치어, 백, 갈라' 등을 자립적으로 쓰이지 못하는 어근(root)으로 볼 수 있어 어근에 명사가 결합한 비통사적 합성어에 해당한다.

3.4. 혼성어[5)

기존의 언어재를 이용하여 새롭게 형성되는 신어는 보통 합성이나 파생의 단어형성 기제에 의해 조어되는 것이 일반적이다. 그런데 최근 등장하는 신어들 중에는 '혼성(blending)'에 의한 단어형성 예들이 많다. 혼성은 두 단어에서 어느 한쪽 또는 양쪽 모두의 앞부분이나 뒷부분을 잘라내고 남은 부분들을 합하여 새로운 단어를 만드는 과정이다. 이를 합성어에 포함시키기도 하지만 절단(clipping)과 합성(compounding)이라는 두 가지 기제가 관여한다는 점에서 합성어와 구별하여 다루기도 한다.

먼저 혼성과는 달리 이미 있는 단어 안에서 일어나는 절단 현상에 대해 알아보자. 이미 있는 단어에서 그 앞부분이나 뒷부분을 잘라내어 새 단어를 만든 것을 '절단어'라 할 수 있다.

국어 외래어에는 절단형 단일어가 많다. '내비게이션(navigation)→내비, 슈퍼마켓(supermarket)→슈퍼, 멜로드라마(melodrama)→멜로' 등의 예가 해당되는데, 외래어는 원어에서와 달리 내부 구조가 인식되지 않아 단일어로 취급되는 경우가 많다. 절단에 의해 형성된 단어에는 두음절어(acronym)도[6) 있는데, 이는 이미 있

---

5) 이 절은 노명희(2010)을 토대로 재구성한 것이다.

6) 국어의 두음절어에 해당하는 예들이 영어에서는 두 가지 종류로 나뉜다. 'NATO (North Atlantic Treaty Organization)'와 같이 알파벳이 결합하여 한 단어로 발음되는 '두문자어(acronym)'와 'CIA(Central Intelligence Agency)'와 같이 개별 알파벳을 발

는 합성어나 구에서 각 성분의 제2음절 이하를 잘라내고 각각을 두음절로 대표하여 새 단어를 만든 것이다. 두음절어가 형성되는 대상은 구 단위라도 고유명칭(proper name)처럼 언어 사회에서 하나의 단위로 인식된다는 특성이 있다. 국어 두음절어로는 '전국 대학생 협의회→전대협, 노래를 찾는 사람들→노찾사, 몰래 카메라(camera)→몰카, 완전(完全) 소중(所重)한 남자→완소남, 돌아온 싱글(single)→돌싱' 등이 있다. 두음절어는 흔히 한자어에 활발히 나타나는 것으로 말해졌으나 최근의 신어 형성 예들을 보면 어종을 구별하지 않고 짧게 줄여쓰려는 경향이 강하다. 어종에 따른 차이보다는 해당 단어나 어구의 출현 빈도와 관련되는 듯하다. 절단어와 두음절어는 모두 이미 있는 단어로부터의 새 단어를 형성한다는 점에서 이 절에서 다루는 혼성어와는 구별된다. 이때 이들은 기존 단어에 비해서 비공식 문맥에서 사용되는 경향이 있다.

혼성어는 새 단어 형성이라는 점에서 합성어와 같으나 절단이 작용한다는 점에서 합성어와 구별된다. 합성어는 보통 두 단어의 형태가 유지되므로 결합된 단어의 원래 모습이 그대로 남아있다. 이에 비해 혼성어는 두 단어의 일부분을 떼어내는 절단 과정을 거쳐서 결합하므로 원래 단어의 형태를 예측하기 힘들다는 차이점이 있다. 'bottlefactory, schoolteacher, 곱슬머리, 꽃밭' 등은 합성어이며, 'boatel(boat+hotel), brunch(breakfast+lunch), 레캉스(leisure+vacance), 에듀테인먼트(education+entertainment), 라볶이(라면+떡볶이)' 등은 혼성어에 해당된다.

혼성어는 두 단어의 일부가 절단되어 원래 형태의 단어를 예측하기 어려우므로 의미적으로 투명성이 낮다. 의미를 결정하는 구성요소가 혼성어에 완전한 형태로 나타나지 않아 이들 구성요소로부터 의미가 복원되지 않기 때문이다. 화자가 'bottlefactory'라는 합성적 단어를 처음 들었을 때와 달리 'stagflation(←stagnation+inflation)'이라는 혼성어를 처음 들었을 때 그 의미를 쉽게 예측하기 어렵다. 물론 때때로 추측이 가능한 경우가 없는 것은 아니다. 혼성되기 이전의 본래 모습을 알면 의미 예측이 가능하지만 각 단어의 본래 형태를 알지 못하면 의미 예측이

음하는 '두문자 약어(initialism)'가 있다. 국어에서는 자모 단위의 두문자어가 드물고 모두 음절 단위로 이루어지기 때문에 두문자어보다는 '두음절어'라는 용어가 적절하다.

어려운 것이다.

혼성어의 대표적인 의미 특성 중 하나는 어기 단어들이 갖는 지시 대상과 관련된 의미 속성을 모두 갖는다는 점이다. 'bottlefactory, schoolteacher'와 같은 합성어는 의미 합성성의 원리가 어느 정도 지켜지는 데 비해 'boatel, brunch' 등의 혼성어는 두 단어의 의미 합이 아니라 두 단어와 관련된 의미 속성을 동시에 갖는다. 'boatel'은 "호텔"의 한 종류가 아니라 "호텔 설비를 갖춘 배"를 의미하며, 'brunch'는 "아침 겸 점심"을 의미한다. 국어 혼성어인 '레캉스'도 단순히 '레저'와 '바캉스'의 합이 아닌 "피서지에서 더위를 피해 단순히 휴식을 취하기보다는 레포츠를 통해 더위를 사냥하는 것"을 의미하며 '에듀테인먼트(education+entertainment)'도 "게임을 하듯 즐기면서 학습할 수 있도록 하는 교육형태"를 의미한다. '라볶이'도 '라면'과 '떡볶이'를 단순히 합한 음식이 아니라 새로운 요리가 된다.

혼성어는 절단이 이루어지는 부위에 따라 여러 유형으로 나누어 볼 수 있다. 다음의 AB, CD는 내부 구조를 말하는 것이 아니라 절단을 전제로 해서 앞부분과 뒷부분을 구분한 표기이다. (53ㄱ)의 AB+CD→AD 유형은 첫 번째 단어의 앞부분과 두 번째 단어의 뒷부분이 결합한 예이다. (53ㄴ)의 AB+CD→ABD형은 첫 번째 단어가 절단되지 않는 경우이며, (53ㄷ)의 AB+CD→ACD형은 두 번째 단어가 절단되지 않는 경우이다. 또 일부 예이기는 하지만 두 단어의 뒷부분이 결합한 (53ㄹ)의 AB+CD→BD 유형도 있다.

> (53) ㄱ. AB+CD→AD형 : 팩트(fact)+픽션(fiction)→팩션, 개그맨+아나운서
> →개그운서
>
> ㄴ. AB+CD→ABD형 : 김치+할리우드→김치우드, 헬스+에어로빅
> →헬스로빅
>
> ㄷ. AB+CD→ACD형 : 컴퓨터+도사→컴도사, 스폰서+매니저
> →스폰매니저
>
> ㄹ. AB+CD→BD형 : 아줌마+신데렐라→줌마렐라

위에 든 네 유형 가운데 (53ㄱ)의 AB+CD→AD형은 혼성어의 대표적인 유형으로 국어 혼성어의 많은 수가 이 유형에 속한다. 일반적으로 영어에서 혼성이 AD 구조로 나타나지 않는 경우는 전체 혼성어의 4-6% 정도로 아주 소수라고 한다 (Ingo Plag 2003:123, Kubozono 1991:4). 국어에서도 이 유형의 혼성어가 가장 높은 비율을 차지한다는 연구가 있었다(황진영 2009:19-20). 이를 일종의 '욕조 효과(bathtub effect)'로 설명한다. 욕조 안에 누워 있는 사람이 머리와 다리를 내놓고 있는 것과 같이 화자가 단어를 기억할 때 단어의 첫부분과 끝부분을 중간부분보다 더 잘 기억한다는 원리이다(Aitchison 2003:138). 국어에서 자체적으로 형성된 것으로 보이는 AD형 혼성 외래어로 다음과 같은 예가 있다.

> (54) 레캉스(leisure+vacance), 개그운서(gagman+announcer),
> 액티즌(action+citizen),[7] 페로티시즘(feminism+eroticism),[8]
> 비조트(business+resort),[9] 다큐테인먼트(documentary+entertainment),[10]
> 에듀테인먼트(education+entertainment),[11]
> 에듀시터(education+baby sitter),[12] 캐포츠(casual+sports)[13]

앞에서도 말한 것처럼 국어 혼성어는 음절 단위로 잘려져 형성되는데, 여기서 흥미로운 것은 특히 AD 혼성어의 경우 후행 단어의 음절수와 동일한 음절수의 혼성어가 만들어지는 경향이 강하다는 것이다. (54)에서 혼성어 '액티즌, 개그운서, 레캉스, 페로티시즘' 등은 후행 단어 '시티즌, 아나운서, 바캉스, 에로티시즘' 등과 음절수가 같아 후행 단어에 기반하여 형성된 것이다. 즉 혼성어의 음절수는 후행 단어와 많은 관련이 있고 혼성어는 후행 단어에 기반하여 형성된다고 할 수 있다.

다음은 '코리아'와 관련된 혼성어인데 AD 유형의 혼성어가 후행 단어의 음절수

---

7) "집회 따위에 적극적으로 참여하는 무리. 또는 그런 사람"
8) "여성의 관점에서 바라보는 에로티시즘"
9) "휴양을 취하면서 비즈니스 활동도 더불어 할 수 있는 호텔"
10) "실제로 있었던 사건을 사실적으로 다루면서 오락성도 아울러 갖춘 것"
11) "게임을 하듯 즐기면서 학습할 수 있도록 하는 교육형태"
12) "공부도 가르치면서 놀아주는 역할을 하는 사람"
13) "캐주얼(casual)과 스포츠(sports)를 합쳐 '운동복'처럼 만든 평상복"

에 기반해서 형성된다는 것을 뒷받침해 주는 근거가 될 만한 예들이다.

> (55) 코메리카(Komerica←Korea+America),
> 코리우드(Korewood←Korea+Hollywood),
> 코시안(Kosian←Korea+Asian), 콜리건(Koligan←Korea+hooligan)

(55)는 선행 단어가 모두 '코리아'인 단어들이다. 그러나 절단형으로 혼성어에 나타나는 '코리아'의 형태는 '코, 코리, 콜' 등 다양하게 실현된다. 이는 혼성어를 형성할 때 후행 단어의 음절수나 환경에 따라 '코리아'라는 동일한 단어가 달리 절단되어 실현되기 때문인 것으로 해석된다. 즉 '코(리아)+(아)메리카→코메리카, '코리(아)+(할리)우드→코리우드, '코(리아)+(훌)리건→콜리건'이 된다. '코리우드'의 경우 '코리아'의 '코'와 '할리우드'의 '리우드'가 결합한 것으로 보아 '코+리우드'로 분석할 가능성이 있어 보일지도 모른다. 그러나 '김치우드("우리나라의 영화계를 미국의 할리우드에 빗대어 이르는 말"), 실리우드("고도의 컴퓨터 기술과 과학기술을 접목한 문화산업")'에서처럼 '할리우드'의 절단형이 '우드'로 실현되므로 '코리+우드'로 보는 것이 타당할 듯하다. 또한 '코+리우드'의 결합이라면 '콜리건'과 같이 '콜리우드'로 실현되었을 가능성이 있다. '콜리건'은 '훌리건'의 'l' 발음의 영향으로 '콜'이 된 것으로 보이기 때문이다. 이때 '코리아+할리우드'가 '*코우드'가 되지 않고 '코리우드'가 된 것은 후행 단어 '할리우드'에 기반하여 형성되었기 때문으로 해석된다. 이것은 전체적으로 후행 단어의 음절수에 맞추기 위해 절단이 일어나고 이형태 교체 자체도 음절수 기반에 의한 것임을 말해준다.

위 (53)에서 (53ㄴ-ㄹ)의 다른 유형들에도 (53ㄱ)에서와 같은 음절수 기반의 기제가 작용하는가? (53ㄷ)의 ACD형은 후행 단어 CD가 유지되고 A가 첨가되므로 당연히 음절수가 유지되지 못한다. (53ㄹ)의 BD형은 음절수 기반이 유지됨을 알 수 있다. (53ㄴ)의 ABD형은 앞 요소가 온전히 유지되기는 하지만 음절수 기반이 적용되고 있음을 보여준다.

그런데 이 (53ㄴ)의 ABD형 혼성어가 모두 후행 단어의 음절수와 동일하게 형성되지는 않는다. '햄버거'와 관련된 '떡버거'는 '떡'이 일음절이어서 3음절이 유지된 것으로 보인다. '버거'가 결합한 '새우버거, 치킨버거, 라이스버거' 등은 모두 선행 단어에서 절단이 일어나지 않아 선행 단어의 음절수에 따라 혼성어의 음절수도 길어진다. 이러한 예는 '버거'라는 절단형이 '햄버거'를 대표하면서 이와 관련된 단어를 여럿 만들게 되어 이미 고유한 의미의 혼성어로서의 자격을 상실하게 된 것으로 볼 수 있다. 이에 따라 '버거' 결합형은 혼성어의 특성을 잃게 되고 동시에 음절수 제약도 지키지 않게 되는 것이다. 이와 같이 한 단어가 여러 혼성어나 단어의 구성 요소로 출현하게 되면 이미 한 번 절단된 형태를 그대로 유지하려는 경향이 있다.

이와 관련하여 애초에 혼성어에서 출발한 것으로 보이나 여러 단어에 출현하여 패러다임을 형성하게 되면서 접사처럼 인식되는 예들이 있는데 이들도 후행 단어의 음절수에 대한 제약이 없어지는 경향이 있다.

(56) ㄱ. 모텔(motor+hotel), 에어텔(airline+hotel), 민텔(民泊+hotel),
   휴게텔(休憩+hotel), 수면텔(睡眠+hotel), 오피스텔(office+hotel),
   스키텔(ski+hotel)

ㄴ. 쓰파라치(쓰레기+paparazzi), 보파라치(補助金+paparazzi),
   성파라치(性paparazzi), 식파라치(食+paparazzi),
   표파라치(票+paparazzi), 노파라치(노래방+paparazzi),[14]
   담파라치(담배+paparazzi), 땅파라치(땅+paparazzi),
   짬짜미파라치(짬짜미+paparazzi),[15]
   서울시파라치(서울시+paparazzi),
   크레디파라치(credit card+paparazzi)[16]

(56ㄱ)은 '모텔'이라는 혼성어가 생기고 이를 바탕으로 '에어텔'("항공권과 호텔을 결합한 여행 상품"), 민텔, 휴게텔, 오피스텔' 등의 단어가 생겨난 것으로 볼

---

14) "불법적으로 노래방 영업을 하는 사람을 찾아내 이를 신고하여 보상금을 타내는 사람"
15) "남모르게 자기들끼리만 짜고 하는 약속이나 수작"
16) "신용카드 위장가맹점을 색출하여 이를 신고하여 보상금을 타내는 일 또는 그러한 사람"

수 있다. 여기서 '텔'은 단순히 "호텔"의 의미만을 갖지는 않는 듯하다. 여러 단어의 형성에 참여하면서 약간의 의미 변화를 수반하고 접사처럼 쓰이게 된 것으로 보인다. '텔'이 접사적 성격을 갖게 되면서 '수면텔, 오피스텔, 스키텔'과 같이 자립적인 단어를 선행 요소로 취하여 자유롭게 결합하게 된다. 이에 따라 음절수에 대한 고려도 자연히 없어지게 되는 것이다.

(56ㄴ)의 '쓰파라치' 등도 '쓰레기+파파라치'가 결합한 혼성어로 볼 수 있다. 그러나 '파라치'가 '보파라치, 성파라치, 식파라치, 표파라치' 등 여러 단어에 출현하면서 점차 접사처럼 인식되고 있는 듯하다. 이들 예는 대부분 '파파라치'의 음절수와 동일한 4음절 혼성어를 형성하고 있지만 최근에는 점차 '서울시파라치, 크레디파라치'와 같은 예가 형성되고 있다. 이는 '파라치'가 접사처럼 인식되면서 선행명사를 절단하지 않고 그대로 결합하여 어기에 접사가 결합하여 파생어가 형성되는 원리를 따르게 되기 때문인 듯하다. 이 경우 접사가 생산성을 얻게 되고 선행단어의 의미가 투명하므로 전체 단어의 의미 또한 예측 가능하게 된다. 이 유형은 후행 단어에서만 절단이 일어나므로 절단된 형태 D가 접사처럼 변화되는 경향이 나타난다. 여기서 접사처럼 인식되어 가는 '텔, 파라치' 등을 한자어에서와 같이 외래어의 단어형성에 활발히 참여하는 일종의 기능 단위가 된다.

요컨대 이 유형은 선행 단어에서 절단이 일어나지 않으므로 전형적인 혼성어인 앞의 AD 유형에 비해 의미가 더 쉽게 예측된다. 더구나 일부 예들은 접사화하는 경향까지 보여 의미적 투명성을 높이게 되는 것이다. 이 유형의 혼성어는 후행요소가 접사화하면 더 이상 혼성어적 특성을 유지하지 못하게 되는 듯하다.

혼성어는 전통적으로 '잎담배＋엽초(葉草)→잎초, 거지+비렁뱅이→거렁뱅이'와 같이 '동의(synonymy) 관계'에 있는 두 단어가 혼성되어 제3의 동의어를 만드는 경우가 많았다. '잎초'는 다른 어종의 동의어가 결합한 경우이고 '거렁뱅이'는 두 방언형이 혼성된 예이다. 동의적 혼성이 무의식적이고 수동적인 데 비해 최근에는 '레저+스포츠→레포츠, 옥스퍼드+캐임브리지→옥스브리지'와 같은 등위적 혼성어가 많이 생성된다(임지룡 1996:194-204). 등위적 혼성은 의식적이고 적극적으로 생성되는데, 새로운 지시 대상에 대해 기존의 단어를 이용하여 신어를 형성하는 경우와 같이 새로운 개념 표현의 동기를 가지고 있다. 따라서 혼성어는 외래어에서

활발하게 나타나는 경향이 있는데, 최근에는 외래어와 고유어, 한자어 등 다른 어
종이 결합한 혼성어도 출현하고 있어 흥미롭다. '노티즌(老人+netizen) 악티즌(惡
性+netizen), 밥터디(밥+study), 맛캉스(맛+vacance), 몰래바이트(몰래+arbeit),
광클(狂+click)' 등은 혼종(混種)의 혼성어에 속하는 예들이다.

3장

어휘의 계량과
기본어휘

1. 계량의 필요성

1.1. 어휘의 특성

언어학의 연구 대상을 크게 음운, 어휘, 구 또는 문장으로 나누었을 때 이들 각각을 대상으로 한 연구에서 모두 계량을 통한 연구가 가능하다. 계량을 통해 언어의 특성을 밝히려는 분야를 따로 계량 언어학이라고도 한다. 그런데 이 셋 중에서 어휘에 관한 연구에서 상대적으로 계량적 접근이 일찍 시작되었다. 어휘 빈도는 이미 20세기가 시작될 무렵부터 조사가 이루어지기 시작하였다. 국어를 대상으로 한 대규모 어휘 빈도 조사도 1950년대 초반에 이미 이루어졌으며 지금도 계속 새로운 조사가 이어지고 있다. 자료의 축적, 컴퓨터 성능의 향상 등으로 연구 여건도 좋아져서 계량을 통한 어휘 연구가 더욱 활성화되고 있다.

어휘 분야에서 계량적 접근이 활발한 것은 어휘의 특성과 깊은 연관이 있다. 한 언어에서 변별이 되는 음운의 개수는 불과 수십 개 정도이다. 이처럼 음운의 수가 적기 때문에 연구자는 자신이 지닌 언어에 대한 지식이나 주변 사람들의 도움 만으로 연구에 필요한 음운의 특성을 웬만큼 파악할 수 있다. 굳이 계량을 할 필요 가 없다. 그런데 음운과 비교하면 어휘는 수에서 훨씬 많다. 단지 개수로만 따진다 면 어휘보다는 구나 문장이 훨씬 수가 많다. 구나 문장은 최소 둘 이상의 단어가 모여야 하므로 산술적으로 따지면 어휘의 수보다 구나 문장의 수는 최소 두 배 이상이 된다고 할 수 있다. 그럼에도 불구하고 문장을 다루는 문법론에서도 계량적 접근은 덜한 편이다. 단지 수가 많다고 계량이 필요한 것은 아니다.

구나 문장이 수는 많지만 접근 방법에서 어휘와 차이점이 있다. 수많은 구나 문장이 소수의 문법 규칙에 의해 생성이 예측되기 때문이다. 그래서 구나 문장에 대한 연구에서는 문법 규칙을 밝히는 것이 주된 관심이다. 이런 접근 태도에서는 구나 문장을 계량하는 방법에 대한 필요성을 많이 느끼지 않는다. 음운에 대한 연구처럼 연구자 자신의 언어에 대한 직관을 통해 충분히 밝힐 수 있다.

어휘에 관한 연구에서도 규칙에 의한 단어의 생성에 관심을 두고 연구가 이루어지기는 했다. 그러나 문법에 대한 연구에 비해 만족할 만한 성과가 있는 것은 아니다. 규칙으로 설명하기 어려운 면이 많기 때문이다. '가능하지만 존재하지 않는 단어'라든지 '방해'와 같은 개념들이 어휘의 이런 특성을 반영하는 개념이다.

'님'이 붙은 말을 사례로 이를 좀 더 살펴보자.

(1) ㄱ. 선생님, 사장님, 부모님, 장모님……
    ㄴ. 장인어른, 대통령 각하
    ㄷ. 도둑님

'님'이 붙어 높이는 뜻의 말이 되는 것들이다. (1ㄱ)과 같은 경우에는 그대로 높이는 뜻이 된다. '님'을 빼도 단어로 존재하고 '님'이 들어가면 높이는 말이 된다. 꽤 많은 예가 있어 사람을 가리키는 말 뒤에 '님'이 붙으면 경칭의 말이 된다는 규칙을 생각해 볼 수 있다. 그런데 (1ㄴ)의 경우에는 높이는 표현에 '님'이 오지 않는다. '장모'에 대한 경칭은 '장모님'이 되지만 '장인'에 대한 경칭은 '장인님'이 아니라 '장인어른'이 된다. '대통령'의 경우에는 높이고자 할 때 '대통령님'이 아니라 '대통령 각하'라고 했다. 다른 단어가 대신 자리를 차지하여 '님'이 붙은 말이 쓰이지 않은 것이다. 그렇다고 '장인님, 대통령님'을 쓸 수 없는 것은 아니다. 어색할 뿐이다. 어떤 이유로든 상황이 바뀌면 이제는 그 말을 쓰게 될 수도 있다. '대통령님'이 바로 그 예이다. 이제는 '대통령 각하'라는 표현이 적절하지 못하다고 하여 '대통령님'을 대신 쓰도록 하고 있다. 그런 한편 이미 사람들이 오랫동안 사용하던 '대통령 각하'가 완전히 쓰이지 않는 것은 아니다. '대통령 각하'와 '대통령님'이 경쟁하는 단계라고 할 수 있다. (1ㄷ)과 같은 사례에서는 일반적으로 높이기 어려운 말에도 '님'이 붙는다. 일반적인 '님'의 용법으로 본다면 어색한 단어이다. 어색할 뿐이지 쓰면 틀린 표현이라고 할 수는 없다. '님'의 사례는 아니지만 때로는 틀렸다고 하는 말이 끝내 살아남는 사례도 없지 않다. '먹거리'가 바로 그런 예이다. '거리' 앞에 동사 기본형이 그대로 올 수 없다는 제약을 어겼기 때문에 '먹거리'가 아니라 '먹을거리'라고 해야 한다는 주장도 많았다. 그렇지만 '먹을거리'보다는

'먹거리'가 널리 쓰여 결국 표준어로 인정이 되었다.

이 사례처럼 어휘의 경우에는 규칙으로 설명하는 데 어려움이 있다. 이 점이 구나 문장과 어휘가 다른 점이다. 문법론, 혹은 통사론에서는 흔히 문장의 적격성을 따진다. 그런 경우 다소 논란이 되는 사례가 있지만 적격성에 대한 질문을 받았을 때 언어에 능숙한 사람은 그 자리에서 판단을 내릴 수 있다. 이에 비해 어떤 단어가 있는지 여부를 질문 받을 때는 선뜻 답변을 하기 곤란할 때가 많다. 대신 사전을 찾아보아야겠다는 말을 해야 한다. 언어에 능숙하더라도 사전에서 확인하지 않고 단어의 존재 여부를 확언하기는 어렵다. 단어의 존재 여부가 직관으로 파악이 되지 않기 때문이다.

앞서 음운에 비해 어휘는 개수가 많아 계량적 접근이 필요하다고 하였다. 그러면 한 언어에 존재하는 어휘의 수는 대체 얼마나 될까? 최소 30만 단어는 되는 것으로 보고 있으나 그 이상 더 정확하게 답할 수 있는 사람은 아무도 없다. 언어 사전에 어휘가 표제어로 올라가므로 사전에 있는 표제어 수가 곧 어휘의 수라고 할 수 있지 않나 하는 사람이 있을 수 있다. 지금까지 발간된 국어사전 중에서 가장 많은 표제어가 오른 사전은 국립국어원에서 간행한 『표준국어대사전』이다. 이 사전에 수록된 표제어는 〈표 1〉에 제시되었듯이 50만여 개이다. 그러면 우리말에 50만 개의 단어가 있다고 할 수 있는가?

자모	주표제어	부표제어	계	자모	주표제어	부표제어	계
ㄱ	65,524	10,210	75,734	ㅇ	69,012	10,133	79,145
ㄴ	17,510	2,002	19,512	ㅈ	50,747	9,388	60,135
ㄷ	31,133	4,053	35,186	ㅊ	19,484	4,352	23,836
ㄹ	9,589	858	10,447	ㅋ	5,267	431	5,698
ㅁ	26,710	3,295	30,005	ㅌ	9,687	1,850	11,537
ㅂ	39,478	6,921	46,399	ㅍ	12,574	2,238	14,812
ㅅ	55,706	7,405	63,111	ㅎ	28,173	5,346	33,519
				계	440,594	68,482	509,076

〈표 1〉 표준국어대사전 수록 표제어 수(이운영, 2002:26)

그렇지는 않다. 국어사전에 모든 단어가 오르는 것이 아니다. 편찬 방침에 따라 올리는 단어에 제한이 있다. 대사전만을 기준으로 한다 하더라도 마찬가지이다. 어디까지를 단어로 볼 것이냐 하는 판단이 사람마다 다르다는 점은 고려하지 않는다 해도 고유명사, 전문용어, 신어, 방언 등 여러 어휘 부류를 어떤 방침으로 수록하느냐에 따라 대사전 어휘 수는 차이가 있다.

따라서 사전에 실린 표제어 수라고 전제를 했을 때는 단어의 수를 말할 수 있지만 전제가 없으면 단어의 수를 대답하기는 곤란하다. 기준을 어떻게 잡느냐에 따라 어휘의 수는 큰 편차를 보일 수 있다. 상품명, 상호명 등 고유명사나 전문용어, 방언도 모두 포함한다면 단어의 수는 사전에 실린 것보다 훨씬 많을 것이다. 수가 많을 뿐만 아니라 대략적이나마 숫자를 말하기도 곤란하다.

또한 이들 단어는 고정적이지 않다. 있던 말이 점차 잊혀져 가는 한편 새로운 말이 생기면서 끊임없이 어휘의 목록은 변동을 하고 있다.

> (2) ㄱ. 두취, 그림표(도표), 흰자질(단백질), 환(돈의 단위), 소학생,
>   승지(벼슬 없는 이의 별명)
>   ㄴ. 컴퓨터, 티브이, 입시, 오염, 드라마, 소프트웨어, 고등학교, 매체,
>   스트레스, 시리즈, 총선, 지하철, 프로, 비디오, 대선, 연기자, 대기업,
>   인터넷, 라면

(2ㄱ)에 제시한 단어는 문교부(1956)에 있지만 조남호(2002ㄱ)에는 없는 단어 중에서 빈도가 높게 나타난 순서로 일부를 뽑은 것이다. (2ㄴ)은 반대이다. 수십 년의 시간이 흐르는 동안 쓰이지 않게 된 단어가 있는가 하면 새로이 등장한 단어도 있다. 그렇지만 (2ㄱ)의 단어가 완전히 사라졌다고는 할 수 없다. 공시성을 감안하더라도 동시대를 살고 있는 20대와 70대의 어휘에는 차이가 있다. (2ㄱ)의 단어가 70대에게는 여전히 살아 있는 단어이고 경우에 따라서는 쓰는 단어일 수 있다. 하나의 단어가 어느 한 순간에 갑자기 없어지는 것이 아니라 시간을 두고 차츰 잊혀 가는 것이다.

어휘는 수가 많은 만큼 모든 단어를 알고 있는 사람도 없다. 젊은 사람이 알고

쓰는 말과 나이 든 사람이 알고 쓰는 말이 다르고, 전문 분야에 따라 쓰는 말이 다르다. 모든 사람이 자신의 경험 범위 내에서만 어휘를 알 뿐이다. 이 점에서 어휘 연구자라고 많이 다를 수는 없다. 따라서 어휘의 어떤 양상을 감지하거나 파악하고자 할 때 자신의 경험이 전체의 변화 양상을 제대로 파악한 것인지 알 수가 없다. 이러한 문제점을 피하기 위해서는 일정한 기준에 따라 자료를 모으고 정리한 객관적인 증거가 필요하다. 이를 지원하는 방법 중의 하나가 어휘를 계량하는 방법이다.

한 언어를 구성하는 어휘는 다시 다양한 소집합으로 나누어질 수 있다. 또한 소집합으로 나눌 수 있는 분류 기준도 하나가 아니다. 이미 위에서 고유명사, 전문용어, 방언, 신어 등 소집합을 언급한 바 있지만 그외에도 기원에 따라 외래어, 고유어, 한자어로 나눌 수도 있고 부류별로 색채어, 의성·의태어, 품사별로 명사, 동사, 형용사 등으로 나눌 수도 있고 위상에 따라 속어, 은어 등등으로 나눌 수도 있다. 다양한 소집합이 모여 국어의 어휘라는 전체의 상을 만들어내는 것이다. 이들 소집합 역시 전체 어휘처럼 개방된 집합이라고 할 수 있다. 어휘 전체뿐만 아니라 소집합에 대해서도 계량적 접근이 가능하다. 그런 만큼 어휘에 대한 연구에서는 계량의 방법으로 접근할 만한 주제가 많다.

1.2. 어휘 계량의 용도

어휘 계량에 관심을 두는 것은 일차적으로 학문 연구를 위해서이다. 계량의 방법을 사용하여 질적인 접근을 통해서는 드러나기 힘든 어휘의 여러 양상을 양적으로 밝힐 수 있기 때문이다. 하나의 사례를 이미 2장에서 어휘 구성의 비율을 다룰 때 살펴본 바 있다. 어휘 계량 결과를 활용하여 현대국어에서 고유어, 한자어, 외래어가 전체 어휘 중에서 어느 정도 비중을 차지하는지 파악할 수 있었다. 어휘의 양적 구성은 그 자체로 어휘의 특성을 밝히는 데 기여하는 바가 많다. 다른 사례를 하나 더 보도록 한다.

	교재	교과	교양	문학	신문	잡지	대본	구어	기타	전체
일반명사	38.29	46.23	48.10	36.50	54.39	46.41	32.18	26.40	39.36	44.76
동사	22.64	24.49	20.05	24.15	18.71	21.79	29.62	20.30	23.55	21.68
형용사	9.32	7.91	7.44	7.53	4.96	7.29	6.16	8.64	7.62	7.09
의존명사	6.39	4.92	6.35	5.99	9.14	7.31	4.95	7.29	5.98	6.83
일반부사	7.33	4.49	4.76	7.56	3.63	5.35	9.42	10.96	7.47	5.71
보조용언	4.32	5.01	3.76	5.48	3.77	4.60	4.35	3.39	4.52	4.36
관형사	3.55	2.82	4.45	3.79	2.56	2.90	2.97	5.98	3.89	3.56
대명사	4.09	2.47	2.62	6.25	1.47	2.55	5.28	6.85	4.88	3.44
접속부사	1.79	1.20	1.67	1.18	1.00	1.05	0.84	3.00	1.39	1.34
감탄사	1.40	0.19	0.09	0.57	0.01	0.12	2.88	4.70	0.52	0.48
부정지정사	0.42	0.17	0.50	0.51	0.27	0.40	0.49	0.82	0.41	0.42
수사	0.24	0.08	0.18	0.31	0.08	0.15	0.28	0.45	0.24	0.19
분석불능	0.22	0.02	0.04	0.17	0.01	0.06	0.58	1.22	0.17	0.13

〈표 2〉 단어 총수의 품사별 분포 비율

	교재	교과	교양	문학	신문	잡지	대본	구어	기타	전체
일반명사	58.55	61.17	64.35	57.64	68.37	64.62	46.35	51.32	57.70	68.20
동사	22.07	23.10	21.38	22.63	20.68	20.99	25.95	23.25	22.21	18.68
형용사	7.43	6.41	5.49	7.85	4.38	6.33	8.38	6.97	7.90	4.66
일반부사	6.07	4.90	3.60	7.14	2.93	4.59	11.16	7.59	7.07	4.02
관형사	1.75	1.30	3.46	1.69	2.03	1.38	1.45	3.11	1.24	2.53
의존명사	1.53	1.34	0.77	0.98	1.01	0.92	1.57	1.96	1.44	0.66
감탄사	0.81	0.48	0.29	0.71	0.05	0.29	1.92	1.57	0.70	0.43
수사	0.33	0.21	0.13	0.40	0.09	0.16	0.44	1.16	0.27	0.27
대명사	0.55	0.43	0.20	0.38	0.15	0.26	1.13	1.01	0.55	0.22
분석불능	0.26	0.09	0.07	0.18	0.05	0.11	0.57	0.75	0.24	0.11
접속부사	0.29	0.26	0.12	0.19	0.12	0.15	0.37	0.67	0.31	0.10
보조용언	0.36	0.31	0.14	0.20	0.15	0.18	0.66	0.60	0.36	0.10
부정지정사	0.01	0.01	0.00	0.00	0.00	0.00	0.05	0.02	0.02	0.01

〈표 3〉 단어 종수의 품사별 분포 비율

〈표 2〉와 〈표 3〉은 조남호(2002ㄴ)에서 인용한 것으로 조남호(2002ㄱ)의 빈도 조사 결과를 품사를 기준으로 분석하여 비율이 높은 순서로 배열한 것이다. 이 두 표에서 우리는 국어 어휘의 품사별 특성에 관한 여러 정보를 얻을 수 있다. 이 표에서 먼저 국어에서는 일반명사, 동사, 형용사의 순으로 많이 사용되는 것이 분명하게 드러난다. 또한 조사 대상이 된 모든 단어를 각각 헤아린 단어 총수에서의 품사 순위와, 중복해서 나타난 단어들은 헤아리지 않는 단어 종수에서의 품사 순위를 비교하면 품사별로 텍스트 내에서 기능 부담량이 다름을 알 수 있다.17) 단어 총수와 비교했을 때 단어 종수에서 보조용언이 순위가 많이 밀렸고 의존명사도 4위에서 6위로 순위가 밀렸다. 어종에 관한 분석에서와 마찬가지로 단어 종수에서 순위가 밀린다는 것은 동일한 단어가 반복해서 쓰이는 비율이 높다는 뜻이다. 바꾸어 말하면 의존명사와 보조용언은 수는 적지만 실제 텍스트에서는 자주 사용되어, 즉 기능 부담량이 많아 단어 총수에서는 순위가 높아지는 것이다. 분야에 따라 품사별로 사용 비율이 다름을 확인하는 것도 이 표에서 얻을 수 있는 성과이다. 구어체의 성격이 강한 '대본'과 '구어' 분야의 경우 단어 총수를 보면 일반명사의 비율이 다른 분야에 비해 낮고 일반부사와 대명사, 감탄사의 비율이 높다. 구어에서 일반부사, 대명사, 감탄사가 자주 사용된다고 추정해 볼 수 있다.

지금 살펴본 품사별 계량에서 짐작할 수 있듯이 어휘의 양상은 텍스트의 종류에 따라 다른 모습을 보인다. 이러한 특성을 이용하여 문체론 연구에서도 어휘 계량은 많이 활용될 수 있다. 텍스트와 어휘의 상호 관계에 대한 연구가 가능하고, 그것을 토대로 텍스트의 특성을 밝힐 수도 있다. 문학 작품을 대상으로 해서는 작가의 문체를 밝히는 데 이용할 수도 있고 작품의 성격을 분석하는 데 이용할 수도 있다. 나아가 여러 작가의 어휘 사용 양상 비교도 가능하다. 물론 문체의 특성이 어휘 계량을 통해서만 드러나는 것은 아니고 음운, 문장의 길이 등 다른 기준에 대한 계량을 통해서도

---

17) 단어 종수와 단어 총수라는 개념은 빈도 조사에서 중요하다. 어휘의 수량적 크기를 보여줄 때 둘은 중요한 차이를 보이기 때문이다. 빈도 조사에서 중요한 개념인 만큼 자주 사용되고 있는데 아직 관련 용어가 정리되지 못했다. 일본에서 사용하는 용어를 그대로 번역하여 '이어휘(수), 연어휘(수)'라 하기도 하는데 이 역시 연구자에 따라 개별어휘:연어휘(김광해, 1993:73), 개별어휘:전체어휘(임칠성 외, 1997:179~180), 개별어휘:운용어휘(임칠성, 2003:91) 등 용어를 달리 사용하고 있다. 김희정(2008, 16)에서는 '별개어수:총 출현어수'라 하였다.

드러난다. 그렇지만 이러한 연구에서 어휘에 대한 계량을 빼놓을 수는 없다. 나아가 통계학에서 발전한 여러 기법들을 활용하면 단순한 계량을 통한 것보다는 더 많은 연구가 가능하다.

어휘의 계량을 필요로 하는 연구 분야는 이뿐만이 아니다. 어휘 교육에서도 계량에 대한 요구가 많다. 어휘 교육은 피교육생의 수준에 맞춘 적절한 단어들이 선택이 되어야 한다. 최소한 수십만이 되는 국어 어휘 중에서 적절한 단어를 어떻게 고를 것인가는 고민거리가 아닐 수 없다. 뒤에서 다루겠지만 이러한 문제로 등장한 개념이 기본어휘이다. 기본어휘를 선정할 때 어휘 계량 정보는 중요하다. 실제로 어휘 교육을 위한 필요에서 어휘 빈도 조사가 이루어지기 시작했다.

어휘 계량 정보는 언어 정보 처리 분야에서도 중요하다. 언어 정보 처리 분야에서는 불필요한 단어를 제외하거나 경쟁 관계에 있는 여러 단어 중에서 하나를 고르는 식의 처리를 해야 할 일이 많다. 이때 유용한 것이 어휘 계량 정보이다. 예를 들어 정보 검색 프로그램을 개발할 때 기법에 따라서는 검색의 효율을 높이기 위하여 불필요한 단어를 제거하는 일이 필요하다. 이때 빈도 등 어휘의 양적 정보가 중요한 기준의 하나가 된다. 여러 경쟁이 되는 단어 중에서 무엇이 더 많이 사용되는가를 찾아야 하는 경우도 있다. 우리가 자주 접하는 사례가 한자의 변환이다. 한자를 변환하는 흔한 방법은 단어를 한글로 입력하고 변환 키를 눌러 변환할 한자어를 선택하는 방법이다. 사용자 편의를 고려하면 이때 되도록 사람들이 많이 찾을 만한 것을 먼저 제시하면 편리하다. 그러자면 경쟁이 되는 단어 중에서 무엇이 더 많이 사용되는가에 대한 정보가 필요하다.

이외에도 언어 치료 분야나 표준어 심의, 순화어 선정 등 국어정책적 과제를 해결하는 데도 어휘 계량의 결과는 유용하다. 표준어로 인정하거나 순화를 하지 않아야 할 말을 고를 때 어느 정도 그 말이 쓰이고 있는가 하는 것은 중요한 정보이다. 표준어로 인정받지 못하던 말이 널리 쓰이게 되면 표준어의 자격을 부여해야 하고, 이미 널리 쓰이는 말이라면 순화를 한다 하더라도 퍼질 가능성이 상대적으로 적다. 따라서 이런 말들을 고르기 위해서는 그 말의 계량에 대한 정보가 요구된다.

이처럼 순수 학문적 연구와 응용적 접근 모두에서 어휘 계량은 다양하게 활용될 수 있다.

2. 어휘의 계량

2.1. 어휘 빈도 조사

앞에서 한 언어의 어휘의 규모를 정확히 파악하기 힘들다고 했다. 그렇지만 학문적인 목적으로나 응용의 측면에서 어휘의 규모는 관심을 끌 수밖에 없는 주제이다. 한 언어에 존재하는 어휘의 수는 얼마나 되나, 사람들이 실제로 사용하고 있는 어휘는 어느 정도의 규모인가, 언어생활에 불편이 없으려면 어느 정도의 어휘를 알고 있어야 하는가 등등 어휘의 크기에 대한 질문이 다양하게 제기될 수 있다.

그렇지만 이런 질문에 대한 답을 하기는 쉽지 않다. 그럼에도 불구하고 다양한 시도들이 있었으며 가장 활발하게 시도가 있었던 것은 어휘 빈도 조사이다. 주로 글로 쓰여진 텍스트 중에서 일부를 선택하여 거기에 나오는 어휘를 조사하는 방법을 사용하고 있다. 어휘 빈도 조사는 이미 외국에서는 20세기에 들어설 무렵부터 이루어지기 시작하였으며 이후 〈표 4〉에서 볼 수 있듯이 세계 각국에서 빈도 조사가 있었다.

	연구자	규모	대상
영어	J. Knowles (1904)	전체어휘량 10만 기본어휘 353 선정	성경과 여러 작가의 작품
	R. C. Eldridge (1911)	전체어휘량 34,989 개별어휘량 6,002	신문 기사(8페이지 58개 부분)
	E. L. Thorndike (1921)	전체어휘량 450만 기본어휘 1만 선정	고전 문학, 소설, 교과서, 일반 책, 신문, 편지, 상업 통신문, 미국 헌법, 성경 등의 용어 색인 등
	E. L. Thorndike (1931)	전체어휘량 456.5만 기본어휘 2만 선정	279개 자료
	Thorndike & Lorge(1944)	전체어휘량 1800만 기본어휘 3만 선정	문학 작품, 성경, 아동용 책, 잡지 등
	M. Dewey (1923)	기본어휘 1만 선정	신문, 소설, 논문, 편지

연구자	규모	대상
E. Horn(1926)	전체어휘량 515만 개별어휘량 5만 기본어휘 1만 선정	편지를 중심으로 신청서, 추천서, 의사록, 보고서, 상업 통신문, 신문 잡지에 게재된 서간문 등
Kučera & Francis(1967)	전체어휘량 1,014,232 개별어휘량 50,406	전체 500만어로 추정되는 여러 자료에서 2,000어의 표본을 500개 뽑음. 컴퓨터 사용.
Carroll, Davis, Richman(1971)	전체어휘량 500만 개별어휘량 87,000	17개의 주제 분야. 컴퓨터 사용.
독 일 어 F. W. Käding (1897-98)	전체어휘량 10,910,777 개별어휘량 41,083	16개 범주에 걸친 290개 자료
H. Wängler (1963)	전체어휘량 10여만	현대 고지 독일어, 회화
프 랑 스 어 G. E. Vander Beke(1929)	전체어휘량 1,147,748 개별어휘량 19,000	9개 범주에 걸친 88개 자료. 19C 말~20C초의 프랑스 문학, 신문 잡지, 과학 논문 등
G. Gougenheim (1956) (프랑스 문부성)	전체어휘량 312,135 개별어휘량 7,995	각 지역, 사회 계층에 걸친 회화체 자료 163개
스 페 인 어 M. A. Buchanan(1927)	전체어휘량 120만 기본어휘 6,702 선정	7범주 40개 자료. 1연극 2소설 3시 4민요 5산문 6기술적인 것 7잡지
R. Bou(1952)	전체어휘량 707만	1. 사용어휘(339만) : oral 일반서. 고등학생 작문 2. 이해어휘(301만) : 신문, 라디오, 종교문학, Buchanan의 연구 결과 3. 저자들이 쓰는 어휘(66만) : 문학 작품 등
V. G. Hoz(1953)	전체어휘량 40만 개별어휘량 16,000	인간 생활 4영역에 대응한 4범주에서 각 10만어를 뽑음. 1. 사생활(편지 620통) 2. 신문(사설, 보도, 흥행 공고문) 3. 공용문(관보, 교회보, 산업공보) 4. 단행본(문학, 과학)

연구자	규모	대상
Juilland & Rodriguez(1964)	전체어휘량 50만	사회 문화적인 활동에 대응한 5범주에서 각 10만어를 뽑음 컴퓨터 사용(1920-40년의 스페인 출판물). 1연극 2소설 3평론 4학술 전문지 5신문, 잡지
러시아어		
H. H. Josselson(1953)	전체어휘량 100만 개별어휘량 41,115 기본어휘 5,230선정	Ⅰ. 연대별 : 1830-1900 25%, 1901-18 25%, 1918- 50% Ⅱ. 대상 : 예술적 산문 59%, 희곡 7%, 신문, 잡지 20%, 문학 비평 64% Ⅲ. conversation 50%, non-conversation 50%
З. А. Штейнфельдт(1963)	전체어휘량 40만 기본어휘 2,500선정	자료 350개에서 평균 1,000어씩 뽑음 아동문학 25%, 예술적 산문 12.5%, 희곡 12.5%, 청소년을 위한 라디오 방송 25%, 사회 정치 평론(신문, 잡지) 25%
Л. Н. Засорина (1977)	전체어휘량 1,058,382 개별어휘량 39,268	1917년~1968년간의 문헌 예술적 산문 25.4%, 희곡(회화체 자료) 27.2%, 과학, 사회 정치 평론 23.6%, 신문, 잡지 23.8%
중국어		
E. Shen Liu (1973)		상위 3,000어의 조사
北京語言學院 語言敎學硏究所 (1986)	전체어휘량 131만 개별어휘량 31,159 한자수 180만	4분야 1신문 잡지, 2과학기술 문헌, 3구어 자료, 4문학 작품
尹斌庸(1986)		중학교 고등학교의 국어 교과서

〈표 4〉 세계의 주요 어휘 조사(임칠성 외, 1997:48~50)

우리나라에서도 다양한 종류의 어휘 빈도 조사가 있었다. 제한된 텍스트를 대상으로 한 소규모의 어휘 조사도 있었고 비교적 큰 규모로 이루어진 조사도 있었다. 큰 규모로 이루어진 최초의 조사로 손꼽을 수 있는 것은 문교부(1956)이다. 그후 한동안 소규모의 조사만 이루어지다가 컴퓨터가 보급이 되고 말뭉치가 관심을 끌면서 1990년대 이후 다시 빈도 조사가 활발하게 진행되었다. 비교적 큰 규모의 조사만 해도 서상규(1998ㄱ), 김홍규·강범모(2000), 조남호(2002ㄱ), 강범모·김홍규(2004), 김한샘(2005), 강범모·김홍규(2009) 등이 있다. 북한에서도 별도로 어휘 빈도 조사가 이루어졌다(문영호 외, 1993).

순위	문교부(1956)		문영호 외(1993)		조남호(2002ㄱ)	
1	을(ㅌ)	74,077	하다	46,612	것01(의)	25,567
2	에(ㅌ)	71,298	있다	26,562	하다01(동)	22,064
3	의(ㅌ)	66,823	것2(아름다운~)	18,118	있다01(보)	18,553
4	이다(ㅈ)	57,993	되다1(잘~)	10,816	있다01(형)	18,202
5	이다(ㅌ)	57,185	-적	8,682	되다01(동)	11,506
6	는(ㅌ)	52,470	이5(~책)	7,788	수02(의)	10,915
7	하다(ㅜ)	48,313	우리3(~나라)	7,766	하다01(보)	10,758
8	를(ㅌ)	40,565	같다	6,324	나03(대)	10,564
9	은(ㅌ)	40,495	없다	5,645	그01(관)	9,413
10	가(ㅌ)	37,173	주다	5,135	없다01(형)	8,969
11	것(ㅣ)	36,383	가다(학교로~)	4,769	않다(보)	8,852
12	도(ㅌ)	25,430	그2(~다음)	4,549	사람(명)	7,004
13	있다(ㄱ)	25,259	인민	4,177	우리03(대)	6,583
14	으로(ㅌ)	19,872	위하다	3,965	이05(관)	6,332
15	에서(ㅌ)	16,361	사람	3,823	그01(대)	6,305
16	로(ㅌ)	15,231	말2(언어)	3,776	아니다(지)	6,245
17	그(ㅁ)	14,829	당1(~원)	3,671	보다01(동)	6,045
18	과(ㅌ)	13,924	한4(~사람)	3,514	등05(의)	5,967
19	되다(ㅜ)	12,461	혁명	3,350	때01(명)	5,813
20	이(ㅁ)	12,244	그러다	3,317	거01(의)	5,678
21	들(뒷)	11,348	나라	3,194	보다01(보)	5,231
22	와(ㅌ)	11,295	수1(할~있다)	3,137	같다(형)	5,199
23	없다(ㄱ)	11,281	투쟁	3,106	주다01(보)	4,929
24	우리(ㄷ)	8,977	아니다	2,908	대하다02(동)	4,871
25	만(ㅌ)	8,854	대하다	2,741	가다01(동)	4,670
26	같다(ㄱ)	8,655	나2(~의조국)	2,550	년02(의)	4,630

순위	문교부(1956)		문영호 외(1993)		조남호(2002ㄱ)	
27	사람(ㅣ)	8,518	지다3(그늘~)	2,470	한01(관)	4,485
28	때(ㅣ)	8,509	때1(~를만나다)	2,371	말01(명)	4,286
29	보다(ㅜ)	7,954	잘2(~쓰다)	2,353	일01(명)	4,271
30	한(ㅁ)	7,901	우1(고지~에)	2,248	이05(대)	3,918
31	하다(ㄷㅜ)	7,830	생각	2,199	때문(의)	3,889
32	그(ㄷ)	7,441	가지다	2,161	말하다(동)	3,738
33	수(ㅣ)	7,332	오다	2,083	위하다01(동)	3,497
34	에게(ㅌ)	6,827	알다	2,033	그러나(접)	3,457
35	고(ㅌ)	6,723	크다	1,923	오다01(동)	3,350
36	또(ㅓ)	6,712	일1(~솜씨)	1,893	알다(동)	2,933
37	가다(ㅜ)	6,571	자기3(사람)	1,884	씨07(의)	2,920
38	오다(ㅜ)	5,938	나다	1,794	그렇다(형)	2,905
39	그러하다(ㄱ)	5,752	앞	1,781	크다01(형)	2,835
40	말(ㅣ)	5,629	힘	1,724	또(접)	2,814
41	나(ㄷ)	5,572	눈1(예리한~)	1,715	일07(의)	2,808
42	들(ㅣ)	5,516	다	1,707	사회07(명)	2,770
43	일(ㅣ)	5,005	생활	1,706	많다(형)	2,697
44	있다(ㄷㄱ)	4,971	내다2(능률을~)	1,682	안02(부)	2,676
45	나라(ㅣ)	4,902	놈	1,653	좋다01(형)	2,661
46	아니다(ㅈ)	4,872	놓다	1,652	더01(부)	2,567
47	이(ㄷ)	4,558	다	1,646	받다01(동)	2,566
48	보다(ㄷㅜ)	4,515	두2(둘)	1,613	그것(대)	2,542
49	알다(ㅜ)	4,128	건설	1,610	집01(명)	2,457
50	되다(ㄷㅜ)	4,010	중요하다	1,606	나오다(동)	2,435
51	까지(ㅌ)	4,006	동무	1,598	따르다01(동)	2,388
52	좋다(ㄱ)	3,946	들다1(당에~)	1,597	그리고(접)	2,384
53	연(ㅣ)	3,927	나가다1(앞으로~)	1,565	문제06(명)	2,370
54	많다(ㄱ)	3,912	집	1,558	그런01(관)	2,353
55	않다(ㄷㅜ)	3,840	못4(~마땅하다)	1,516	살다01(동)	2,297
56	여러(ㅁ)	3,547	어떻다	1,503	저03(대)	2,281

순위	문교부(1956)		문영호 외(1993)		조남호(2002ㄱ)	
57	두(ㅁ)	3,537	나오다	1,491	못하다(보)	2,249
58	속(ㅣ)	3,469	많다	1,472	생각하다(동)	2,237
59	크다(ㄱ)	3,405	다음	1,437	모르다(동)	2,218
60	물(ㅣ)	3,364	내5(~조국)	1,424	속01(명)	2,168
61	가지다(ㅜ)	3,354	지금	1,424	만들다(동)	2,151
62	지다(ㄷㅜ)	3,353	때문에	1,409	데01(의)	2,104
63	집(ㅣ)	3,273	않다1(가지~)	1,402	두01(관)	2,082
64	이러하다(ㄱ)	3,256	좋다	1,390	앞(명)	1,979
65	국(ㅣ)	3,226	길1(~거리)	1,383	경우03(명)	1,976
66	부터(ㅌ)	3,225	저5(~집)	1,383	중04(의)	1,950
67	어떠하다(ㄱ)	3,201	같이	1,365	어떤(관)	1,917
68	등(ㅣ)	3,198	그러나	1,358	잘02(부)	1,890
69	아니하다(ㄷㅜ)	3,103	문제	1,356	그녀(대)	1,884
70	내(ㄷ)	3,065	통일	1,337	먹다02(동)	1,874
71	주다(ㅜ)	3,057	동지1(혁명~)	1,332	오다01(보)	1,854
72	이것(ㄷ)	2,981	서다1(앉았다~)	1,332	자신01(명)	1,799
73	그러나(ㅓ)	2,977	또	1,330	문화01(명)	1,790
74	대하다(ㅜ)	2,967	사상1(~생활)	1,314	원01(의)	1,776
75	나(ㅌ)	2,966	시키다	1,313	생각01(명)	1,750
76	위(ㅣ)	2,966	누구	1,282	어떻다(형)	1,748
77	받다(ㅜ)	2,892	오늘	1,281	명03(의)	1,743
78	소리(ㅣ)	2,892	여러	1,277	통하다(동)	1,674
79	서(ㅌ)	2,803	전3(~보다낫다)	1,269	그러다(동)	1,662
80	만들다(ㅜ)	2,765	따르다2(남을~)	1,268	소리01(명)	1,660
81	주다(ㄷㅜ)	2,765	그렇다	1,264	다시01(부)	1,659
82	쓰다(ㅜ)	2,752	이렇다	1,260	다른(관)	1,653
83	자기(ㄷ)	2,711	다르다	1,254	이런01(관)	1,653
84	나오다(ㅜ)	2,704	모든	1,251	여자02(명)	1,645
85	못(ㅓ)	2,702	위대하다	1,248	개10(의)	1,622
86	잘(ㅓ)	2,688	요구	1,235	정도11(명)	1,619

순위	문교부(1956)		문영호 외(1993)		조남호(2002ㄱ)	
87	나다(ㅜ)	2,651	치다2(비발이~)	1,229	뒤01(명)	1,608
88	뒤(l)	2,641	마음	1,227	듣다01(동)	1,593
89	곳(l)	2,620	날1(~이밝다)	1,221	다03(부)	1,564
90	다음(l)	2,603	모르다	1,199	좀02(부)	1,555
91	생각하다(ㅜ)	2,594	다시	1,190	들다01(동)	1,535
92	말하다(ㅜ)	2,564	말다3(그만두다)	1,161	싶다(보)	1,527
93	일(ㅁ)	2,600	적1(혁명의~)	1,144	보이다01(동)	1,522
94	다시(ㅓ)	2,535	그것	1,111	가지다(동)	1,512
95	다(ㅓ)	2,533	밖	1,100	함께(부)	1,501
96	중(l)	2,529	처지	1,090	아이01(명)	1,495
97	눈(l)	2,538	속1(단지~)	1,082	지나다(동)	1,494
98	가지(l)	2,474	끝	1,072	많이(부)	1,491
99	다르다(ㄱ)	2,437	운동	1,059	시간04(명)	1,491
100	ㄴ(ㅌ)	2,429	말하다	1,058	너01(대)	1,489

〈표 5〉 어휘 빈도 조사 결과 예시(100위까지의 순위)

〈표 5〉에서는 국내에서 있었던 주요한 조사 중에서 3종의 조사 결과에서 나타난 100위까지의 순위를 제시하였다. 전체적인 어휘 사용 양상을 조사하기 위한 일반 목적의 빈도 조사라는 공통점이 있음에도 불구하고 3종의 조사 결과는 크게 차이가 난다. 가장 두드러지는 것은 문교부(1956)이 품사의 하나인 조사를 포함했고 다른 두 조사에서는 조사를 제외했다는 점이다. 이 점을 감안해도 단어 순위에서도 차이가 크다. 문영호 외(1993)과 조남호(2002ㄱ)과만 비교해도 절반 정도의 단어가 상대 목록에 없다. 부분적으로는 남북의 언어 사용의 차이가 반영된 면이 없지 않을 것이다.[18] 그렇지만 문교부(1956)에 조사가 포함된 것에서 볼 수 있듯이 조사 대상 자료나 조사 원칙의 차이 등에서 비롯된 면도 있다. 어휘 빈도 조사에서는

---

18) 문영호 외(1993)에 '인민(4,177), 당(3,671), 동무(1,598)'와 같이 체제의 성격을 반영하여 사용 빈도가 높게 나왔을 것으로 예상되는 단어들이 있다. 조남호(2002ㄱ)에서는 '인민'은 74회로 2841위, '당'은 235회로 950위, '동무'는 40회로 4684위이어서 순위가 한참 밀린다.

조사 대상의 선정에서부터 최종 결과 제시에 이르기까지 고려할 사항이 많다. 그때 어떤 결정이 내리는가에 따라 결과가 크게 달라진다. 이에 대한 자세한 사항은 3절에서 설명하도록 한다.

그동안의 빈도 조사를 통해 어휘 사용과 관련된 중요한 특성이 드러났다. 그중의 하나가 조사의 결과로 확인되는 단어의 수이다. 이미 지적했듯이 한 언어에 존재하는 어휘의 수는 정확히 알 수 없을 정도로 많다. 그런데 빈도 조사에서 조사 대상 자료의 규모가 커진다고 조사되는 어휘의 수가 거기에 비례하여 늘어나지는 않는다. 조사 결과는 조사 규모, 조사 방법 등 여러 가지에 따라 다를 수 있지만 규모가 커진다 해도 이미 조사된 단어가 반복해서 사용되는 횟수가 늘지 새로운 단어가 규모에 비례하여 늘어나지 않는다.

일반적인 어휘 빈도 조사는 표본 조사이다. 한 언어의 사용자들이 사용하는 말과 글의 양은 엄청난 규모이다. 따라서 이들 모두를 조사하기란 불가능하다. 그래서 기본적으로 표본 조사일 수밖에 없다. 그런데 이미 설명했듯이 자료 규모가 는다고 거기에 정비례하여 어휘 수가 늘지 않는다. 표본 조사로 전체 규모를 예측할 수 없는 것이다. 사회과학적인 조사에서는 표본 조사를 통해 모집단의 성격을 밝히고 이를 근거로 전체 집단에서의 분포를 추정하는 방법을 사용하고 있다. 그런데 어휘 빈도 조사에서는 표본을 통해 모집단의 성격을 밝힐 수 없기 때문에 조사를 통해 드러난 결과를 토대로 전체의 규모를 파악할 수 없다. 한 언어의 어휘 규모를 추정할 수 없는 이유이다.

어휘 조사를 통해 드러난 또 다른 중요한 특성은 오른쪽의 그림처럼 조사 결과를 빈도순으로 정리했을 때 L자형의 분포를 보인다는 점이다. 순위가 낮아질수록 빈도가 급격히 떨어지고 출현 빈도가 낮은 단어가 많은 수를 차지하기 때문에 이런 분포가 나오게 되는 것이다. 바꾸어 말하면 소수의 고빈도 단어와 다수의 저빈도 단어가 사용되는 결과이다.[19]

어휘 빈도의 L자형
분포

---

19) 빈도가 1인 단어가 문교부(1956)에서는 '잦기 차례표'에 제시된 56,077개의 단어 중

이 분포는 언어생활을 위해 구사해야 하는 어휘의 수가 얼마나 되는지 추정하는데 중요한 기준이 된다. 다음의 표를 보자.

언어 어휘 수	영어	프랑스어	스페인어	중국어	일본어	한국어
1~150				48.0		31.8
1~300				59.7	45.3	40.7
1~500				67.1	51.5	47.5
1~1,000	80.5	83.5	81.0	76.5	60.5	57.7
1~1,500				79.0		63.9
1~2,000	86.6	89.4	86.6		70.0	68.2
1~3,000	90.0	92.8	89.5		75.3	74.1
1~3,500					77.3	76.2
1~4,000	92.2	94.7	91.3			78.0
1~5,000	93.5	96.0	92.5		81.7	80.9
계	93.5%	96.0%	92.5%		81.7%	80.9%

〈표 6〉 빈도순 어휘의 수와 텍스트 점유율

〈표 6〉은 빈도순으로 어휘를 배열했을 때 상위 순위에 있는 어휘가 전체 텍스트에서 어느 정도 나타나는지를 정리한 것이다. 한국어를 제외한 나머지 언어의 수치는 일본의 국립국어연구소에서 조사한 것(國立國語硏究所, 1984:101)을 인용한 것이다. 마지막의 한국어는 조남호(2002ㄱ)의 조사 결과를 같은 기준에 따라 계산한 것이다. 이 표에 따르면 영어, 프랑스어, 스페인어의 경우 상위의 5천 개 단어가 텍스트 내에서 차지하는 비율이 90% 이상이다. 일본어와 한국어의 경우에는 좀 낮아서 80% 정도이다. 바꾸어 말하면 상위의 5천 개 단어를 알면 서구어의 경우 텍스트의 90% 이상이 아는 단어라는 것이고 일본어, 한국어의 경우에도 80% 정도가 아는 단어라는 것이다. 한국어의 경우 전체 조사된 단어의 수가 58,437개이므로

에서 21,759개로 38.8%, 조남호(2002ㄱ)에서는 58,437개의 단어 중에서 20,231개로 34.6%이다.

불과 10%도 안 되는 단어만 알면 텍스트의 80%가 아는 단어가 되는 것이다.

　그동안의 어휘 빈도 조사는 대체로 단어 단위로 주로 이루어졌다. 여기에서 더 나아가 단어 의미를 대상으로 한 조사도 필요하다. 이 조사가 필요한 이유로는 두 가지를 들 수 있다. 첫째는 하나의 단어라 해도 여러 의미로 사용되는 일은 흔하다. 이처럼 다의어인 단어의 경우에는 여러 의미 중에서 어떤 의미로 더 많이 사용되는가에 차이가 있다. 어휘 교육이라든지 사전에서의 뜻 배열 순서 등에서 의미 빈도는 중요한 기준으로 활용이 될 수 있다. 〈표 7〉은 '가슴'이라는 단어가 의미마다 어느 정도 빈도 차이가 있는지를 보여준다.

의미항목	항목빈도	항목사용률	사용역별		
			사용역	빈도	사용률
-①㉠	30	20	교과서	14	9.33
			구어	10	6.67
			문학	5	3.33
			정보	1	0.67

●목과 배 사이에 있는, 몸의 앞 부분.
○김 첨지는 손녀를 가슴에 꼭 안았다./가슴을 펴고 심호흡을 해 보았다.

의미항목	항목빈도	항목사용률	사용역	빈도	사용률
-①㉡	3	2	교과서	2	1.33
			문학	1	0.67

●가슴을 덮은 부분
○염상진은 상장을 가슴에 달고 있는 김범준을 바라보았다.

의미항목	항목빈도	항목사용률	사용역	빈도	사용률
-①㉢	4	2.67	교과서	1	0.67
			구어	1	0.67
			문학	2	1.33

●여자의 젖
○이제는 가슴도 커지고 궁둥이도 달덩이 같은 처자가 되었다.

의미항목	항목빈도	항목사용률	사용역	빈도	사용률
-②㉠	4	2.67	교과서	2	1.33
			문학	1	0.67
			한국어	1	0.67

●몸의 목과 배 사이의 심장, 폐, 기관지가 들어 있는 부분.
○큰 바위로 내리누르는 듯이 가슴이 답답하다.

의미항목	항목빈도	항목사용률	사용역별		
			사용역	빈도	사용률
-②ⓛ	11	7.33	교과서	8	5.33
			문학	2	1.33
			정보	1	0.67

●심장.
○그의 일거일동을 바라보고 있는 권 서장의 가슴은 점점 두근거리고 있었다./하늘의 무지개를 보면 내 가슴이 뜁니다.

의미항목	항목빈도	항목사용률	사용역	빈도	사용률
-③	98	65.33	교과서	44	29.33
			구어	17	11.33
			문학	32	21.33
			정보	5	3.33

●마음이나 생각.
○십 년 동안이나 가슴 깊이 쌓이고 쌓인 향수를 푸는 데 얼마간은 필요했겠지./나의 불운과 고초를 자기들 일처럼 가슴 아파하였다.

			<합계>	150	100

〈표 7〉 '가슴[명사]'의 의미 빈도(서상규, 1999:196)

둘째는 다의어와 동음이의어의 구분이 그리 명확하지 않기 때문에 단어보다는 단어 의미를 기준으로 조사를 하는 것이 더 정밀한 조사가 된다. 그런데 의미 단위까지 조사가 이루어진 사례는 많지 않다. 물론 조사의 어려움 때문이다. 단어 단위의 조사에도 어려움이 많은데 이를 단어 의미 단위로까지 내리게 되면 더 많은 어려움이 따르게 된다. 가장 어려운 것은 무엇보다도 문맥에서 사용된 단어가 어떤 의미로 사용된 것인지 판단하는 일이다. 의미의 미묘한 차이를 구분해 내는 것은 쉽지 않다.

어휘 빈도 조사는 대체로 글로 된 자료를 조사 대상으로 삼는 경우가 많다. 그런데 문어와 다른 구어의 특성이 있기 때문에 실제로 한 말을 대상으로 한 조사, 즉 구어에 대한 조사도 필요하다. 구어에 대한 조사는 상대적으로 더 많은 품이 든다. 최근의 어휘 빈도 조사에서는 컴퓨터를 활용함으로써 조사에 드는 품을 많이 줄였다. 더구나 최근에는 대부분의 자료가 컴퓨터를 이용하여 만들어지기 때문에 조사 대상 자료의 확보가 더 쉬워졌다. 그런데 구어의 경우에는 컴퓨터를 활용하려면 먼저 녹음을 하고 이를 다시 전사하는 과정을 거쳐야 한다. 사람들이 하는 말을 녹음을 하는 것도 어려움이 크고 그것을 다시 전사하는 일도 많은 시간이 필요한 일이다. 문어에 대한 조사와 비교했을 때 사전 작업이 그만큼 더 많이 필요한 것이다. 최근에는 구어의 중요성이 부각되면서 구어를 전사한 말뭉치의 구축도 많이 이루어지고 있기 때문에 구어에 대한 조사도 그만큼 쉬워졌다.

2.2. 계량을 통한 어휘 연구

이미 지적했듯이 어휘론 연구에서는 비교적 일찍 계량에 관심을 두기 시작하였다. 그러면서 계량을 통한 연구가 상대적으로 활발한 편이기는 하지만 계량으로 접근할 수 있는 여러 주제들이 아직 충분히 검토가 이루어지지는 못했다. 계량을 통해 어휘를 연구하고자 하면 당연히 어휘 계량이 선행되어야 하는데 이 작업이 품이 많이 드는 일이라는 점이 주요한 이유일 것이다. 최근에 컴퓨터를 이용할 수 있게 되면서 계량에 대한 관심이 부쩍 늘었다. 대규모의 말뭉치의 구축 등 계량을 쉽게 할 수 있는 여러 여건도 많이 좋아졌다. 이미 살펴보았듯이 어휘 빈도 조사도 여러 차례 이루어졌다. 연구자가 어느 정도 컴퓨터를 능숙하게 이용할 수만 있다면 과거에 비해 훨씬 적은 품을 들여 계량을 할 수 있게 되었다. 컴퓨터 성능이 앞으로 계속 좋아질 것이기 때문에 계량에 의한 어휘 연구 성과는 더욱 많아질 것이다. 이런 점을 고려하여 여기에서는 계량을 통한 어휘 연구가 어떤 식으로 가능한지 살펴보도록 한다.

최근에 들어 여러 차례 어휘 빈도 조사가 이루어졌다. 이 빈도 조사 결과를 활용하여 다른 자료와 비교하는 연구가 가능하다. 계량의 결과로 나타나는 수치의 의의를 해석하기 위해서는 비교할 수 있는 자료가 필요한 경우가 많다. 이럴 때 일반 목적의 빈도 조사는 특정 목적의 계량 결과가 가진 의의를 해석하는 데 중요한 비교 자료가 될 수 있다. 예를 들어 특정 작가의 어휘 사용 특성을 밝히고자 하면 그 작가의 작품에 나타나는 어휘 빈도를 조사하고 이를 일반 목적의 어휘 빈도 조사 결과와 비교하여 작가의 특성을 밝힐 수 있다.

빈도 조사 자료 결과를 상호 비교하는 것도 연구의 한 방법이 될 수 있다. 하나의 예로 문교부(1956)과 조남호(2002ㄱ)을 비교하여 외래어의 증가 양상을 살핀 결과를 보자.

〈표 8〉은 50년 정도의 간격을 두고 이루어졌던 어휘 빈도 조사에서 외래어가 차지하는 비율을 조사한 것이다. 순수 외래어 단어뿐만 아니라 외래어가 들어간 합성어도 모두 포함한 숫자이다. 문교부(1956)에서는 외래어가 3%에 그쳤는데 50 년의 세월이 흐르면서 6.1%로 두 배 가까이 늘었다. 조사 대상 자료의 차이 등 비교 자료의 균질성에 문제가 있어 다소 조심스럽기는 하지만 50여 년의 시간이 흐르면서 국어에서 외래어가 많이 늘었음을 알 수 있다. 사전의 비교에서도 유사한 경향을 볼 수 있다. 1957년에 완간된 한글학회의 『큰사전』에는 외래어가 대략 2% 를 차지하는 것으로 나오는데 1999년에 완간된 『표준국어대사전』에는 순수 외래 어만 5.45%를 차지한다(조남호, 2005:350).

	단어 총수		단어 종수	
	전체	외래어	전체	외래어
문교부(1956)	1,550,378	10,893(0.7%)	55,955	1,676(3%)
조남호(2002ㄱ)	1,484,463	32,351(2.18%)	58,437	3,603(6.1%)

〈표 8〉 어휘 빈도 조사에서 나타난 외래어의 분포

이처럼 연구자 스스로 수행한 조사 결과와 기존의 조사 결과를 비교하거나 그동 안 나온 빈도 조사 결과를 상호 비교하는 식으로 어휘 계량에 접근할 수 있다. 한 가지 주의할 점은 상호 비교를 하기 위해서는 비교 대상이 되는 자료의 조사 방법이 어떠했는지 검토가 병행되어야 한다는 점이다. 빈도 조사는 조사 방법에 따라 동일한 자료를 대상으로 해도 다른 결과가 나온다. 따라서 조사 방법을 고려하지 않았을 때 자칫 비교할 수 없는 자료를 비교하여 잘못된 결론을 도출할 수도 있다.

그동안 별로 연구가 이루어지지 않았지만 빈도 조사 결과나 사전을 이용하여 단어의 형태상을 특징을 밝힐 수도 있다. 달리 말하면 국어 단어의 자모의 구성이 어떤 특징을 가졌는가 살피는 것이다. 초성이나 중성, 종성 등 위치별로 국어 단어 의 구성상의 특징을 철자의 관점에서 접근할 수도 있지만 음운 구성의 관점에서 접근할 수도 있다. 위치별 제약뿐만 아니라 품사, 어종 등 어휘 분류 기준과 연계된

연구도 가능하다.

어휘의 사용 경향에 대한 연구에서도 계량을 통한 접근이 가능하다. 통시적 변화에 대한 연구도 그중의 하나이다. 어휘의 변화 양상을 기술하기는 쉽지 않다. 그동안 통시적 변화에 대한 기술은 주로 어떤 현상이 언제 처음 생겼으며 어느 시기에널리 퍼졌고 그 결과 최근에는 어떻다는 방식을 많이 택했다. 이렇게 서술할 수밖에 없는 요인 중의 하나는 어휘의 변화가 갑작스럽게 과거와 단절하는 방식으로이루어지기보다는 점차로 변화해 간다는 점 때문일 것이다. 점차로 변화해 가는양상을 잘 보여줄 수 있는 것은 계량을 통해 드러나는 수치의 변화일 것이다. 이처럼 계량을 통해 변화의 양상을 수치화한다면 언어의 변화 과정에서 나타나는 양상을 훨씬 다양하게 기술할 수 있을 것으로 기대된다.

다만 통시적 연구에서는 이러한 접근이 일정한 제한이 있을 수밖에 없다는 단점이 있다. 변화 양상을 균형 있게 기술하기 위해서는 조사 대상 자료가 균질해야한다. 따라서 다양한 분야의 자료가 각 시대별로 고루 전해져야 한다. 그런데 국어의 경우에는 국어사 문헌이 주로 언해류이기 때문에 자료가 다양하지 못하다. 통시적 변화에 대한 연구를 수행하는 데 제한이 있을 수밖에 없다. 따라서 이런 제약을벗어날 수 있는 자료, 예컨대 비교적 분포 제약을 받지 않는 단어를 중심으로 해서이런 방식의 접근이 가능하다. 아니면 그런 제약을 인정한 상태에서 조심스러운접근이 이루어져야 한다.

유의어 또는 비교가 가능한 단어들의 관계를 양적으로 파악하는 것도 가능하다.예를 들어 '예쁘다'와 '이쁘다'의 출현 양상을 비교하면 아래와 같이 흥미로운 모습을 보인다.

〈표 9〉는 21세기 세종계획의 결과물의 하나로 배포되었던 1000만 어절 규모의균형 말뭉치에 나타난 '예쁘다'와 '이쁘다'의 비율을 조사한 것이다. '예쁘다'는고루 사용되는 데 비해 '이쁘다'는 전혀 나타나지 않는 영역도 있다. 그런 한편'이쁘다'는 만화, 방송대본 등 준구어를 모은 Quasi와 녹음 자료를 전사한 Trans,소설 작품을 모은 Imaginar에서 높은 비율로 나타난다. 주로 구어투가 많이 반영되는 영역에서 '이쁘다'가 많이 나타난다. 이런 조사를 통해 '이쁘다'가 구어투에서주로 사용되고 있다고 결론을 내릴 수 있다.

분류	어절수(A)	예쁘다(B)	비율(B/A) (%)	이쁘다(C)	비율(C/A) (%)	비율(C/(B+C)) (%)
Quasi	551,597	18	0.00326	58	0.01051	76.3
Trans	533,000	162	0.03039	87	0.01632	34.9
Art	491,976	19	0.00386	0	0.00000	0
Docu	950,248	114	0.01200	10	0.00105	8.1
Educate	757,812	125	0.01649	11	0.00145	8.1
General	506,029	20	0.00395	0	0.00000	0
Human	866,818	31	0.00358	0	0.00000	0
Imaginar	2,025,525	143	0.00706	61	0.00301	29.9
Life	290,243	82	0.02825	1	0.00034	1.2
News	1,871,618	52	0.00278	0	0.00000	0
Science	406,592	32	0.00787	0	0.00000	0
Society	848,054	39	0.00460	2	0.00024	4.9
전체	10,099,512	837	0.00829	230	0.00228	21.6

〈표 9〉 세종계획 균형 말뭉치에서의 '예쁘다'와 '이쁘다'의 분포(조남호, 2002ㄷ:741)

　지금까지 살펴본 것처럼 어휘의 계량을 통해 국어 어휘의 특성, 또는 비교가 가능한 단어들 간의 관계를 양적으로 밝힐 수 있다. 이외에도 하나의 단어가 구 또는 문장 차원에서 맺는 관계에 대해서도 연구가 가능하다. 대표적인 것이 연어에 대한 연구이다. 연어를 어떻게 정의할 것인가는 논란이 있지만 연어를 판별하거나 할 때 계량을 통해 문제가 되는 단어들 사이의 어울림 정도를 수치로 밝힐 수 있다. 이는 단지 연어뿐만 아니라 관용구, 속담 등 관용표현에 대한 조사에서도 적용할 수 있다. 다만, 둘 이상의 단어의 관계에 대한 조사는 방법적으로 훨씬 더 어려움이 있다. 국어의 경우 어순이 자유롭기 때문에 조사하고자 하는 둘 이상의 단어들의 상관 관계를 조사하기가 쉽지 않다. 기준이 되는 단어 뒤에 바로 상관 관계가 있는 단어가 항상 연이어 나오는 것이 아니기 때문에 컴퓨터를 이용해 기계적으로 조사 할 수 없다는 한계가 있기 때문이다.

3. 어휘 빈도 조사 방법

어휘의 계량은 조사 대상이나 조사 목적에 따라 그에 걸맞은 방법을 선택해서 이루어지게 된다. 각각의 어휘를 계량의 대상으로 삼고자 하면 사전에 실린 단어를 대상으로 삼을 수 있다. 실제 사용된 말에서 드러나는 어휘의 특성을 밝히고자 하면 텍스트를 대상으로 계량을 할 수 있다. 목적에 따라서는 단순히 수만 헤아리는 것으로 계량을 끝낼 수도 있고, 통계학적인 기법을 활용해야 할 수도 있다. 어휘 계량의 방법은 다양할 수 있으며 앞으로 새로운 접근이 계속 이루어질 것으로 기대된다.

여기서는 이런 모든 가능성을 고려하여 계량의 방법을 다루기는 곤란하다. 어휘의 계량에서 기초적이며 중요한 비중을 차지하는 것이 빈도 조사이므로 이 점에 국한해서 조사 방법을 소개하도록 한다.

한 가지 덧붙일 것이 있다. 최근에는 컴퓨터를 많이 활용하기 때문에 어휘 계량이 별로 어렵지 않은 일이라고 생각할 수 있다. 그렇지만 목적에 따라 어휘 계량이나 해석 절차가 달라지기 때문에 먼저 연구 목적을 분명히 정의하고 그 다음에 계량 작업을 시작하여야 한다. 컴퓨터를 이용하면 하나의 자료로도 다양한 결과를 산출할 수 있다. 따라서 방향을 제대로 잡지 못하면 계량의 결과로 나오는 다양한 숫자의 늪에 빠져 허우적거리며 연구 성과를 내지 못할 수도 있다. 또한 어휘 계량은 품이 많이 드는 일이다. 자칫 오랜 시간 공을 들여 조사한 결과가 별로 유의미하지 않을 수도 있다. 그래서 소규모로 예비 작업을 하여 연구 가능성을 확인하고 본격적인 계량 작업에 착수하는 것이 바람직하다.

3.1. 조사 수단

컴퓨터가 개발되기 이전이었던 초기의 빈도 조사는 종이, 더 구체적으로 카드를 사용하여 조사하였을 것임은 능히 짐작할 수 있다. 기억에 의존하지 않는 한 종이에 기록하고 이를 분류, 정리하는 방법이 있을 뿐이기 때문이다. 우리나라도 예외는 아니다. 1950년대에 문교부에서 이루어졌던 조사는 카드에 일일이 기록을 하고 이것을 분류하고 계산을 하는 방법을 택했다.

컴퓨터가 보급이 되면서 카드를 조사 수단으로 이용하는 일은 거의 없다고 해도 될 것이다. 컴퓨터는 카드에 비해 계산을 빠른 시간에 정확하게 할 수 있기 때문이다. 카드를 이용하게 되면 조사 자체뿐만 아니라 조사 결과를 분류하고 계산하는 데도 많은 노력이 필요하다. 그에 비해 컴퓨터를 이용하게 되면 분류하고 계산하는 데서 사람의 할 일은 좀 과장해서 말하면 컴퓨터를 켜 두는 정도일 뿐이다. 사람의 노력이 크게 줄 뿐 아니라 조사 결과를 몇 번이라도 낼 수 있다. 그리고 몇 번을 하더라도 계속 똑같은 결과가 나온다. 종이를 이용하는 조사에서는 사람이 직접 분류하고 정리하여 계산을 하여야 하기 때문에 시간은 시간대로 들고 계산에도 약간의 오차는 감수해야 한다.

컴퓨터를 이용하는 방법도 날로 발전하고 있다. 초기에는 컴퓨터는 단지 계산을 대체하는 목적으로 쓰였다. 즉, 조사는 사람이 직접 수행하고 그 결과를 컴퓨터에 입력하고 계산하게 함으로써 분류하고 합산하는 데 드는 시간을 절약한 것이다. 그 정도로도 분류와 정리에 들어가는 수고를 획기적으로 덜게 되었다. 컴퓨터의 성능이 개선되면서 이제는 그보다 더 많이 컴퓨터를 활용하게 되었다. 계산뿐만 아니라 조사의 초기 단계에서부터 컴퓨터를 이용할 수 있다.

카드와 비교했을 때 컴퓨터는 무시할 수 없는 다른 장점이 또 있다. 카드를 이용한 경우에는 조사 목적이 다름에 따라 조사 결과를 재편할 때마다 많은 품이 든다. 그렇지만 컴퓨터는 한 번 구축한 자료를 다양한 목적으로 이용할 수 있다. 김홍규·강범모(2000, 2004, 2009)의 조사 결과는 이런 점에서 하나의 사례가 된다. 김홍규·강범모(2000)을 예로 들면 현대국어 형태소 분석 말뭉치를 이용하여 11종의 빈도 조사 결과를 제시하였다. 카드를 사용하였다면 생각하기 힘든 결과이다. 그렇지만 컴퓨터도 단순히 자료만 입력되었다고 곧바로 다양한 결과를 낼 수 있는 것은 아니다. 조사 결과를 다목적으로 이용하기 위해서는 최초 자료의 구축 단계에서부터 활용 가능성을 면밀하게 검토하여 자료 구축을 잘해야 한다.

빈도 조사를 하기 위해서는 먼저 조사 대상이 되는 자료를 수집해야 한다. 말뭉치의 개념이 전파된 1980년대 후반 이후로 말뭉치의 구축이 활발하게 이루어졌기 때문에 빈도 조사를 위해 자료를 일일이 입력해야 하는 번거로움은 많이 사라졌다.

그리고 컴퓨터의 보급이 활발하게 되면서 이제는 말뭉치의 구축조차도 중요한 문제가 되지 않는다. 대부분의 자료가 컴퓨터로 입력이 되었기 때문에 조사 대상의 선정 폭이 훨씬 넓어지게 되었다.

결론적으로 컴퓨터의 보급이 이루어지면서 사람의 작업이 많이 줄어들게 되어 어휘의 조사가 훨씬 손쉬워졌다. 이 점이 빈도 조사나 그를 이용한 연구가 활발해지게 된 원인이기도 하다. 그렇지만 컴퓨터의 성능을 믿고 컴퓨터로 쉽게 조사가 이루어질 것으로 생각해서는 안 된다. 그동안 활용 범위가 넓어지기는 했지만 아직도 어휘 조사에서 컴퓨터가 할 수 있는 일에는 제한이 있기 때문이다. 입력된 자료를 컴퓨터가 알아서 처리하여 결과를 내주기를 기대하기는 어렵다.

빈도 조사를 하기 위해서는 기본형의 정리가 우선되어야 한다. 어절이 대상이된다면 문장부호의 처리 등 몇 가지 손질만 거쳐 쉽게 원하는 결과를 얻을 수 있다. 문헌을 입력한 자료도 다량으로 비교적 손쉽게 구할 수 있기 때문에 컴퓨터의 성능이 허용하는 범위에서 아무리 많은 양이어도 조사가 가능하다. 그렇지만 국어처럼 조사, 어미가 덧붙어 다양한 어절을 만드는 언어에서는 어절에 대한 조사만으로는 어휘에 관한 조사가 어느 정도의 성과를 얻을 수 없다. 그래서 반드시 기본형 정리의 단계를 거쳐야 한다.

> (3) ㄱ. 고와, 고와서, 고와야, 고왔고, 고왔기, 고우니, 고우면, 고우시고, 고운,
>   고울……
>   ㄴ. 곱게, 곱고, 곱다, 곱더니, 곱던, 곱지……

'곱다'라는 하나의 단어가 텍스트에서 나타날 때 보이는 다양한 어절의 일부이다. 이것들을 '곱다'라는 어휘로 통합하여 계산하지 않으면 어휘 조사 결과는 왜곡이 될 수밖에 없다. 그동안 자연언어 처리 분야에서 자동으로 기본형을 추출하는 연구가 많이 진척되기는 했지만 여전히 컴퓨터가 완벽하게 기본형을 분석하지는 못한다.

이에 덧붙여 컴퓨터 활용을 제한적이게 만드는 중요한 요인이 하나 더 있으니 동음이의어의 문제이다. 예를 들어 '배'라는 단어를 보자. 동음이의어 여러 개가

널리 쓰이는 것으로 유명한 이 단어는 먹는 '배'인지 타는 '배'인지 신체의 일부인 '배'인지 구분을 해야 한다. 이들을 구분하기 위해 자연언어 처리 분야에서 꾸준히 연구를 하고 있지만 이에 대한 성과는 기본형 정리 기술에 훨씬 못 미친다.

컴퓨터가 정확하게 분류된 자료를 재분류하고 계산을 수행하는 데는 인간보다 훨씬 낫다. 그렇지만 기본형을 정하고 동음이의어를 구분하는 작업은 기술적인 미비점이 있기 때문에 컴퓨터가 전적으로 처리할 수 없다. 기본형을 분류하고 동음이의어를 구분하는 일은 아직까지는 사람이 직접 수행해야 한다. 컴퓨터의 성능이 좋아지기는 했지만 여전히 사람의 손이 많이 가야 한다. 다만 언어 정보 처리 분야에서 발달한 형태소 분석이나 동음이의어 구분 기술이 전혀 도움이 되지 않는 것은 아니다. 예를 들어 일차로 형태소 분석을 기계적으로 하고 사람이 수정하는 방법을 쓰는 것이다. 현재로서는 컴퓨터의 도움을 받되 그것이 제한적이기 때문에 사람의 손길이 미치지 않는 어휘 조사는 생각할 수 없다.

3.2. 조사 범위의 결정

빈도 조사를 하고자 할 때 제일 먼저 무슨 목적으로 조사가 이루어지는가를 결정해야 할 것이다. 그리고 그에 맞게 조사 대상이 될 자료 범위가 정해져야 한다. 목적에 따라 전수 조사가 이루어질 수도 있고 표본 조사가 이루어질 수도 있다.

특정 작가의 어휘적 특성을 살피고자 한다면 그 작가의 모든 작품이 최대 범위가 될 것이니 이런 경우는 전수 조사가 가능하다. 현대 국어의 어휘의 한 특성을 살피고자 한다면 조사 범위가 넓기 때문에 전수 조사는 불가능하다. 이런 경우에는 소수의 표본만을 대상으로 하는 표본 조사를 하게 된다. 표본 조사를 하게 되면 우선 중요한 것은 표본 선정의 타당성이다. 조사 목적에 부합하는 적절한 표본이 선정되지 않으면 결과는 왜곡될 수 있다.

어휘 조사를 위한 표본의 선정은 여러 면에서 고려가 있어야 한다. 어휘는 텍스트의 특성에 따라 차이가 난다. 신문과 같이 여러 성격의 글이 함께 실리는 텍스트에서는 각 지면의 성격에 따라 사용하는 어휘가 다르다. 이러한 차이가 적절하게 고려되어 대표성이 있는 표본이 선정되어야 한다. 표본의 대표성과 관련해서는 그

동안 많은 검토가 이루어졌다. 언어 연구에 기본이 될 균형 말뭉치를 구축하기
위한 연구 성과도 많이 축적되어 참고가 된다. 〈표 10〉은 그런 연구의 하나로 빈도
조사를 위해 장르별로 어느 정도 비율로 조사 대상 텍스트가 구성되어야 하는지
조사한 결과이다.

제1분류	제2분류	제3분류
구어 (10%)		순구어(70%)
		준구어(30%)
문어 (90%)	신문 (20%)	기타/대화/인터뷰(10%)
		문화/매체/과학(25%)
		사설/칼럼(20%)
		스포츠/연예/취미/생활(15%)
		정치/사회/경제/외신/북한/종합(30%)
	책, 상상 (25%)	동화(10%)
		중·장편(50%)
		단편(20%)
		희곡, 대본(20%)
	책, 정보 (35%)	교육자료(10%)
		사회(15%)
		예술/취미/생활(15%)
		인문(20%)
		자연(10%)
		체험기술(15%)
		총류(15%)
		잡지(10%)

〈표 10〉 기본어휘 선정 및 실태 조사를 위한말뭉치의 장르별 구성 비율
(이익환, 2002:98)

장르별 비율이 결정되었다면 이제 구체적인 텍스트를 선정해야 한다. 그렇지만
여전히 한 텍스트에서 추출하는 양을 어느 정도로 할 것인가 하는 문제가 남는다.
특정한 문헌이 지나친 비중을 차지하면 그 문헌을 구성하는 단어의 비율이 전체

결과에 미치는 영향도 커지게 된다. 조사량이 많아지면 하나의 문헌이 가지는 영향력이 떨어지기는 한다. 이런 경우는 하나의 문헌을 통째로 조사 범위에 포함시켜도 될 수 있다. 그렇지만 조사량이 적거나 텍스트가 한정되면 문헌에 대한 의존성이 높아지면서 특정 문헌에서 빈번하게 등장하는 단어가 빈도 순위가 올라가는 왜곡 현상이 생길 수 있다. 이 문제를 방지하기 위해서는 적절하게 한 문헌에서 조사하는 양을 제한할 필요가 있다. 최초의 말뭉치로 꼽히는 브라운 말뭉치에서는 한 책에서 2,000개씩만 조사하였다. 그렇지만 2,000개가 절대적인 기준이 되는 것은 아니다. 조사 범위 등을 고려하여 적절하게 판단해야 할 것이다.

조사 범위를 결정하는 문제는 이후 이루어지는 작업의 양을 결정하는 중요한 문제이다. 조사 범위를 결정한 이후의 과정은 비슷하기 때문에 대체로 조사 범위가 많아지면 그만큼 인력과 시간이 많이 필요하게 된다. 이는 곧 조사 작업에 필요한 예산이 증가함을 의미한다. 따라서 지극히 당연한 것이지만 예산을 감안하면서 조사 범위를 결정해야 할 것이다. 예비 조사를 먼저 해 볼 필요도 있다. 예비 조사를 통해 전체 작업 규모를 예상하고 이를 바탕으로 조사 범위를 최종 결정하는 것이다.

3.3. 기준 마련

같은 자료를 대상으로 하여 어휘 조사를 하면 누가 하든 동일한 결과가 나올까? 그렇지 않다. 어휘 조사를 하기 위해서는 다양한 사례를 처리하기 위한 기준을 정해야 한다. 이때 어떻게 기준을 세우는가에 따라 조사 결과가 크게 차이를 보일 수 있다. 기준은 조사 목적에 따라 다를 수 있고 조사자 개인의 언어를 보는 시각에 영향을 받는다. 기준을 설정하지 않고 조사를 진행하면 조사자가 한 명이라도 동일한 사례를 달리 처리하는 일이 생길 수도 있다.

어휘 조사 과정에서 제기되는 많은 문제들은 조사자 개인의 지식만으로 처리하기에는 너무 복잡하다. 어휘 조사는 보통 한 개인보다는 여럿의 조력으로 이루어지는 경우가 많기 때문에 조사자들의 조사 결과를 통일하기 위해서는 동일한 기준을 적용할 수 있어야 한다. 이를 위해서는 먼저 기준으로 삼을 사전을 하나 선택하는 것이 바람직하다. 많은 사례에 대한 처리를 조사자의 판단에 맡기게 되면 조사자 자신도 처리에 어려움을 겪게 되면서 조사 결과도 그때그때 편차를 보일 수 있다. 그러므로 이미 상당히 많은 단어를 일정한 처리 기준에 따라 처리한 사전을 기준으로 삼게 되면 상당히 많은 문제를 피해 갈 수 있다.

국어의 경우 하나의 어절이 단어 단독으로, 또는 조사나 어미와 붙어 만들어진다. 어휘 조사에서 기본형을 중심으로 조사가 이루어져야 하는데 기본형의 설정에 논란이 있는 것들이 있다. 이런 경우 사전을 기준으로 삼음으로써 기본형에 대한 논란을 피해갈 수 있다. 물론 세부적으로 들어가면 사전과 어휘 조사는 목적이 다르기 때문에 사전과 달리 처리해야 할 수는 있다. 사전을 기준으로 삼는다 해도 사전이 모든 것을 해결할 수는 없는 것이다.

동음이의어의 구분을 위해서도 사전의 도움이 필요하다. 동음이의어를 구분하지 않는다면 문제가 될 일이 아니지만 국어처럼 동음이의어가 많은 언어에서 동음이의어를 구분하지 않는 빈도 조사는 불완전할 수밖에 없다. 따라서 동음이의어는 구분하는 것이 바람직한데 그러면 동음이의어를 어떻게 구분할 것인가? 이때도 사전에 따른다고 함으로써 많은 문제를 피할 수 있다. 다만 사전에 실리지 않은 동음이의어들이 조사 과정에서 나오기 때문에 이에 대한 처리 방침은 따로 정해야 한다.

어휘 조사에서 제일 먼저 부닥치는 문제는 조사 단위의 설정이다. 어휘 조사라고 하면 당연히 단어를 기준으로 삼아야 할 것이다. 그런데 문제는 그동안 많은 학자들이 정의해 왔지만 여전히 단어가 무엇인가 혼동이 있다는 것이다. 대표적인 것이 품사의 하나로 인정이 되는 조사에 대한 판단이다. 단어를 문장 내의 기능별로 나눈 품사의 관점에서 조사를 하나의 품사로 인정하게 되면 단어로 인정해서 포함시켜야 할 것이다. 그렇지만 조사가 다른 단어들과 성격이 많이 다르다는 점을 중요하게 생각한다면 제외해야 할 것이다.

조사 단위의 설정은 품사만이 문제가 되는 것은 아니다. 합성어나 파생어를 어떻게 인식하는가에 따라 조사 단위가 달라진다. 국어의 경우에는 띄어쓰기를 하고 있다. 띄어쓰기의 대원칙은 단어별로 띄어 쓴다는 점이다. 띄어쓰기가 되었다는 점은 빈도 조사에서 우선 유리한 조건이 된다. 이미 띄어쓰기를 통해서 단어에 대한 인식이 반영되었기 때문이다. 그런데 띄어쓰기에서 차이를 보이는 예들은 매우 많다. 동일한 말임에도 불구하고 띄어 쓴 예와 붙여 쓴 예가 나타나는 일은 흔하다. 이에 대한 방침을 정하는 것이 필요하다. 띄어쓰기 문제는 예도 많은 만큼 빈도 조사에서 아주 빈번하게 제기되는 중요한 문제이다. 띄어쓰기의 차이는 사람들의 인식을 반영한 것이므로 띄어쓰기가 된 그대로 빈도 조사를 할 수도 있다. 그렇지만 동일한 단어가 띄어쓰기에 따라 달리 처리되는 것이 바람직한가 하는 의문이 제기될 수 있다.

띄어쓰기 문제와 더불어 어휘 조사에서 크게 문제가 되는 것 중의 하나가 고유명사의 처리이다. 텍스트에서 무수히 만나게 되는 인명, 지명, 상품명 등과 같은 고유명사는 보통 빈도 조사에서 제외된다. 그런데 문제는 어디까지 고유명사로 볼 것인가에서 사람마다 판단의 차이가 크다는 점이다. 고유명사는 조사에서 제외한다고 원칙만 천명하는 것으로 충분한 기준이 될 수는 없다. 누구도 의문을 제기하지 않는 고유명사도 있지만 일반명사와 고유명사의 경계에 서는 것들도 많다. 고유명사를 조사에 포함하는 방안도 있을 수 있다. 이 경우에도 일반명사와 구분해서 계량을 하여야 할 것이기 때문에 여전히 고유명사에 대한 판별 기준은 필요하다.

하나의 표기가 다양하게 나타날 때의 처리 원칙도 필요하다. 1950년대 문교부의 조사 당시에는 표기에 상당한 혼란이 있었기 때문에 맞춤법에 따라 정리를 하기는 했지만 동일하게 처리해야 하는 단어들이 각각 다르게 처리된 사례들이 꽤 있다. 예를 들어 '파운드'는 '본드, 폰드, 바운드, 빠운드'로 각각 조사되었다. 지금은 표기가 상당히 통일이 되었기 때문에 문교부 조사 당시만큼 복잡하지는 않지만 오자, 저자의 의도, 경쟁 관계에 있는 표기 등이 있어 표기상의 혼란이 전혀 없지는 않다. 표기가 다르면 다른 단어로 인식하고 조사하는 것도 하나의 방법이다. 그렇게 되면 동일한 단어로 인식이 되는 것이 둘 이상으로 조사 결과가 나누어지게 됨에 따라 조사 결과가 달라질 것이다.

일반 텍스트에서는 텍스트 내에 한글 외에도 한자, 영문자, 숫자, 각종 기호들이 나타난다. 이들에 대한 처리도 원칙이 필요하다. 최근에는 텍스트가 대부분 한글로 되어 있어 한자의 문제는 크지 않은 편이다. 그렇지만 만약 한자가 포함된 텍스트가 조사 대상이 되면 이들을 한자라고 뺄 수는 없는 것이다. 영문자를 포함하여 로마자로 표기한 사례도 마찬가지이다. 우리는 한글, 한자, 로마자(영문자)를 섞어서 사용한다. 따라서 문자에 대한 처리 원칙도 있어야 한다. 예를 들어 흔히 'TV'라고 적는데 이를 '텔레비전'과 같은 것으로 보느냐 아니면 다른 것으로 보느냐에 따라 '텔레비전'의 출현 횟수가 달라질 수 있다.

이외에도 어휘 조사에 구체적으로 들어가게 되면 처리 방침을 정해야 하는 다양한 사례를 만나게 된다. 조사에 앞서 여러 가지 제기되는 문제에 대한 처리 기준을 마련할 필요가 있다. 또한 조사가 진행되는 과정에서 새로운 문제들이 많이 제기되므로 그때그때 결정을 잘 내려야 한다. 그동안 여러 차례 빈도 조사가 진행되면서 조사 과정에서 기준을 정해야 하는 것들이 무엇인지 많이 밝혀져 있으므로 선행 연구를 잘 참조하면 부담이 훨씬 덜할 것이다.

3.4. 계량 결과의 정리

어휘 조사를 끝내고 이용자가 볼 수 있도록 결과를 정리하면 어휘 조사는 완료된다. 그런데 결과를 정리하는 데도 여러 가지 고려할 사항이 있다. 조사 목적에 따라 결과물 정리에 차이가 있기도 하지만 일반적으로 결과물을 이용할 사람들이 무슨 정보를 원할 것인가를 감안하여야 한다. 컴퓨터를 이용하게 되면서 결과 정리의 부담이 다소 덜한 것은 사실이다. 조사 방법에서 생긴 문제가 아닌 한 최초 조사 결과를 잘못 정리했다 하더라도 쉽게 수정할 수 있기 때문이다. 또한 이용자가 조사 결과를 자신의 목적에 맞게 쉽게 재분석할 수도 있다. 이런 점을 감안하여 이용자를 위해서 작업이 완료된 후에는 조사 결과를 파일로 공개하는 것도 고려가 되어야 한다.

컴퓨터의 활용으로 정리의 부담이 줄었고 또 파일로 공개한다면 그 이용은 이용자의 몫이 될 것이어서 상대적으로 결과 정리에 신경을 덜 쓸 수 있다. 그렇다 하더라도 이용자에게 그런 부담을 안기는 것은 조사자의 책무를 다한 것이라 할 수 없다. 조사 내용을 제일 잘 아는 조사자가 향후 조사 결과가 잘 활용될 수 있도록 결과를 잘 정리하여야 할 것이다. 그런 만큼 최종 결과를 정리하면서 배열을 어떻게 하고 무슨 정보를 넣을 것인가 신경을 써야 한다.

어휘 조사 결과는 흔히 두 가지 기준으로 정리를 한다. 하나는 어휘의 가나다순이고 다른 하나는 어휘의 빈도순이다. 특정 단어의 빈도를 찾고자 할 때는 전자에서 찾아야 하고 단어보다는 빈도가 우선 관심일 때는 후자를 참조해야 하기 때문이다. 가나다순 정리와 빈도순 정리는 동일한 결과를 달리 정리하는 단순한 일이기는 하지만 카드로 조사하던 시절에는 이 일도 꽤 품이 들어야 하는 일이었다. 그렇지만 컴퓨터의 힘을 빌리게 되면서 한 치의 오류도 없이 상대적으로 아주 짧은 시간에 새롭게 정렬하는 작업을 끝낼 수 있다. 그런 만큼 파일 공개가 전제된다면 어느 한 쪽 기준으로 제시하는 것으로 충분할 수도 있다. 또는 일부만 제시할 수도 있다. 충분한 정보는 파일로 제공하면 된다. 책으로 출판할 때 책의 분량을 감안하지 않을 수 없다는 현실적인 문제를 해결하는 방법이기도 하다.

어휘 정렬 방식은 어떻든 조사 결과를 제시할 때 기본적으로 들어가야 할 사항은 단어에 대한 정보와 단어의 출현 횟수 등이다. 단어에 대한 정보는 단지 표기만 제시하는 것으로 충분하지 않은 경우도 있다. 동음이의어가 구분이 되지 않기 때문이다. 이를 구분하기 위하여 뜻 정보를 덧붙이기도 한다. 순위 정보가 중요한 정보로 제시되기도 한다. 그런데 빈도 순위를 낼 때 동일한 출현 횟수의 단어의 순위가 문제가 된다. 문교부(1956)과 조남호(2002ㄱ)에서는 동일한 횟수의 단어들은 가나다순으로 배열하여 모든 단어에 순위를 매겼다. 따라서 단어 종수만큼 순위가 나오게 된다. 이에 따라 동일한 횟수의 단어인데도 순위에는 차이를 보이는 경우가 생긴다. 예를 들어 조남호(2002ㄱ)에서 '가80(假)'과 '힝타기'는 동일하게 1회 나왔는데 하나는 38207위이고 다른 하나는 58437위이다. 김한샘(2005)에서는 동일한 횟수를 갖는 단어들은 같은 순위를 매겼다. 그런데 횟수가 동일하면 순위를 하나씩만 인정했기 때문에 전체 순위가 1171위에 불과하다. 문영호 외(1993)에서는 순위 정보가 없다. 순위 정보는 해당 단어가 전체에서 차지하는 위치를 보여줄 수 있다는 점에서 유용하기는 하지만 자칫 왜곡된 정보를 줄 수도 있기 때문에 생략하는 것이 더 좋을 수도 있다.

잦기 차례	낱말	씨가름	잦기	잡이	잦기 차례	낱말	씨가름	잦기	잡이
1	을	ㅌ	74,077	우	1831	가(哥, 姓字下)	ㅣ	121	ㅎ
2	에	ㅌ	71.298	우	11322	가(家. 棟)	ㅣ	10	ㅎ
3	의	ㅌ	66,823	우	1804	가(街)	ㅣ	124	ㅎ
4	이다	ㅈ	57,993	우	4414	가(歌, 固名下)	ㅣ	40	ㅎ
5	이	ㅌ	57,185	우	1203	가(邊. 端. 岸)	ㅣ	199	우
6	는	ㅌ	52,470	우	15211	가(可)	ㅣ	6	ㅎ
7	하다(爲)	ㅜ	48,313	우	10663	가("價格"의줌)	ㅣ	11	ㅎ
8	를	ㅌ	40,565	우	26261	가(假)	ㅣ	2	ㅎ
9	은	ㅌ	40,495	우	7760	가(假)	ㅁ	18	ㅎ
10	가	ㅌ	37,173	우	10	가	ㅌ	37,173	우
11	것	ㅣ	36,383	우	34314	가가호호 (家家戶戶)	ㅣ	1	ㅎ
12	도	ㅌ	25,430	우	21645	가감(加減)	ㅣ	3	ㅎ
13	있다(有)	ㄱ	25,259	우	34315	가감법(加減法)	ㅣ	1	ㅎ
14	으로	ㅌ	19,872	우	11323	가감(加減)하다	ㅜ	10	ㅎ우
15	에서	ㅌ	16,361	우	4688	가게(店鋪)	ㅣ	37	우
16	로	ㅌ	15,231	우	34316	가겟집 (商店. 店鋪)	ㅣ	1	우
17	그(其)	ㅁ	14,829	우	1034	가격(價格)	ㅣ	232	ㅎ
18	과(하과)	ㅌ	13,924	우	4317	가격제(價格制)	ㅣ	1	ㅎ
19	되다	ㅜ	12,461	우	9143	가결(可決)	ㅣ	14	ㅎ
20	이(此)	ㅁ	12,244	우	14215	가결(可決)되다	ㅜ	6	ㅎ우

〈표 11〉 문교부(1956)의 가나다순과 빈도순 목록 중 앞 부분 20개

가나다순과 빈도순 목록에서 동일한 정보를 제시하였는데 이용자가 이용하기에 편하기는 하지만 페이지 수가 많이 늘어난다는 단점이 있다.

이미 본 것처럼 어휘의 분포는 분야에 따라 달리 나타나기도 한다. 특정 분야에서만 집중적으로 나타나는 단어도 있을 수 있다. 고루 분포하는 단어인지 특정 분야에서만 집중적으로 나타나는 단어인지의 여부는 단어의 성격을 밝히는 데 중요한 정보이다. 그러므로 분야를 나누어 조사가 이루어졌다면 분야별 결과를 제시하는 것도 하나의 방법이다.

번호	단어	종합	문학 예술	사회 정치	신문 보도	과학 기술
1	가	75	61	7	6	1
2	가가	3	2	1		
3	가감	4	1		1	2
4	가감법(→더덜기(법))	6	2		1	3
5	가감변(→조절변)	3			1	2
6	가감소거법	1				1
7	가감승제	6	1		2	3
8	가감저항기	1				1
9	가갸표	1	1			
10	가격	18	2	4	7	5
11	가격공간	4		1	1	2
12	가격제정학	1		1		
13	가결	4	1	1	1	1
14	가공	167	17	31	61	58
15	가공공업	13	1	2	8	2
16	가공모선	4	1	1	1	1
17	가공반	8	1	3	2	2
18	가공선(배의종류)	1		1		
19	가공술	5	1	1	1	2
20	가공실	3			3	

〈표 12〉 문영호 외(1993)의 상위 빈도 20개

전체 횟수와 아울러 분야별 횟수를 함께 제시하였다.

Aaron	**NP**	**7-06-006**
aback	**RB**	**2-02-002**
abandon	**NN**	**2-02-002**
abandon	**verb**	**47-13-039**
abandon	VB	15-06-013
abandoned	VBD	5-05-005
abandoned	VBN	20-09-019
abandoning	VBG	7-06-007
abandonment	**NN**	**10-05-010**
abaringe	**NN**	**1-01-001**
abasement	**NN**	**2-02-002**
abate	**verb**	**1-01-001**
abated	VBD	1-01-001
Abatuno	**NP**	**1-01-001**
Abbas	**prop. noun**	**3-01-001**
Abbas	NP	2-01-001
Abbas's	NP$	1-01-001
Abbe	**NP**	**5-02-002**
abbey	**noun**	**7-04-005**
abbey	NN	1-01-001
Abbey	NN-TL	6-04-005

〈표 13〉 Francis, W. & Kucera, H.(1982)의 일부 예

표제항을 중심으로 출현형을 그 밑에 제시하였다. 마지막의 숫자는 각각 전체 횟수, 분야별 출현 횟수, 조사 대상 문헌에서의 출현 횟수를 뜻한다. 구체적인 분야를 제시하는 대신 몇 분야에서 나타났는지 숫자로 제시하였다.

경우에 따라서는 조사 텍스트의 비중 차이로 절대 빈도와 상대 빈도를 함께 제시해야 할 때도 있다. 예를 들어 조사 텍스트가 하나는 1만 어절이고 다른 어절은 10만 어절이라고 했을 때 1만 어절에서 나타나는 횟수와 10만 어절에서 나타나는 횟수가 뜻하는 바는 다르다. 이를 조정하기 위해 조사 텍스트의 비중을 똑같은 규모로 환산하여 절대 빈도를 상대 빈도로 환산하여 제시하는 방법도 있을 수 있다. 또한 빈도순으로 단어를 제시할 때 단어별 개별 빈도와 누적 빈도를 제시할

수도 있다. 누적 빈도가 제시되면 전체 조사 대상 자료에서의 빈도 순위별 점유율을 쉽게 파악할 수 있다.

순위	형태	품사	빈도	백분율	누적백분율
1	이	VCP	638362	3.858	3.858
2	것	NNB	305897	1.849	5.706
3	하	VV	198197	1.198	6.904
4	있	VX	189943	1.148	8.052
5	있	VV	180821	1.093	9.145
6	하	VX	120462	0.728	9.873
7	수__02 @할 ~가 있다	NNB	117579	0.711	10.583
8	되__01 @배우가	VV	111653	0.675	11.258
9	그	MM	109987	0.665	11.923
10	않	VX	103362	0.625	12.547
11	없	VA	100791	0.609	13.156
12	나	NP	97710	0.590	13.747
13	그	NP	82906	0.501	14.248
14	사람	NNG	71306	0.431	14.679
15	이__05	MM	66843	0.404	15.083
16	아니	VCN	65551	0.396	15.479
17	등__05 @울산, 구미, 창원	NNB	59297	0.358	15.837
18	우리	NP	58091	0.351	16.188
19	지	VX	57685	0.349	16.537
20	보__01 @눈으로 ~	VV	57031	0.345	16.882

〈표 14〉 강범모·김흥규(2009)의 상위 빈도 20개

단어별 백분율과 누적 백분율을 제시하였다.

마지막으로 빈도 조사 방법에 대한 안내도 덧붙여야 한다. 빈도 조사라는 동일한 이름으로 조사가 진행되었다 하더라도 조사 방법에 따라 결과가 크게 다르므로 어떤 방식으로 조사가 이루어졌는지 소개를 해야 이용자가 자료의 성격을 분명히 파악할 수 있다. 조사 대상 자료, 조사 방법, 자료 정리 방법에 이르기까지 자세하게 소개를 해야 한다.

4. 기본어휘

4.1. 기본어휘의 필요성과 개념

한 언어에 존재하는 단어의 수는 최소 수십만 개 이상이다. 그런데 이들 단어가 언어생활에서 모두 같은 비중으로 사용되지는 않는다.

> (3) ㄱ. 엄마, 아빠, 눈, 코, 입, 나, 너, 보다, 주다, 가다, 하나, 둘, 셋
> ㄴ. 사회, 문화, 시대, 세계, 정부, 관계, 지역, 역사, 정치
> ㄷ. 마중물, 해감내, 상고대, 안돌이, 우듬지, 자리끼
> ㄹ. 반강자성, 역운반체, 조색단, 정준형, 하전막

(3ㄱ)은 아직 학교에 입학하지 않은 나이의 아이라도 알고 쓸 단어들이다. 그만큼 언어생활에서 자주 등장하면서 쉽게 이해가 되는 말들이다. (3ㄴ)도 언어생활에서 자주 등장하는 단어들이다. 어휘 빈도 조사에서 높은 출현 빈도를 보인 것들이다. 그렇지만 아이들이 그 뜻을 알고 쓸 만한 말은 아니다. (3ㄷ)은 알고 있거나 쓰는 사람이 많지 않은 단어들이다. (3ㄹ)은 화학 용어들이다. 그 분야에 전문적인 지식이 없는 사람이라면 거의 듣거나 쓸 일이 없는 말들이다. 이들 예에서 볼 수 있듯이 그 언어에 익숙한 사람이라면 누구나 아는 단어가 있는가 하면 극히 제한된 범위의 사람들만 알고 쓰는 단어도 있다.

또한 단어는 다른 단어나 표현으로 대체하여 말할 수 있다. 하나의 단어로 말하는 대신 그 단어의 뜻을 풀어 말할 수 있다. 사전을 떠올리면 쉽게 이해할 수 있다. 상대방이 쉽게 알기 어려운 단어는 그 단어 대신에 유의 관계나 상하의 관계에 있는 말을 쓸 수도 있다. 예를 들어 '사유, 사고, 사상'과 같은 말을 쓰지 않고 '생각'이라는 말로 그 말을 대신할 수 있다. 언어를 자유자재로 구사하는 사람이라면 의미상으로 관련이 깊은 단어들의 차이를 잘 구분하여 써야 하고 또 쓸 수 있다. 그렇지만 말이 아직 능숙하지 못한 아이나 외국인이 읽거나 듣는 대상이 될 때 평소대로 자유롭게 단어를 선택하여 글을 쓰거나 말을 할 수 없다. 이럴 때 정확한

표현을 어느 정도 포기하는 대신 상대적으로 '쉬운' 말을 골라 아쉬운 대로 뜻을 전달할 수 있다.

한 언어에 존재하는 단어들의 비중이 같지 않다는 점에서 한정된 어휘를 선정하는 일이 관심을 끌게 되었다. 또한 대체 표현이 가능하다는 점이 어휘 선정에서 고려가 되기도 했다. 어휘 선정 작업은 국내외에서 여러 성과가 있었는데 그동안의 국내외 성과를 검토하면 어휘 선정에 접근하는 방식은 크게 넷으로 구분해 볼 수 있다.

첫째, 어휘 교육의 관점에서 접근하였다. 새로 말을 배워 나가는 사람에게는 그 사람의 교육 단계에 걸맞게 단어를 가르쳐야 한다. 그런데 수많은 단어 중에서 적절한 단어를 고르는 일은 쉬운 일이 아니다. 교육 단계에 맞춰 등급을 나눠 선정할 필요도 있다. 이에 따라 어휘 교육에 필요한 어휘를 선정하려는 작업이 꾸준히 있었다.

둘째, 의사소통의 관점에서 접근하였다. 외국인이 하나의 언어를 능숙하게 구사하기까지는 많은 시간과 노력을 들여야 한다. 바로 이 때문에 많은 사람이 외국어를 배우다가 포기한다. 만약 어휘를 제한한다면 언어를 배우는 데 드는 노력을 줄일 수 있다. 대체 표현이 가능한 만큼 어휘를 제한한다 하더라도 언어 구사에는 어려움이 없을 것이다. 이런 관점에서 언어생활에 꼭 필요한 최소한의 어휘와 기초적인 문법을 선정하자는 발상이 있었다. 어휘 선정의 역사에서 초기 시기라 할 수 있는 1920년대에 이미 오그던(Ogden)은 850개의 단어를 발표하고 소설을 그 어휘만으로 번역해서 한정된 어휘로도 모든 언어 표현이 가능함을 입증하려고 하였다. 의사소통을 위해서 결국 교육이 필요함을 고려하면 어휘 교육의 관점과 아주 무관하지는 않은 접근 태도이다.

셋째, 한 언어에서 근간이 되는 어휘를 밝히려는 관점에서 접근하였다. 이러한 접근에서는 언어생활에서 필수적이고 공통적으로 사용하는 어휘가 있다고 가정한다. 이들 어휘는 필수적인 만큼 세대를 이어가면서 한 언어에서 지속적으로 사용될 가능성이 많다. 어휘 연구의 측면에서 관심을 많이 둘 만한 접근이다.

마지막으로, 역사언어학의 관점에서 비교가 가능한 공통된 어휘를 확보하려고 하였다. 미국의 언어학자 스와데시(Swadesh)에 의해 창안된 언어연대학, 또는 어휘통계학에서 관심을 기울였다. 역사적으로 관련이 깊은 언어에서 이 어휘가 어느 정도 차이가 있는가를 조사하여 언어의 분열 연대를 밝히려는 것이다.

이처럼 크게 네 가지로 과거의 어휘 선정 태도를 구분할 수 있지만 그동안의 어휘 선정 작업에서 이들 사이의 경계가 명확하게 구분이 되었던 것은 아니다. 접근 태도가 다름에 따라 필요한 단어의 선정 기준이 다르고 그 결과 선정된 단어에도 차이가 있을 수 있지만 그렇다고 완전히 다른 성격의 목록이 되는 것은 아니다. 언어에서 근간이 되는 어휘는 그만큼 사용 빈도가 높을 가능성이 있어 교육상의 필요에서든 의사소통의 필요에서든 선택될 가능성이 높다. 또한 역사적으로 거슬러 올라가도 일찍 어휘로 만들어져 사용되었을 것이기 때문에 비교 연구를 위한 단어가 될 가능성도 높다. 선정의 태도가 어떻든 선정된 단어들은 중복될 가능성이 많다.

서로 다른 접근 태도를 택하였지만 이렇게 하여 선정된 어휘를 부르는 명칭으로 주로 '기초어휘'와 '기본어휘'라는 용어가 사용되었다. 그런데 연구자에 따라 용어를 보는 시각이 달라 이 두 용어의 쓰임이 완전히 정리가 되지 않았다. 기초어휘 혹은 기본어휘에 관한 논의에서 학자에 따라 둘 중의 하나만 사용하기도 하고 둘을 구분하여 사용하기도 한다. 네 가지 접근 태도가 차이가 있으므로 그에 따라 선정된 어휘를 부르는 명칭도 구분이 되면 혼란이 없겠지만 용어를 공통으로 사용하면서 혼란은 불가피했다. 그런 한편 어휘의 목록이 완전히 구분이 되지 않기 때문에 용어를 공통으로 사용해야 할 불가피성도 없지는 않다. '기초'와 '기본'이라는 말의 쓰임을 고려하면 대체로 근간이 되거나 필수적이어서 역사적으로 변동이 없는 어휘는 '기초어휘'에 속하는 것으로 보고 교육을 위해 인위적으로 선정이 되어 기본이 되는 어휘는 '기본어휘'에 속하는 것으로 보는 것이 바람직할 듯하다. 이런 면으로 보면 대체로 첫째 태도의 관점에서 선정된 어휘를 기본어휘로 보고 그 외의 태도로 접근하여 선정된 어휘는 기초어휘로 불러야 할 것이다.

언어학계에서 기초어휘라는 개념이 등장한 것은 꽤 오래고 그에 따라 기초어휘를 선정하는 작업이 이루어지기도 했지만 그 결과가 그리 성공적이지는 못했던 것으로 보인다. 무엇보다도 어휘 선정 기준이 명확하지 않다. 근간이 되거나 필수적이고 역사적으로 변동이 없다는 식의 기준이 있기는 하지만 객관적인 기준이라고 하기 어렵다. 언어생활에 필요한 최소한의 어휘를 선정한다는 데 대한 비판도 있었다. 오그던은 외국인을 위해 최소한의 단어만으로 언어생활을 하는 상황을 설정했지만 그 정도의 단어만으로 언어생활을 하게 된다면 언어 사용이 자연스럽지 못하다. 따라서 극단적인 상황이 아니라면 기초어휘만으로 언어생활이 이루어지기는 어려운 것이다. 한정된 어휘를 사용하는 방법은 사전 편찬에서도 이용된 바 있다. 사전에서 단어의 뜻을 풀이할 때 한정된 어휘 목록에 속한 단어만 사용하도록 어휘 통제를 하는 것이다. 그런데 어휘 통제의 결과 한정된 어휘 목록에 속하지만 자주 쓰이지 않는 뜻이나 그 단어가 들어간 관용 표현이 사용되는 양상을 보여 어휘 통제가 결과적으로 효과적인가 하는 의문이 제기되었다.

이에 비해 어휘 교육과 밀접한 연관이 있는 기본어휘의 선정은 역대로 다양한 결과물이 보고되었다. 어휘 교육이 지속적으로 이루어지고 있는 만큼 효과적인 교육을 위해 어휘 선정에 관심을 둘 수밖에 없기 때문이다. 또한 교육이라는 목표가 분명한 만큼 어휘의 선정에서 상대적으로 널리 쓰이고 언어생활에서 중요한 단어를 위주로 선정하면 되기 때문에 어휘 선정을 둘러싼 논란도 비교적 적은 편이다. 우리나라에서도 50년대에 이루어진 문교부 빈도 조사에서 이미 그 결과의 활용 방안으로 교과서 어휘 선정을 언급한 바 있다. 그 이후에 많은 논의가 이어져 왔다.

연번	연구자	선정 방법	어휘 수
1	서정국 (1968)	• 초등학교 국어 교과서 12책을 빈도 조사 • 빈도수 6 이상 단어 선정	2,365
2	이응백 (1972)	• 어른 작품, 어린이 작품, 어린이의 말 녹음 자료 등을 빈도 조사 • 빈도수 10 이상 단어 선정	2,713
3	안승덕 김재윤 (1975)	• 초등학교 국어 교과서 12책을 빈도 조사 • 빈도 6 이상 단어 선정	2,005
4	이응백 (1978)	• 교과서, 어린이의 말 녹음 자료를 빈도 조사 • 빈도 조사 결과와 이응백(1972) 자료를 대상으로 일정한 기준으로 선정	1,480

연번	연구자	선정 방법	어휘 수
5	이응백 이인섭 김승렬 (1982)	• 이응백(1972)에서 사용한 자료와 초등학교 1, 2, 3학년 1학기 교과서를 빈도 조사 • 이응백(1972) 조사 결과를 사정하여 목록을 만들고 초등학교 현직 교사 8인에게 위촉하여 취학 전, 1·2학년, 3·4학년, 5·6학년의 4개 수준으로 분류 • 분류 결과를 정리하여 교과서의 학년별 빈도 조사와 대비하여 4개 수준 정리	15,005 1수준(취학 전) 1,600 2수준(1·2학년) 4,389 3수준(3·4학년) 5,840 4수준(5·6학년) 3,176
6	김희진 (1990)	• 국어연구소에서 조사한 중학교 교과서 빈도 조사 결과를 이용 • 빈도수 16 이상 단어 선정	2,795
7	이충우 (1994)	• 국어연구소에서 조사한 초등학교, 중학교 교과서의 빈도 조사 결과를 분석하여 선정 • 이응백·이인섭·김승렬(1982)의 1수준 어휘를 기본어휘 수준 교육용 어휘로 수용	20,100 초등학교 14,600 중학교 5,500
8	최길시 (1998)	• 어휘 빈도 조사 자료와 어휘 연구 자료를 참고로 하고, 현장 경험을 바탕으로 선정	2,000
9	서상규 남윤진 진기호 (1998)	• 한국어 교육용 말뭉치에서 고빈도 어휘 추출	5,000
10	조현용 (2000)	• 최길시(1998), 서상규·남윤진·진기호(1998)와 연세대 교재 1, 2급에 나오는 어휘를 비교하여 공통되는 단어 선정 • 연세대 교재 색인에 누락된 어휘, 분석 기준의 차이로 누락된 어휘, 체계의 빈 부분에 해당하는 어휘, 생존에 필요한 어휘, 공식 교육에 필요한 어휘, 기본적인 문화 어휘 등을 추가로 선정	725
11	김광해 (2001)	• 1955년 문교부 빈도 조사 결과 등 14건의 목록을 대상으로 분포 상황과 자료의 타당도를 고려하면서 비교하여 중요도를 정하는 메타 계량 방법으로 단어 선정	237,990 1등급 1,845 2등급 4,245 3등급 8,358 4등급 19,377 등
12	서상규 (2002)	• 빈도 목록, 한국어 교재, 기본어휘 목록집 등에서 중요어를 정리하여 선정	2,975

연번	연구자	선정 방법	어휘 수
13	임칠성 (2002)	• 연세대 말뭉치, 한국어 교재의 빈도 조사 결과를 활용 • 어휘의 체계를 검토한 어휘의 보충, 학습자들의 생활 어휘와 학습을 위한 어휘 및 한국 문화의 이해를 위한 어휘의 보충	1,038
14	조남호 (2003)	• 어휘 빈도 조사 수행하고 그 결과를 토대로 한국어 교육 전문가 6인이 어휘 선정 • 전문가 6인의 선정 결과를 정리하고 조정 5,965어 선정 - 1단계 982어, 2단계 2,111어, 3단계 2,872어	5,965 1단계 982 2단계 2,111 3단계 2,872

〈표 15〉 역대 기본어휘 선정 결과

〈표 15〉는 기본어휘에 관한 조사라고 볼 수 있는 것들을 정리한 것이다. 기본어휘에 관한 조사이기는 하지만 동일한 목적의 조사가 반복된 것은 아니다. 학교 교육을 위해 조사한 것도 있고 외국인 교육을 위해 조사한 것도 있다. 또한 단계를 고려하여 단어를 선정하기도 하고 포괄적으로 하나의 기본어휘만 선정하기도 하였다. 선정 단어의 수에서도 차이가 크다. 기본어휘의 목록이 하나만 있는 것이 아님을 이 표에서도 충분히 짐작할 수 있다.

4.2. 기본어휘의 선정에서 고려할 사항

어휘 교육을 목표로 하는 기본어휘의 선정의 경우 목표가 분명하기는 하지만 수많은 어휘 중에서 어떤 단어를 어느 정도로 선정할 것인지 결정하기는 쉽지 않다. 또한 어휘 선정에서 고려할 사항도 많다.

먼저 교육의 관점에서 접근하더라도 기본어휘 목록은 여러 가지가 있을 수 있다. 내국인을 위한 교육과 외국인을 위한 교육에서 사용할 목록 선정이 다를 수 있다. 내국인 교육의 경우 주된 대상은 이미 말을 배운 아이들로 학교에서 언어를 제대로 구사할 수 있도록 교육을 시킨다. 이에 비해 외국인을 위한 교육은 말 자체를 가르쳐야 한다. 그 외국인은 이미 하나의 언어를 배운 성인일 가능성도 많다. 말 자체는 모르되 말에 대한 감각은 내국인 교육 대상자보다 훨씬 더 발달한 상태이다. 이런 점에서 둘의 구분이 당연하다고 보는 견해가 있는가 하면 배워야 할 어휘가 본질적으로 다른 것이 아니기 때문에 둘을 구분하여 각각 기본어휘를 선정할 필요가 없다는 견해도 있다.

교육이 단계적으로 이루어진다는 점도 기본어휘를 선정할 때 고려할 사항이 될 수 있다. 내국인을 대상으로 하는 경우 학년별로 언어 교육이 이루어지기 때문에 학년별로 기본어휘가 선정이 되어야 할 것이다. 외국인 교육을 위한 어휘 선정에서도 마찬가지이다. 흔히 초급, 중급, 고급으로 교육 과정을 구분하는데 그 과정에 맞게 기본어휘가 선정이 되어야 할 것이다. 또한 전문적인 교육을 위한 어휘가 있을 수 있다. 대학에 유학을 온 외국인을 위해서는 전문 분야에서 기본적으로 통용되는 어휘를 따로 교육할 필요가 있어 이런 목적으로 선정되는 어휘가 있어야 하는 것이다. 대략적으로 구분을 했지만 더 세밀하게 구분하여 어휘를 선정해야 할 수도 있다.

기본어휘 선정에서 중요하게 고려할 사항 중의 하나는 선정할 어휘의 개수이다. 과거의 선정 결과를 보면 수백 개의 범위에서 선정하기도 하였고 수만 개가 넘기도 했다. 선정의 목적이 무엇인가에 따라 기본어휘의 개수가 달라질 것은 쉽게 예상이 된다. 단계를 고려할 때는 단계에 따른 어휘의 수도 고려가 되어야 한다. 그렇지만 적절한 어휘의 수는 어느 정도인지 명확한 기준이 제시된 적은 없는 것으로 보인다. 다만 중요하게 고려할 사항은 실제 언어생활에 필요한 어휘의 수이다. 이때 참고가 되는 것은 빈도 조사의 결과이다. 빈도 조사에서 일부의 고빈도 어휘가 언어생활의 상당 부분을 차지하기 때문에 어휘 사용 빈도를 감안하여 어휘의 수를 선택할 수 있다. 또한 일반 사람의 어휘 사용량도 중요한 참고 기준이 될 수 있다. 대략적으로 성인이 어휘를 구사할 수 있는 수준이 15,000여 개라고 한다. 이런 점을 고려하여 어휘를 선정할 수도 있다. 그럼에도 불구하고 어휘의 수를 얼마나 할 것인가는 쉽게 결정하기 어려운 문제 중의 하나이다.

기본어휘를 선정함에 있어 포함할 부류 또는 범주에 관한 검토도 필요하다. 국어에서 논란의 소지가 있는 것은 품사의 하나로 간주되는 조사이다. 조사도 단어의 하나로 간주하는 입장에서는 조사도 포함이 되어야 할 것이다. 어휘 빈도 조사에서도 품사 중의 하나의 지위를 차지한 조사를 포함할지 여부가 문제가 되었듯이 기본 어휘 선정에서도 여전히 문제점으로 남는다.

고유명사를 포함해야 하는가도 논란의 소지가 있다. 대체로 기본어휘에서 고유 명사는 포함하지 않는다. 그러나 교육의 목적상 일부 고유명사를 포함할 필요가 제기되기도 한다. 실제로 조남호(2003)에서 어휘를 선정할 때 일부 고유명사를 포 함한 바 있다.

그동안의 기본어휘 선정은 주로 문어 중심으로 이루어졌다. 글을 중심으로 단어 의 선정이 이루어지기 때문이다. 그런데 문어와 구어가 어휘 사용에서 다소 차이가 있어 준말 등 구어에서만 독특하게 나타나는 단어들이 있다. 따라서 구어까지 포괄 하는 교육이 이루어지려면 구어도 기본어휘에 포함되어야 한다.

시대가 변화하면 어휘에도 변화가 있기 때문에 그런 변화를 고려해야 할 필요가 있다. 예를 들어 '컴퓨터, 인터넷'이라는 용어는 이제는 유치원생이라도 알 만한 용어가 되었다. 불과 20여 년 전만 해도 소수의 사람만 알고 있는 말이었지만 이제 는 익숙한 말이 되었다. 20여 년 전에 이루어진 조사에서는 '컴퓨터, 인터넷'이 포함되기 어려웠지만 지금은 이 두 단어는 언어생활에서 흔히 접하게 된다. 시대가 변하면서 급속도로 퍼진 말로 기본어휘에 포함될 만한 말이 되었다. 시대의 변화에 따라 기본어휘의 선정 범위에도 변화가 있어야 한다.

4.3. 기본어휘의 선정 방법

기본어휘 선정 목적이나 기준을 명확하게 설정한다 하더라도 수많은 단어 중에 서 기본어휘에 속할 단어를 고르는 일이 쉽지는 않다. 자주 사용되고 사용 범위가 넓은 단어가 기본어휘로 선정될 가능성은 높지만 그 판단을 어떻게 할 것인가는 문제가 아닐 수 없다.

그래서 어휘 빈도 조사를 먼저 하고 이를 토대로 기본어휘를 선정하는 방법이 나왔다. 통계에 기반해서 객관적으로 어휘를 선정한다고 해서 이를 객관적 방법이 라고 한다. 달리 통계적 방법이라고 하기도 한다. 빈도 조사 결과는 한 언어에서 어휘의 사용 양상을 보여주는 것이므로 빈도 조사 결과를 토대로 상위 빈도의 어휘를 일정한 순위까지 선정하는 것을 생각할 수 있다. 그런데 이 방법에서 문제가 되는 점은 특정 분야에서 빈도가 높은 단어가 선정이 될 가능성이 있다는 점이다. 이미 지적한 바 있듯이 분야에 따라 쓰임이 다른 어휘들이 있다. 이를 고려할 필요가 있는 것이다. 그래서 좀 더 신빙성 있는 결과를 얻기 위하여 빈도에 기반하여 기본어휘를 선정할 때 분포를 감안하기도 한다. 총 출현 빈도와 분야별 출현 빈도를 함께 감안하여 어휘를 선정하는 것이다.

분야를 감안하여 선정이 이루어진다 하더라도 그래도 지적될 수 있는 문제점이 있다. 이런 방법이 타당성이 있기 위해서는 빈도 조사의 결과가 객관적으로 타당성을 인정받아야 한다. 그런데 위에서 보았듯이 빈도 조사는 조사 방법, 대상 자료에 따라 결과가 달리 나타난다. 조사 자체의 문제가 없다 하더라도 표본 조사를 하는 빈도 조사에 따르는 불가피한 문제점이다.

빈도 조사의 문제점을 고려한다 하더라도 여전히 남는 문제점이 있다. 동등한 가치를 인정받아야 하는 단어들이 항상 동일한 빈도수를 보이지 않는다. 따라서 빈도에 의존하는 한 동등한 가치를 인정받아야 하는 단어들에 대한 선택이 달라질 수 있다. 동등한 가치를 가진다 해도 빈도에 따라 선택이 달라져야 한다는 태도를 취한다면 모르지만 그렇지 않다면 같은 부류의 어휘들은 포함이 되는 것이 바람직할 것이다. 예를 들어 수사 중에서 국어의 경우에는 '하나'에서 '열'까지는 동등한 대접을 받을 필요가 있다. 그런데 실제 조사된 빈도 결과를 보면 이들 수사가 동등한 빈도를 보이지 않는다.

	하나	둘	셋	넷	다섯	여섯	일곱	여덟	아홉	열
빈도	1,346	369	76	24	22	7	7	2	11	132
순위	119	575	2271	6980	7476	17283	17461	34381	12669	1710

〈표 16〉 수사 '하나'에서 '열'까지의 빈도와 순위

〈표 16〉은 조남호(2002ㄱ)에서 수사 '하나'에서 '열'까지의 빈도와 순위이다. 수사에 따라 빈도에 큰 차이가 있는 것을 볼 수 있다. 다른 조사에서도 다소의 차이가 있기는 하지만 이처럼 동일한 수사라 해도 빈도에 차이를 보인다. 객관적

방법에 의할 경우 이처럼 동등한 대우를 받아야 하는 단어 중에서 일부만 선정되는 결과가 나올 수 있다. 분야별 분포라든지 어휘의 성격에 대한 고려 등 정교한 조사 방법을 써서 어느 정도 보완이 될 수는 있지만 한계가 있을 수밖에 없다.

객관적 방법과 대립하는 것으로 선정자가 주관적으로 어휘를 선정하는 방법이 있다. 대체로 언어 교육에 오래 종사한 사람이 경험을 바탕으로 기본어휘를 선정하는 것이다. 선정자의 주관에 따라 어휘를 선정하므로 주관적 방법이라고 한다. 경험에 기반하여 어휘를 선정하기 때문에 그 나름의 의미가 없지 않지만 바로 그 점이 또한 문제점으로 지적된다. 선정자 개인의 주관에 따라 어휘 선택이 달라질 수 있는 것이다. 사람마다 알고 있는 어휘에 차이가 있다. 선정자 개인의 주관에 따른다면 선정자에게 친숙한 단어가 선정이 될 가능성이 있다. 선정자가 노력한다 하더라도 중요한 단어를 놓칠 가능성이 없지 않다.

결국 두 가지 모두 장단점이 있다고 할 수 있다. 그래서 이 두 방법을 절충하는 방법을 쓰기도 한다. 절충적 방법은 객관적 방법과 주관적 방법을 섞어 이용하는 것이다. 빈도 조사 등을 통해 객관적으로 조사된 자료를 바탕으로 선정자가 주관적으로 기본어휘를 선정하는 방법이다. 객관적 방법과 주관적 방법이 가진 장단점을 보완하기 위한 방법이라고 할 수 있다. 빈도 조사 결과만 있다면 그것을 토대로 선정자의 주관을 반영할 수 있기 때문에 상대적으로 문제점을 보완할 수 있다. 그래서 최근에 들어서는 이 방법이 많이 쓰이고 있다.

4장

어휘의 의미

*이 장은 조항범(1993)을 토대로 하였다.

1. 어휘의 의미 관계

개별 단어들이 지니는 의미는 독자적으로 존재하는 듯이 보이지만, 실제로는 의미 속성에 따라 상호 관련되어 존재한다. 곧 '관계 속성'에 따라 무리를 지어 존재하는 것이다. 이렇듯 의미가 '관계 속성'에 따라 무리지어 존재하는 것은 우리의 인식 체계가 부류 단위 내지 층위 단위로 범주화되어 있기 때문일 것이다.

상이한 단어들이 지니는 의미들 사이의 관계 속성은 다음의 네 가지 유형으로 분류될 수 있다.

① 포함(inclusion)
② 중첩(overlapping)
③ 상보(complementation)
④ 연접(contiguity)

①의 포함 관계는 의미 영역의 넓고 좁음에 따른 하의 관계(下義關係), ②의 중첩 관계는 의미 영역의 겹침에 따른 유의 관계(類義關係), ③의 상보 관계는 유표적 대조에 의한 반의 관계(反義關係), ④의 연접 관계는 의미의 근접에 따른 공의 관계(共義關係)로 설명된다.

의미 관계는 서로 다른 단어들이 지니는 의미들 사이에서 성립하는 것이 원칙이지만, 다른 한편으로는 동일한 단어에 결부된 의미들 사이에서도 성립할 수 있다. 곧 한 단어가 중심 의미와 여기에 결부될 수 있는 다수의 파생 의미를 거느리게 될 때, 그 중심 의미와 파생 의미 사이의 관계를 '관계 속성'으로 이해할 수 있으며, 더 나아가 이들 사이의 유연성(有緣性) 상실이나 결여도 '관계 속성'으로 이해할 수 있다.

이와 같이 동일 형식의 단어가 지니는 의미들이 중심 의미와 파생 의미의 관계로 파악된다면 이들은 '다의 관계(多義關係)'로 이해되며, 이들이 유연성을 상실하거나 아예 어원적으로 무관하다면 이들은 '동음이의 관계(同音異義關係)'로 이해된다. 이들 의미 관계의 유형을 순서대로 살펴도록 한다.

1.1. 하의 관계

하의 관계(下義關係)는 상이한 단어들이 지니는 일련의 의미들이 상호 포함 관계에 놓일 때 논의할 수 있다. 의미상의 포함 관계는 넓은 의미 영역을 지니는 의미가 그보다 좁은 의미 영역을 지니는 의미를 포함하거나, 그 반대로 의미 영역이 상대적으로 좁은 의미가 그보다 넓은 의미 영역을 지니는 의미에 포함되는 관계를 말한다.

〈그림 1〉

〈그림 1〉에서 '꽃'은 '장미, 개나리, 무궁화' 등을 포함하고, 그 반대로 '장미, 개나리, 무궁화' 등은 '꽃'에 포함된다. 곧 이들 '꽃'과 '장미, 개나리, 무궁화' 등은 하의 관계를 이룬다. 따라서 하의 관계는 일련의 의미들이 상호 어떤 의미를 포함하거나 어떤 의미에 포함됨으로써 계층 구조를 형성하는 의미 관련성으로 정의된다.

계층 구조상 상위에 놓이는 '꽃'은 하위에 놓이는 '장미, 개나리, 무궁화' 등에 대해 '상위어(hyperonym)'라 하고, 하위에 놓이는 '장미, 개나리, 무궁화' 등은 상위에 놓이는 '꽃'에 대해 '하의어(hyponym)' 또는 '하위어(下位語, subordinate)'라 하며, 두 층위의 의미 관계를 '하의 관계(hyponymy)'라 한다. 그리고 하위의 같은 층위에 놓이는 '장미, 개나리, 무궁화'를 '동위어(coordinate)' 또는 '공-하의어(co-hyponym)'라 한다.

계층 구조상 '하의어'는 '상위어'보다 아래에 놓인다. 아래에 놓인다는 것은 상위 영역에 포함된다는 뜻이다. 그리고 특정 영역에 포함된다는 것은 의미 영역이

상대적으로 좁다는 것을 말한다. 따라서 의미 영역의 넓고 좁음으로 보면 '상위어'
가 '하의어'보다 넓음을 알 수 있다.

그런데 의미를 구성하는 의미 자질의 수는 '하의어'가 '상위어'보다 많아 대조적
인 모습을 보인다. 말하자면 '포함되는' 하의어가 그것을 '포함하는' 상위어보다
의미 영역은 좁지만 그것을 구성하는 인자(因子)의 수는 더 많다는 것이다. 예를
들어, '먹다'에 포함되는 의미 중의 하나인 '탐식하다'는 '먹다'가 지니는 [食]이라
는 의미 자질 이외에 [過食], [貪慾] 등의 자질을 더 갖는다. 곧 하의어는 상위어가
지니는 자질 이외에 하나 이상의 자질을 더 갖는다고 볼 수 있다.

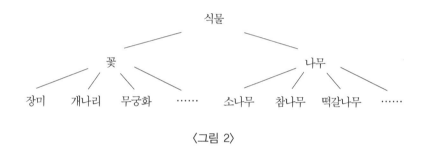

〈그림 2〉

의미의 상하 관계를 형성하는 층위의 구조(곧, 층위의 수나 깊이)는 대상 의미
영역의 조정에 따라 다양해질 수 있다. '꽃'과 '장미, 개나리, 무궁화' 등은 2단계
층위 구조를 보이지만, 여기에 '꽃'의 상위어인 '식물'이 첨가되면 〈그림 2〉에서
볼 수 있듯이 '식물', '꽃', '장미, 개나리, 무궁화'의 3단계 층위 구조로 발전하며,
'꽃'에 대한 '나무', 그리고 그 '나무'에 포함되는 '소나무, 참나무, 떡갈나무' 등과
같은 새로운 대비 항목이 더 늘어난다. 곧 층위의 수나 깊이는 상위 영역이나 하위
영역의 확대에 따라 더 많아지고 깊어지며, 층위에 배열되는 항목의 수는 층위의
수나 깊이에 비례함을 알 수 있다.

하의 관계의 각 층위는 그 층위를 구성하는 개별 의미들을 지시하는 단어를 체계
적으로 구비하기도 하지만, 특정 의미를 지시하는 단어를 가지지 못하여 구조상의
빈칸을 보이기도 한다. 〈그림 3-1〉, 〈그림 3-2〉에서 보듯 '꿩'에 대한 '장끼, 까투

리', '어버이'에 대한 '아버지, 어머니'의 계층 구조는 각 층위에 요구되는 의미들이
모두 구비됨으로써 완전하지만, 〈그림 3-3〉에서 보듯 '손가락'의 계층 구조는 네
번째 손가락을 지시하는 의미가 부재하여 완전하지 못하다.

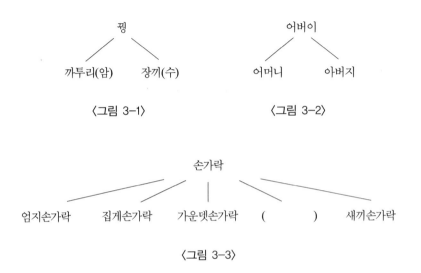

〈그림 3-1〉   〈그림 3-2〉

〈그림 3-3〉

1.2. 유의 관계

유의 관계(類義關係)는 두 개 이상의 단어가 지니는 의미들이 상호 동질 관계에
놓일 때 논의할 수 있다. 의미상의 동질 관계가 유지되려면 적어도 관련된 의미들
이 동일한 의미 영역이나 중첩된 의미 영역을 공유할 것을 요구한다. 그런데 특정
단어를 제외하고 그 의미 영역이 엄격히 동일한 단어들은 자연언어에 존재하지
않으므로 의미의 동질 관계는 부분적인 의미의 중첩 관계로 이해된다.

두 개 이상의 의미들이 상호 중첩되는 부분은 개념적 의미이고, 그 외의 중첩되
지 않는 부분은 연상적 의미이다. 이렇듯 개념적 의미는 동일하나 연상적 의미에서
차이를 보이는 의미 관계가 유의 관계이고, 이와 같은 의미 관계에 있는 단어가
유의어이다.

유의어는 개념적 의미는 같지만 연상적 의미는 다른 단어이기에 일정 문맥에서는 교체 사용될 수 있어도 모든 문맥에서 교체 사용될 수는 없다.

(1) ㄱ. 아버님 : [남성] [+1세대] [직계] [격식성]
　　ㄴ. 아빠 : [남성] [+1세대] [직계] [친밀 층위] [사랑]

(1)에서 '아버님'과 '아빠'는 [남성], [+1세대], [직계]라는 시차적(示差的) 성분을 지녀 개념적 의미는 동일하지만 전자는 [격식성], 후자는 [친밀 층위], [사랑] 등의 보충적 성분을 지녀 연상적 의미에서는 차이를 보인다. 그리하여 두 단어는 모든 문맥에서 대체되어 사용될 수 없다.

유의어를 논리적 관점에서 '완전 유의어'와 '부분 유의어'로 나눌 수 있다면, 경험적 관점에서는 '위상적 유의어', '방언적 유의어', '문체적 유의어', '차용적 유의어' 등으로 나눌 수 있다.

위상적 유의어는 서로 다른 사회 계층 내지 특정 부류 집단에서 사용되면서 유의 관계를 유지하는 단어들이다. 예를 들어, 동일한 병명이지만 일반적으로 쓰이는 '맹장염(盲腸炎)'과 전문적으로 쓰이는 '충수염(蟲垂炎), 충양돌기염(蟲樣突起炎)'은 일반어와 전문어라는 뚜렷한 차이를 보이는 위상적 유의어이다.

방언적 유의어는 서로 다른 방언권에 속하면서 유의 관계를 유지하는 단어들이다. 예를 들어, 표준어 '싸리문'과 방언 '삽짝'이 그와 같은 관계에 있다. 이들 방언적 유의어는 단지 [지역성]이라는 보충적 성분에서만 의미 차이를 보이기 때문에 유의 관계를 논의할 때 보통 제외한다.

문체적 유의어는 문체적 양상을 달리하지만 유의 관계를 유지하는 단어들이다. 문체적 양상에는 '표현의 격식성', '표현의 의미 가치', '표현의 언어적 성격' 등이 관련된다. 예를 들어 비격식적 성격의 '술'과 격식적 성격의 '약주(藥酒)'는 표현의 격식성에서 의미 차이를 보이는 문체적 유의어이고, 중립적 의미 가치를 지니는 '불구자(不具者)'와 부정적 의미 가치를 지니는 '병신(病-)'은 미적 의미 가치에서 의미 차이를 보이는 문체적 유의어이며, 구어체에서 많이 쓰이는 '죽다, 돌아가다'와 문어체에서 많이 쓰이는 '서거하다, 영면하다'는 언어적 성격에 따라 의미 차이를 드러내는 문체적 유의어이다.

차용적 유의어는 외래 요소가 새롭게 가세함으로써 유의 관계를 이루는 단어들이다. 국어에 수용된 외래 요소는 한자어, 일본어, 서구어 들이 주류를 이루어, 자연히 차용적 유의어는 한자어, 일본어, 서구어 계통의 세 종류가 된다. 고유어와 이들 사이의 유의적 성층은 다음의 예에서 볼 수 있듯이 이중 내지 삼중의 대립 구조이다.

    (2) ㄱ. 고유어 대 한자어 : 가을걷이/추수, 알맹이/핵심

       ㄴ. 고유어 대 서구어 : 모임/미팅, 짝/파트너

       ㄷ. 한자어 대 서구어 : 경기/게임

       ㄹ. 고유어 대 일본어 : 젓가락/와리바시, 가락국수/우동

       ㅁ. 고유어 대 한자어 대 서구어 : 익살/해학/유머

유의 관계를 보다 분명히 인식하고, 더 나아가 유의 관계를 보다 객관화하기 위해서는 일정한 검증 절차가 필요하다. 전통적으로 유의 관계를 검증하는 방법으로 '교체 검증법', '대립 검증법', '배열 검증법'의 세 가지가 있어 왔다.

교체 검증법은 유의어들을 특정 문맥 속에서 상호 교체해 보는 방법이다. 이를 '대치법' 또는 '치환 음미법'이라고도 한다. 일정 문맥에서 상호 교체가 가능하다면 유의 관계가 인정된다. 아울러 문맥 교체가 제약되면 그만큼의 의미 차이가 있다고 볼 수 있다. '틈'과 '겨를'의 예를 들어 보기로 하자.

    (3) ㄱ. 뒤돌아 볼 틈/겨를이 없다.

       ㄴ. 문 틈/*겨를에 연필이 빠졌다.

(3ㄱ)에서 알 수 있듯이 '틈'과 '겨를'은 공히 시간적 의미의 문맥에 사용될 수 있어 유의 관계가 확인된다. 그러나 (3ㄴ)에서 보듯이 '틈'은 공간적 의미를 요구하는 문장에 쓰일 수 있는 반면, '겨를'은 그와 같은 문장에 사용될 수 없어 두 단어 사이에 의미상의 차이가 분명히 드러난다.

대립 검증법은 유의어 개개에 대한 반의어를 제시함으로써 유의 관계를 확인하

고 이들 사이의 의미 차이를 밝히는 방법이다. 이 방법에 따르면 같은 반의어를
공유하는 두 단어 이상은 유의어로 간주된다. 예를 들어, '마르다'와 '여위다'는
'살찌다'는 반의어를 전제할 때 유의 관계에 있음을 인정받는다. 이때는 '사람, 동
물'과 같은 [유정물]의 주어와 통합하는 경우이다. 그러나 '마르다'는 '연못, 물',
'돈, 물건' 등과 같은 [무정물]의 주어와도 통합하여 '차다', '충분하다' 등과 같은
반의어를 더 가질 수 있다. 반의어를 공유하지 못하는 만큼 두 유의어는 의미 차이
를 보이는 것이다. 그러나 '거름, 두엄, 퇴비'의 예에서 보듯 반의어를 갖지 않는
유의어들이 있고, 또 '신다, 입다, 끼다'의 예에서 보듯 동일한 반의어(여기서는
'벗다')를 갖는다고 하더라도 그 관련 의미를 중첩 관계로 볼 수 없는 단어들이
존재하기 때문에 이 방법은 유의성을 검증하는 절대적 기준은 되지 못한다.

　배열 검증법은 의미상 이웃하여 나타나는 관련어들을 하나의 의미 계열체로 나
열하여 이들 사이에 드러나는 의미 차이를 대비에 의해 밝히는 방법이다. 곧 개별
의미 하나하나를 분리하여 바라보는 것이 아니라, 일련의 유사 의미들을 함께 묶어
전체 관계 속에서 대조적 관점으로 개별 의미의 특수성과 상호성을 드러내는 방법
이다.

　　(4) 빠르다 - 쏜살같다 - 잽싸다 - 날쌔다

　(4)와 같이 빠른 속력을 표시하는 단어들의 유의성을 확인하고자 할 때 이들
하나하나를 떼어서 분석하기보다는 이들 전체 단어들의 의미를 묶어 대비해 보는
것이다. 이들이 빠른 속도를 지시한다는 점, 빠름의 정도나 행위의 양상에서 차이
를 보인다는 점은 단순 대비에 의해서도 밝혀질 수 있다. '쏜살같다'는 '빠르다'보
다 빠름의 정도에서 앞서고 '잽싸다, 날쌔다'는 순간적 행위 양상을 보인다. 그런데
이러한 대비 방법은 그 방법론이 특별히 서 있지 않거나 기준이 없다면 인상적
단어 구별법에 불과하다는 비판을 받기 쉽다.

　두 개 이상의 단어가 우연히 형태나 의미가 같으면 상호 끊임없이 대립하고 경쟁
한다. 형태가 같음으로써 발생하는 대립을 '동음 충돌'로[20], 의미가 같음으로써
발생하는 대립을 '유의 충돌'로 설명한다. 유의 충돌을 좀 더 적극적인 시각에서

'유의 경쟁'으로 이해하기도 한다. 의미가 같은 단어들이 유의 경쟁을 하게 되면 유의 경쟁력을 좌우하는 요인들이 작동하게 되고 급기야는 그 경쟁의 결과가 드러나게 된다. 유의 경쟁의 결과 드러나는 양상은 의미 소실, 의미 공존, 의미 변화, 의미 중복 등이다.

유의 경쟁에서 경쟁력이 약화된 대부분의 단어들은 소실된다. 이를 의미의 측면에서 보면 의미가 소실되는 것이다. 의미 소실은 유의 경쟁의 가장 극단적인 양상이다. 유의 경쟁이 경쟁어 중 어떤 것을 소멸로 이끈다는 점에서 의미 소실은 유의 경쟁의 기본 유형이라고 할 만하다. 의미 소실은 '고유어 대 고유어', '고유어 대 한자어', '고유어 대 서구어', '고유어 대 일본어', '한자어 대 한자어', '서구어 대 서구어', '고유어 대 한자어 대 서구어' 등의 성층 구조에서 발생한다. 고유어와 한자어가 유의 경쟁을 할 때에는 대체로 한자어가 우세하지만 고유어가 의성·의태어이거나 생활과 밀접히 관련된 기초어휘일 경우에는 고유어가 우세하기도 하다. '뻐꾸기'와 '곽공(郭公)', '빨래하다'와 '세답하다(洗踏-)'의 유의 경쟁에서 한자어를 제치고 고유어가 살아남은 것이 그와 같은 예가 된다.

의미 공존형은 유의 관계를 형성하는 단어들이 공시태 속에서 큰 의미 변화 없이 그 관계를 유지하는 유형이다. 물론 이들이 공존한다 하더라도 그 사용 빈도까지 똑같은 것은 아니어서 그 빈도의 격차가 심해지면 유의 경쟁력이 약화된 단어가 소실 또는 의미 변화할 것이 예상된다. '자국/자취/흔적(痕迹)', '샘/질투(嫉妬)' 등은 유의 관계를 공시태 속에서 유지하고 있는 예이다.

의미 변화형은 유의 관계를 이루는 단어들 중 하나 이상이 본래의 의미에서 다른 의미로 변신을 꾀함으로써 유의 관계를 해소하는 유형이다. 다른 의미로의 변신은 추상적 의미로의 전이(의미의 추상화), 의미의 축소와 확대, 의미 가치상의 변동 등이다. 이와 같은 의미적 변신은 결국 유의 관계를 모호하게 하거나 해체하는 것이므로, 곧 유의 경쟁을 해소하는 것이므로 의미 변화는 유의 경쟁 회피의 적극적 방편으로 이해되며 이러한 방편은 단어 생명을 유지하기 위한 자구책에서 비롯된 것으로 보인다.

---

20) '동음 충돌'에 관해서는 '1.6. 동음이의 관계'에서 자세히 다루도록 한다.

예를 들어, 남성과 여성 모두에게 적용되던 '언니'가 여성만으로 적용 범위가 축소된 것은 '형'과의 유의 경쟁의 결과로 설명할 수 있으며, '온'이 "백(百)"이라는 의미에서 "전체", "전부"라는 의미로 확대된 것은 한자어 '백'과의 유의 경쟁의 결과로 설명할 수 있다.

의미 중복형은 유의 경쟁으로 말미암아 의미 기능이 떨어진 두 개의 유의어가 그 약화된 의미 기능을 보완하기 위해 상호 결합하는 유형을 말한다. 이를 '동의 중복형'이라고도 한다. 예를 들어, '지게'와 '문(門)'이라는 단어가 유의 경쟁을 하다가 상호 의미 기능이 떨어지자 그 의미 기능을 보완하기 위해 두 단어를 결합하여 '지게문'이라는 합성어를 만들었다고 본다.

앞에서 보았듯, 유의어들은 경쟁 체제에 들어가 유의 충돌하게 되면 충돌의 결과적 양상이 분명히 드러나게 된다. 그것은 극단적인 양상일 수도 있고, 소극적인 양상일 수도 있다. 이러한 충돌의 결과적 양상에는 그 양상을 결정짓는, 말하자면 경쟁의 우열을 좌우하는 여러 요인들이 작용한다. 이러한 요인들을 묶어서 '유의 경쟁의 지배 요인'이라 부른다.

이들 요인에는 단어 형태의 안정성, 의미의 안정성, 동음 충돌 여부, 관련 단어의 영향, 언어 경제성 등이 있다.

① 형태 안정성

안정적인 단어 형태를 유지하는 단어가 그렇지 못한 단어와의 유의 경쟁에서 유리하다. 대체로 형태 안정성은 특정의 조어 유형이 일반성을 띨 때 실현된다. 일반적으로 동사의 경우는 '-ᄒ다>-하다' 접미형이 일반성을 띠는 추세에 힘입어 '-ᄒ다>-하다' 접미형 동사들이 형태상의 안정성을 획득하고, 형용사의 경우는 '-빗/브-, -압/업-, -롭-' 등과 같은 형용사화 접미사를 포함하는 형태가 일반성을 띠는 추세에 힘입어 형태 안정성을 획득한다. 다음에서 '/' 뒤에 오는 단어들이 그런 예이다.

(5) ㄱ. 더느다/나기ᄒ다(>내기하다), ᄆᆞᆷᆺ다/ᄆᆡ무시ᄒ다(>매무시하다),
　　　좋다/ᄌᆞᆺᄌᆞᆺᄒ다(>깨끗하다)

　ㄴ. 썹다/어렵다, 어위다/너그럽다, 점즉ᄒ다/붓그럽다(>부끄럽다),
　　　파려ᄒ다/고ᄃᆞᆯ프다(>고달프다)

② 의미 안정성

유의 경쟁의 우열은 유연성 획득에서 유리한가, 원의나 기본 의미에 충실한가, 지시 의미가 구체적인가 등과 같은 의미 안정성의 문제에 의해서도 크게 좌우된다. 대체로 유연성 획득의 면에서 유리한 유의어, 원의 내지 기본 의미에 충실한 유의어, 지시 의미가 구체적인 유의어가 의미 안정성을 확보하여 그렇지 못한 유의어와의 경쟁에서 유리하다. 예를 들어, 중세국어 'ᄀᆞ늘다(>가늘다)'가 '횩다'와의 유의 경쟁에서 유리할 수 있었던 것은, '횩다'가 지니는 "細"의 의미는 "小"의 의미에서 파생된 부차적 의미인데 반해 'ᄀᆞ늘다'가 지니는 "細"의 의미는 원의에 해당하여 의미 안정성을 확보하였기 때문이다.

③ 동음 충돌 여부

동음 충돌은 유의 경쟁력을 약화시키는 결정적 요인이다. 유의 경쟁 관계에 있는 단어 중의 하나가 다른 단어와 동음 충돌하고 있다면, 그것이 유의 경쟁에 불리하게 작용하여 경쟁력을 떨어뜨린다. 예를 들어, "欺"의 의미를 지니는 '두르다'와 '속이다'와의 경쟁에서 '두르다'가 불리한 것은, "圍", "幹"의 의미를 지니는 또 다른 '두르다'와 동음 충돌 관계에 있기 때문이다.

④ 관련 단어의 영향

파생어 또는 합성어인 유의어는 단어 구성상 이들과 관련된 단어가 의미 변화하거나 세력이 약화되면 그것에 영향을 받아 다른 유의어와의 경쟁에서 불리한 처지에 놓인다. 곧 유의 경쟁이 인접 관련어의 영향으로부터 자유로울 수 없는 것이다. '여윈밥'과 '마른밥'의 유의 경쟁에서 전자가 소실된 것은 "乾", "瘦"에서 "瘦"로 의미가 축소된 구성 요소 '여위다'의 영향을 받았기 때문이다.

⑤ 언어 경제성

유의 관계에 놓인 단어 가운데 발음하기 쉬운 단어가 유의 경쟁에서 유리하다. 발음하기 쉽고 편하려면 음절의 길이가 짧고 음감이 좋으며 어조가 골라야 한다.

이외에도 유의 경쟁을 좌우하는 요인에는 '의미 적용 범위의 넓고 좁음', '활용상의 제약' 등의 요인이 더 있으나 예가 많지 않아 일반화하여 언급하기가 어렵다.

1.3. 반의 관계

반의 관계(反義關係)는 일련의 의미들이 상보적 대립 관점에서 의미 관련성을 보여줄 때 논의할 수 있다. 이는 의미 대립에 의한 의미 관련성의 문제이므로 이들 의미 사이에는 이질성과 더불어 동질성이 확보되어야 한다.

이질성은 상호간 차이를 유발하는 유표적 대조점으로, 동질성은 하나의 의미 영역을 가능하게 하는 공통된 의미 성분으로 드러난다. 따라서 반의 관계는 공통된 의미 성분을 공유함으로써 하나의 의미 영역을 형성하고 하나의 유표적 의미 성분에서만 반대 가치를 지니는 의미 관계로 설명된다. 그리고 이러한 의미 관계에 놓이는 단어들을 '반의어(antonym)'라 한다.

예를 들어, '남자'와 '여자'는 [인간]이라는 공통적 성분으로 하나의 의미 영역을 형성하고, [남성]과 [여성]이라는 [성]의 측면에서 반대 가치를 지니므로 반의 관계를 보인다. '아버지'와 '딸'은 [인간]이라는 공통적 성분을 지녀 하나의 의미 영역을 형성하지만, [성]과 [세대] 양면에서 다른 가치를 보이므로 반의 관계를 이루지 못한다.

반의 관계는 대립되는 의미들 사이의 관계 속성에 따라 등급적 반의 관계, 상보적 반의 관계, 상관적 반의 관계로 나뉠 수 있다.

등급적 반의 관계는, 관련 의미들이 척도, 평가, 정감 등의 기준에서 정반대의 가치로 등급화되는 반의 관계를 말한다. 곧 길이, 속도, 무게의 척도에서, 긍정·부정의 이율적 가치 평가에서, 화자 자신의 정감적 가치 판단에서 극과 극의 대립을 이루는 의미 쌍의 의미 관계이다. 예를 들어, '길다/짧다'는 '길이'라는 가변적 속성에서 극성 대립을 이루고, '좋다/나쁘다'는 긍정과 부정이라는 가치 평가에서 극성 대립을 이루며, '기쁘다/슬프다'는 주관적·개인적으로 느끼는 화자의 정감적 반응의 결과에서 극성 대립을 이룬다.

등급적 반의 관계는 극과 극이라는 두 축이 대립하지만, 양극 어디에도 속하지 않는 중립 지역이 존재한다. 이러한 중립 지역의 존재는 양극의 의미가 미치지 못하는 일정 영역이 있기 때문에 가능하다. 반의 관계의 개개 항의 의미가 특정 의미 영역을 엄격히 양분하지 않음을 알 수 있다. 가령 '길다/짧다'의 경우, 양극의 항목이 대립하는 '길이' 범주에는 이들이 망라하지 못하는 "길지만 극도로 길지 않은", "짧지만 극도로 짧지도 않은", "길지도 짧지도 않은" 등의 일정한 중립 지역이 있을 수 있다.

이처럼 등급적 반의 관계는 양극 사이에 중립 지역이 존재하기 때문에 다음과 같은 통사, 의미적 특성을 보인다.

① 등급적 반의 관계의 어휘 항목은 동시 부정이 가능하다.

　　예) X는 길지도 않고 짧지도 않다.

② 한 항목을 포함한 진술은 다른 항목을 포함한 부정 진술을 함의하나 그 역은 성립하지 않는다. 아래의 예에서 "X는 길다"는 "X는 짧지 않다"를 함의하지 만, "X는 짧지 않다"는 "X는 길다"를 함의하지 않는다. 짧지도 않지만 길지 도 않을 수 있기 때문이다.

　　예) X는 길다　　⟵——————⟶　　X는 짧지 않다
　　　　Y는 짧다　　⟵——————⟶　　Y는 길지 않다

③ 등급적 반의 관계의 양 항목은 그 등급 정도가 극성을 띠지만 이들 사이에 중립적 개방 지역이 존재하므로, 이와 관련하여 정도 부사의 수식을 받을 수 있고 또 비교 표현도 가능하다.

　　예) X는 {조금, 꽤, 대단히, 매우} 길다/짧다.

　　　　X는 Y보다 {더, 덜} 길다/짧다.

상보적 반의 관계는, 반의 관계를 이루는 의미 쌍이 참여하는 의미 영역이 배타적인 두 구역으로 나뉘는 반의 관계를 말한다. 특정 영역을 철저히 양분하므로 두 구역 중의 하나에 속하지 않는 의미는 반드시 나머지 다른 구역에 속해야 한다. 말하자면 상보적 반의 관계의 의미 영역에는 대립적 의미가 중화될 수 있는 중립 지역이 존재하지 않는다는 것이다. '남성/여성', '총각/처녀', '신사/숙녀', '참/거짓', '있다/없다' 등이 상보적 반의 관계의 예이다.

상보적 반의 관계는 중립 지역과 같은 여유 공간을 남기지 않고 그 영역을 철저히 양분하여 일 대 일로 존재하므로 이들 어휘 항목 사이에는 다음과 같은 통사, 의미적 특징이 보인다.

① 상보적 반의 관계의 어휘 항목은 동시 긍정이나 부정이 가능하지 않다.

　　예) X는 살기도 하고 죽기도 한다. (?)

　　　　X는 살지도 죽지도 않았다. (?)

② 한 항목을 포함한 진술은 다른 항목을 포함한 부정 진술을 함의하며 그 역도 성립한다. 곧, 단언(斷言)과 부정에 대한 상호 함의 관계가 성립한다.

　　예)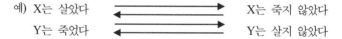

　　　X는 살았다　　　　　　　　　　　　　X는 죽지 않았다

　　　Y는 죽었다　　　　　　　　　　　　　Y는 살지 않았다

③ 두 항목이 영역을 철저히 양분함으로써 중립 지역이 존재하지 않으므로 두 항목과 관련된 정도 표현이 불가능하고(곧, 정도부사의 수식을 받을 수 없고) 또 비교 표현도 거의 불가능하다.

　　예) X는 {매우, 조금, 대단히} 살았다/죽었다. (?)

　　　　X는 Y보다 {더, 덜} 살았다/죽었다. (?)

상관적 반의 관계는, 반의 관계를 이루는 의미들이 역행적 과정을 필수적으로 수반하면서 상호 의존적으로 대립되는 관계이다. 의미의 의존성은 존재 자체의 상호 의존도가 높기 때문에 부수되는 현상이다. 결국, 의미 영역을 두 쪽으로 명쾌하게 단절하되 그 영역을 이루는 대상들이 관습이나 관념상 의존적인 것으로 드러날 때 상관적 반의 관계가 성립된다고 볼 수 있다. '스승/제자', '왼쪽/오른쪽', '부모/

자식', '능동/피동', '사다/팔다', '주다/받다' 등이 여기에 속한다. '스승/제자'의 경우 [배움터에 모인 사람]이라는 의미 영역에서 "가르치는 사람"과 "가르침을 받는 사람"으로 서로 양분되어 대립하나 가르치려면 가르침을 받는 사람이 있어야 하고, 가르침을 받으려면 가르치는 사람이 있어야 하므로 두 대상 내지 의미는 상호 의존적이다.

상관적 반의 관계는 상호 의존 관계를 그 절대적 기준으로 하기 때문에 통사, 의미상 다음과 같은 특징을 보인다.

① 한 항목을 포함한 진술은 다른 항목을 포함한 진술과 상관 관계를 이룰 수 있다.

> 예) 김 선생은 나의 스승이다. = 나는 김 선생의 제자이다.
>
> 나는 그에게서 물건을 샀다. = 그는 나에게 물건을 팔았다.

② 한 항목을 포함한 부정 진술은 다른 항목을 포함한 부정 진술과 모순되지 않는다.

> 예) 김 선생은 나의 스승이 아니다. = 나는 김 선생의 제자가 아니다.
>
> 나는 그에게서 물건을 사지 않았다. = 그는 나에게 물건을 팔지 않았다.

③ 상호 의존적이기는 하지만 그 영역을 철저히 양분하므로 정도 표시 표현이나 비교, 대조 표현이 자연스럽지 못하다.

> 예) 김 선생은 나의 매우 스승이 아니다. (?)
>
> 김 선생은 나의 더 스승이 아니다. (?)
>
> 나는 그에게 물건을 더 팔았다. (ㅇ)
>
> 그는 나에게 물건을 더 샀다. (ㅇ)

1.4. 공의 관계

공의 관계(共義關係)는 일련의 의미들이 상호 근접성이라는 관점에서 관련성을 맺고 있을 때 논의할 수 있다. 곧 공의 관계는 의미가 아주 유사하여 연접되어 있는 관계를 말한다.

연접 유형의 의미들은 그 공통된 의미 성분으로써 분명한 의미 영역을 형성하고, 그러면서도 뚜렷한 대조점에 의해 상호 엄격히 구별되는 특성을 보인다. 이러한 특성으로 인해 연접 유형의 의미들은 성분 분석법의 적용을 받아 쉽게 그 의미를 드러낼 수 있다. 예컨대, '아버지, 어머니, 아저씨, 아주머니, 아들, 딸' 등은 [친족]이라는 점에서 하나의 의미 영역으로 묶인다. 그러면서 [성], [세대], [계통]이라는 시차적 성분에 의해 그 의미 차이가 드러난다. 따라서 이들이 지니는 의미는 확정된 의미 영역을 보이면서도 뚜렷한 의미 성분으로 변별되는 전형적인 연접 유형의 의미라 할 수 있다. 그 의미를 성분으로 표시하면 다음과 같다.

> 아버지 : [남성], [+1세대], [직계]
> 어머니 : [여성], [+1세대], [직계]
> 아저씨 : [남성], [+1세대], [방계]
> 아주머니 : [여성], [+1세대], [방계]
> 아들 : [남성], [-1세대], [직계]
> 딸 : [여성], [-1세대], [직계]

1.5. 다의 관계

다의 관계(多義關係)는 한 단어가 지니는 여러 의미들이 유연적(有緣的) 관계로 파악될 때 논의할 수 있다. 따라서 다의 관계는 '한 단어가 지니는 상이한 의미들'과 '그 의미들 사이의 관련성'을 전제 조건으로 한다. 다의 관계가 있는 단어를 '다의어'라 한다.

'손'을 예로 들어 보기로 한다.

> (6) ㄱ. 손이 아프다 : 手
> ㄴ. 손에 넣다 : 소유
> ㄷ. 손을 내밀다 : 원조
> ㄹ. 손을 쓰다 : 주선
> ㅁ. 손을 놓치다 : 기회

ㅂ. 손이 적다 : 사람
ㅅ. 손이 맑다 : 마음
ㅇ. 손이 크다 : 아량

(6)에서 볼 수 있듯이 '손'은 "手"의 의미를 비롯하여, 문맥에 따라 "소유", "원조", "주선", "기회", "사람", "마음", "아량" 등의 다수의 의미를 아울러 갖는다. '손'이 지니는 의미는 문맥 환경이 다양해지면 그에 따라 더 늘어날 수 있다. 그 중심 의미는 "手"이며 여타의 다른 의미들은 이에서 전이되어 나간 파생 의미이다. 중심 의미와 여타의 다른 파생 의미들은 물론이고 그 확대 전이된 파생 의미들 사이에도 모종의 의미 관련성이 확인된다. 그리하여 '손'이 지니는 여러 의미는 '다의 관계'로, 그리고 '손' 자체는 '다의어'로 파악된다.

어떤 단어가 특정 문맥에 선택되어 사용되면 그에 따른 다양한 문맥적 의미가 생겨난다. 문맥적 의미는 단순히 중심 의미의 변종으로서의 성격을 띠기도 하지만, 중심 의미에서 멀어져 독자성을 띠기도 한다. 전자와 같이 문맥적 의미들이 중심 의미의 변종으로 인식되어 중심 의미로 통합될 수 있는 경우를 '적용상의 전이' 단계라 하고, 후자와 같이 문맥적 의미들이 독자성을 확보하여 파생을 완결하는 경우를 '다의' 단계라고 한다. 예를 들어, "기가 죽다.", "칼날이 죽다.", "색깔이 죽다."라는 문장에 쓰인 '죽다'의 의미는 단순히 중심 의미가 문맥에 따라 달리 실현된 주변적 의미에 불과하여 '적용상의 전이' 단계에 있는 것으로 이해된다. 이렇듯, '적용상의 전이'와 '다의'는 의미 분화의 단계 내지 정도에서 차이가 난다. 의미 확대 과정에서 '적용상의 전이'가 '다의'의 앞 단계라면, '다의'는 '적용상의 전이'의 다음 단계이다. 따라서 '적용상의 전이' 단계가 극대화되면 '다의' 단계로 발전할 수 있다.

하나의 단어에 결부된 여러 의미들이 의미상 관련이 있으면 이는 '다의 관계'로 설명된다. 반면 여러 의미들 사이에 아무런 관련성이 없으면 '동음이의 관계'로 설명된다. 곧 '다의'와 '동음이의'는 '의미 관련성'에 의해 변별된다.

예를 들어, '배'라는 하나의 명칭에는 "腹", "船", "梨", "倍" 등의 다양한 의미가 결부되어 있다. 그런데 공시적으로 보았을 때 이들 의미 사이에는 아무런 관련성이 확인되지 않는다. 그래서 이들은 '동음이의 관계'로 설명된다. 물론 어원적으로 살펴보면 '배'에 결부된 "腹"과 "船"은 아주 가까운 의미이다. 예전의 '배(船)'는 통나무의 '배(腹)'에 해당하는 부분을 파서 만들었기 때문이다. 곧 한때 '배'는 "腹"이라는 의미 외에 "船"이라는 의미를 갖던 다의어였다. 그러다가 "腹"과 "船"의 의미 관계가 희박해지면서 다의 관계가 깨지게 된 것이다.

이렇게 보면, 본래부터 동음이의 관계로 존재하는 경우도 있지만, 다의 관계에서 유연성이 상실되어 동음 관계로 떨어지는 경우도 있음을 알 수 있다. 이것은 동음 관계에 있는 단어들이 유연성을 회복하면 다의 관계로 부활할 수도 있음을 암시한다. 적용상의 전이가 정도를 확대하면 다의 관계로 발전하고, 다의 관계에서 유연성이 상실되면 동음이의 관계로 떨어지며, 동음이의 관계에서 유연성이 회복되면 다시 다의 관계로 복귀하는 긴 과정을 그려볼 수 있다.

다의 관계와 동음이의 관계는 '의미 관련성'이라는 기준뿐만 아니라 '단어의 역사성'이라는 기준에 의해서도 변별된다. 의미의 관련성이라는 기준으로 명쾌하게 그 관계가 드러나지 않는 경우 단어의 역사성이라는 기준을 활용할 수 있다. 예를 들어, '다리'에서 "脚"과 "橋"라는 의미가 확인되는데, 이 두 의미 사이의 관계가 다의 관계인지 동음이의 관계인지를 의미 관련성으로 판단하기 어렵다. 이때 15세기에서 "脚"의 '다리'는 '다리'였고, "橋"의 '다리'는 'ᄃᆞ리'여서 명백히 다른 단어였다는 역사적 사실을 근거로 현대국어 '다리'를 다의 관계보다는 동음이의 관계로 파악할 수 있는 것이다.

단어의 역사성이라는 기준은 의미의 관련성이라는 기준을 보강하는 측면에서는 상당히 유효하다. 그러나 이 기준 자체가 다의와 동음이의 관계를 가르는 결정적인 것이 될 수는 없다. 다의와 동음이의를 구분하는 작업은 역사적 사실을 배제하는 것을 원칙으로 하는 공시적 연구의 소관이며, 두 현상은 의미 관련성이라는 기준의 적용을 우선적으로 받는 것이 일반적이기 때문이다.

물론 의미 관련성이라는 기준도 약점이 있기는 마찬가지이다. 그 관련성의 한계를 획정하는 일은 결국 주관적인 판단이 되기 때문이다. 이러한 두 기준의 약점으로 인해 한쪽만을 강조하여 두 현상을 하나의 현상으로 이해하려는 견해까지 나오게 되었다. '다의어적 접근'과 '동음이의적 접근'이 바로 그것인데, 전자는 동음어

의 자격을 아주 제한하는 대신 다의어의 자격과 범위를 보다 넓히는 것이며, 후자
는 다의어의 개념을 극히 제한하는 대신 동음어의 범위를 넓히는 것이다.

새로운 사물이나 개념은 새롭게 만든 단어를 통해 표현하기도 하지만, 기존의
단어를 통해 표현하기도 한다. 곧 기존의 단어에 새로운 의미를 덧붙여 새로운
사물이나 개념을 표현할 수 있는 것이다. 이로써 다의가 자연스럽게 발생하는데,
이는 언어 경제를 이루려는 자연 언어의 근본적인 특성이다. 물론 다의는 적용상의
전이, 동음어의 재해석, 의미의 특수화와 일반화, 외국어의 영향, 비유 표현 등을
통해 발생하기도 한다.

다양한 문맥적 의미가 중심 의미의 범위를 벗어나지 않고 그 안에 존재하는 단계
를 '적용상의 전이'라 하고, 그것이 중심 의미의 범위를 벗어나 독자성을 얻는 단계
를 '다의'라고 앞에서 지적한 바 있다. '적용상의 전이'와 '다의'는 의미 분화상의
선후 단계이므로, '적용상의 전이' 단계가 확대되면 '다의' 단계로 이행한다.

　(7) ㄱ. 물을 먹다, 담배를 먹다
　　　ㄴ. 욕을 먹다, 마음을 먹다, 뇌물을 먹다, 녹을 먹다

(7ㄱ)에 쓰인 '먹다'는 중심 의미 "食"으로 환원될 수 있는 적용상의 전이 단계의
의미이다. 반면 (7ㄴ)에 쓰인 '먹다'는 "당하다", "굳히다", "받다" 등의 의미를 띠
어 중심 의미와는 어느 정도 거리가 발생한다. 곧 이들은 다의 단계의 의미가 된다.

동일한 형태의 단어가 지니는 의미들이 본래 무관한 것이라 하더라도 잘못 해석
되어 관련이 있는 것으로 파악되면 그 의미들은 다의 관계로 발전해 간다. 곧 동음
어를 재해석함에 따라 다의가 발생하는 것이다. 이러한 과정에는 동일한 형태의
단어가 지니는 의미들이 본래부터 근접하여 유사하거나 의미 변화로 우연히 근접
하여 유사할 것 등의 전제 조건이 요구된다. 그 조건이 충족되면 동일한 형태의
단어가 지니는 의미들을 서로 유관한 것으로 바라보는 민간어원적 해석이 뒤따른
다. 곧 그 의미들을 다의 관계로 파악하는 것이다. 예를 들어, 중세국어 '녀름(夏)'
과 '여름(實)'은 전혀 어원이 다른 별개의 단어인데, '녀름'에서 어두의 'ㄴ'이 탈락
하여 '여름'이 되면서 동음 관계에 놓이게 된다. 그런데 여름에는 열매가 많이 생산

된다는 기존 관념이 "夏"와 "實"의 거리감을 좁혀 "實"이라는 의미가 "夏"라는 의미에서 파생되어 나왔다는 민간어원적인 해석으로까지 발전한다. 그 결과 동음이의 관계에 있던 두 의미가 다의 관계로 오해되기도 한다.

일반 사회에서 폭넓게 사용되던 단어가 특수 사회에 한정되어 사용되거나 그 반대로 특수사회에서 제한적으로 사용되던 단어가 일반 사회에서 제한 없이 사용되면, 이들 단어에 본래 의미 이외의 또 다른 의미가 부여된다. 전자의 경우를 의미의 특수화, 후자의 경우를 의미의 일반화라 말하는데, 이들 특수화된 의미나 일반화된 의미가 본래의 의미와 함께 공존한다면 이들 사이에는 다의 관계가 성립한다. 예를 들어, '아버지'라는 말은 본래 "父"의 뜻이지만, "발명의 아버지", "물리학의 아버지" 등에서는 "창시자" 내지 "권위자"의 의미를, "하느님 아버지"에서는 "天主"의 의미를 띤다. "창시자" 내지 "권위자"는 추상화된 비유적 의미이고, "天主"는 일반 사회에서 기독교라는 특정 종교 사회로 적용 범위가 축소됨으로써 파생된 특수 의미이다. 결국, '아버지'는 그 본래의 의미와 더불어 비유적 의미와 특수화된 의미를 함께 지니는 다의어라 할 수 있다.

기존의 단어가 외국어의 의미를 차용하게 되면 본래의 의미와 새로 들어온 의미는 다의 관계를 이루게 된다. 예를 들어, '애매하다(曖昧-)'는 "억울하다"는 의미의 전통적 한자어였는데, 일본식 한자어 '曖昧'에 영향을 받아 여기에 "모호하다"는 의미가 첨가되었으며 지금은 오히려 그와 같은 의미로 더 많이 쓰인다. 이로써 '애매하다'가 "억울하다"와 "모호하다"는 두 가지 의미를 지니는 다의어가 된 것이다.

한 단어는 본래 의미 이외에 사물의 유사성 내지 인접성에 바탕하여 파생된 하나 이상의 비유적 의미를 가질 수 있다. 이때 본래의 의미와 이에서 파생된 비유적 의미가 공존한다면 이들은 다의 관계를 형성한다. 사물의 유사성(곧 의미간의 상사)에 바탕을 둔 비유를 '은유', 사물의 인접성(곧, 의미간의 근접)에 바탕을 둔 비유를 '환유'라고 한다. 예를 들어, '이바디>이바지'는 "宴會"라는 의미에서 은유에 의해 "貢獻"이라는 추상적 의미로 변하면서 다의 관계를 이루고, '아침'은 "아침 시간"이라는 의미에서 환유에 의해 "아침 식사"라는 구체적 의미로 변하면서 다의 관계를 이룬다.

1.6. 동음이의 관계

하나의 단어가 두 개 이상의 의미들과 결합할 때 이들 의미 사이에 아무런 의미 관련성이 확인되지 않으면 동음이의 관계(同音異義關係)로 이해된다. 동음이의 관계는 그 명칭들이 갖는 동질성에 초점을 두기에 줄여서 '동음 관계(homonymy)'라 부르기도 한다. 동음 관계에 있는 단어를 '동음어(homonym)'라 한다. 결국 '동음이의 관계'는 우연히 동일한 발음을 공유하되, 아무런 의미상의 관련성을 보이지 않는 단어들 사이의 관계로 정의된다.

동음어는 분류 기준에 따라 '완전 동음어'와 '유사 동음어', '동철자 동음어'와 '이철자 동음어', '본원적 동음어'와 '현상적 동음어' 등 여러 가지로 나눌 수 있다. 완전 동음어는 장단, 고저 등 운소적(韻素的) 자질까지 일치하는 동음어를 가리키며, 유사 동음어는 운소적 자질이 달라 엄밀하게는 음이 다른 동음어를 가리킨다. 국어에서 장음으로 발음이 되는, 하늘에서 내리는 '눈(雪)'과 단음으로 발음이 되는, 신체의 일부인 '눈(眼)'처럼 장단의 발음이 다른 것들이 유사 동음어이다. 동음어인지 여부는 원칙적으로 발음을 기준으로 한다. 그런데 때로 발음은 같지만 철자는 다른 예들이 있다. 동철자 동음어는 철자까지 일치하는 동음어를 가리키고, 이철자 동음어는 발음은 동일하나 철자는 다른 동음어를 가리킨다. 예를 들어, '좋다(好)'와 '조타(操舵)'라든지, '반듯이'와 '반드시'는 철자는 다르지만 발음이 같으므로 이철자 동음어가 된다. 본원적 동음어는 독립된 단위로서 동음 관계를 이루는 동음어이고, 현상적 동음어는 문맥이나 발음 조건에 의해 동음 관계를 이루는 동음어이다. 예를 들어, '주는(縮)'과 '주는(與)', '같이'와 '갗이'는 현상적 동음어이다. 좁은 의미에서는 완전 동음어와 동철자 동음어를 묶어 동음어로 간주하고, 넓은 의미에서는 이들에 이철자 동음어와 현상적 동음어를 합하여 동음어로 간주한다.

동음어는 언어 기호의 자의성으로 말미암아 자연스럽게 생겨나기도 하지만, 다의어의 의미 분화, 음운 변화의 결과, 외래어의 증가 등과 같은 언어의 이차적 특성이 원인이 되어 발생하기도 한다.

특정 단어의 의미가 분화되는 과정에서 그 분화가 극대화하면 중심 의미와 파생 의미 또는 파생 의미들 사이에 거리감이 생기고 급기야 의미 관련성이 단절되기도 한다. 그렇게 되면 다의 관계가 동음이의 관계로 발전한다. 유연성 상실에 의해 다의 관계가 동음이의 관계로 바뀌는 것이다. '해(太陽)'와 '해(年)'의 경우, '해 (年)'가 "태양의 일주기가 되는 동안"을 뜻하므로 이 둘은 분명 다의 관계로 파악된 다. 그런데 '해(年)'를 '해(太陽)'와 결부시켜 생각하는 시간관념이 퇴조함으로써 둘 사이의 의미는 사실상 관계가 없는 것으로 인식된다. '해(太陽)'와 '해(年)'의 관계와 같이, 천체와 그와 관련된 기간을 지시하는 '달(月)'과 '달(朔)'의 관계도 다의 단계를 넘어 동음어화한 느낌이다.

역사적으로는 형태상 구별되던 단어 중 어떤 단어가 특정 시기 이후 음운 변화에 의해 형태가 달라지면서 동음 관계를 이루기도 한다. 곧 'ᆞ'의 소실, 어두자음군의 변화, 음운 탈락, 음운 축약, 구개음화 등에 의해 형태가 변개함으로써 동음 관계가 형성된다. 예를 들어, '술(肉)'은 'ᆞ>ㅏ'에 따라 '살'로 바뀌어 '살(矢)'과 동음 관계가 되었다. 공시적인 측면인 음운변이에 의해서도 동음 관계가 형성되기도 한 다. 곧 자음동화나 말음법칙, 연음법칙 등에 의해 발음이 같아져 동음 관계를 이룬 다. 예를 들어, '국민'은 [궁민]으로 발음이 남으로써 '궁민(窮民)'과 동음 관계가 된다.

발음이 동일한 외래어(또는 한자어)가 국어에 수용되어 이미 있던 단어와 새롭 게 동음 관계를 형성하기도 한다. 특히 국어 속의 한자어의 증가는 국어의 어휘 수를 풍부하게 하였을 뿐만 아니라 고유어와 한자어, 한자어와 한자어 사이의 동음 어를 양산하는 계기가 되기도 하였다. '사랑'과 '사랑(舍廊)', '방화(放火)'와 '방화 (防火)' 등이 그와 같은 예이다.

어떤 언어든 뜻은 다르지만 발음이 동일한 수많은 동음어를 갖고 있다. 동음어가 만들어지는 것은 언어 기호의 자의성으로 말미암는 자연스러운 현상이지만, 뜻이 다른 동음어의 존재는 언어생활에 혼동을 주기도 한다. 이러한 혼동은 '문맥'이라 는 장치를 통해 해소되기는 하지만 모든 동음어가 문맥의 도움을 받아 의미의 혼란 을 피해 가는 것은 아니다. 어떤 동음어들은 심하게 대립하여 의미 식별을 어렵게 하는 상황으로까지 발전한다. 이렇듯 의미의 혼란을 야기하는 동음어들의 형태상 대립을 '동음 충돌(homonymic clash)'이라 한다. 동음 충돌은 주로 동음어가 지니 는 의미들이 상호 근접함으로써 의미의 혼란을 야기하는 상황에서 발생한다. 이렇듯 동음 충돌이 의미의 혼란을 전제로 해서 일어나는 병리 현상이기에, 그 충돌을 치유하기 위한 적극적인 방책이 동원된다. 이를 동음 충돌 회피 방법이라 한다.

전형적인 동음 충돌 회피 방법은 형태소 첨가이다. 접사나 단어를 기존 동음어에 첨가함으로써 동음 관계 자체를 해소하는 방식이다. 예를 들어, 중세국어에서 '죽(粥)'과 '죽(주걱)'이 동음으로 충돌하자 후자의 '죽'에 접미사 '-억'을 결합하여 행태를 달리함으로써 동음 충돌을 피하였다. 곧 '쥬걱>주걱'이라는 파생어가 새롭게 만들어진 것을 동음 충돌 회피의 방편으로 이해하는 것이다. '바람벽'이라는 동의 중복 형태가 만들어진 것도 'ᄇᆞᄅᆞᆷ(風)'과 'ᄇᆞᄅᆞᆷ(壁)'의 동음 충돌을 회피하기 위한 방편으로 설명하기도 한다.

2. 의미 변화

우리가 사용하고 있는 말은 끊임없이 변화한다. 그 변화는 형식과 내용 모두에서 일어난다. 한 단어가 오랫동안 사용되면서 형식인 형태가 변하기도 하고, 내용인 의미가 변하기도 한다. 형태의 변화는 그것이 표기에 반영되어 그 변화를 상대적으로 쉽게 확인할 수 있지만, 의미의 변화는 눈으로 확인하기 어려워 그 변화를 명확하게 파악하기가 쉽지 않다. 더군다나 의미 변화는 오랜 시간을 두고 완만하게 진행되는 속성이 있어 특별한 관심을 두지 않으면 그 사실을 인지하기가 쉽지 않다.

이렇듯 의미 변화는 쉽게 포착되지는 않지만, 수많은 단어들이 그 변화를 겪어왔고 지금도 겪고 있다. 다만 우리가 그 변화를 감지하지 못하고 있을 뿐이다. 최근 들어서는 언어 환경의 급격한 변화로 의미 변화가 빠르게 진행되는 경향을 보인다.

의미 변화는 의미의 연구에서 비교적 일찍 주목을 받던 주제여서, 그만큼 성과도 컸다. 여기에서는 의미 변화의 요인, 원인, 결과 등에 대해 살펴보기로 한다.

2.1. 의미 변화의 요인

의미 변화는 그 변화를 촉발하고 유도하는 요인에 의해 시작된다. 이들 요인에 이끌려 의미가 본 모습에서 벗어나 새로운 모습을 띤다. 그런데 의미 변화가 빈번하게 일어나고 그 양상 또한 복잡하기 때문에 거기에 작용하는 요인을 쉽게 규정하여 말하기는 어렵다.

다만 의미 변화를 촉진하는 중요한 요인 몇 가지를 제시할 수 있을 뿐이다. 자주 언급되는 요인은 여섯 가지 정도이나 수많은 변화 양상을 두루 고려하면 그 수는 얼마든지 늘어날 수 있다. 그 여섯 가지는 언어 전수 방법의 비지속성, 의미의 애매성, 유연성의 상실, 다의 현상, 중의적 문맥, 어휘 구조의 복잡성이다.

① 언어 전수 방법의 비지속성

언어는 한 세대에서 다음 세대로 전수되어 계승된다. 그 전수 과정에 아무런 장애가 없이 자연스럽게 전수되기도 하지만, 전수 과정에 장애가 발생하여 단절적으로 전수되기도 한다. 이와 같이 한 언어가 다음 세대에 단절적으로 전수되는 것을 비지속적 방법에 의한 언어 전수라고 한다. 언어가 비지속적으로 전수되면 의미상의 오해가 발생한다. 의미상의 오해는 대체로 시간이 흐르면서 바로 잡히지만 때로 교정되지 않고 확산되기도 하는데, 그렇게 되면 오해된 의미가 새로운 언어 사용 세대에 정착되어 영속화하기도 한다. 곧 잘못 전해진 의미가 다음 세대에 그대로 굳어지면서 해당 단어에 의미 변화가 야기되는 것이다.

'적당히(適當-)'라는 말을 예로 들어보기로 하자. 이 말은 본래 한자 뜻 그대로 "딱 들어맞게", "알맞게"의 뜻을 지닌다. 그런데 '적당주의'가 판을 치는 시대에서 이 말을 일부 사람들이 "대충"이라는 의미로 쓰기 시작하였다. 이 의미가 젊은 세대에 그대로 전해져 본래의 의미인 것처럼 굳어졌다. 곧 '적당히'에 의미 변화가 일어난 것이다. '희한하다(稀罕-)'가 "매우 드물다"에서 "신기하다", "이상하다"는 의미로 변한 것, '세수(洗手)'가 "손을 씻음"에서 "낯을 씻음"이라는 의미로 변한 것도 언어 전수가 비지속적으로 진행되어 발생한 의미 변화로 설명할 수 있다.

② 의미의 애매성

비가시적이고 심리적인 실체인 의미는 본질적으로 애매한 속성을 지닐 수밖에 없다. 그 애매성은 의미 변화의 원천이 된다. 애매성은 의미가 지니는 일반성, 다면성, 불분명한 지시 범위, 단어와 지시물과의 친연성 결여 등과 같은 내재적 특성에 의해 야기된다.

단어의 의미는 그것이 공통된 요소로 결속된 사물을 묶어서 표현하는 특성을 보이므로 자연히 일반성 내지 보편성을 띤다. 가령, '의자'라는 단어는 앉을 수 있는 모든 대상을 포괄해서 지시하므로 그 의미가 지나치게 일반적이다. 이러한 특성이 의미의 애매성을 유발하는 것이다. 그리고 단어의 의미는 그 단어가 지시해야 할 외계의 사물이 분명한 경계를 갖지 못하기 때문에 모호한 지시 범위를 보일 수 있다. '배', '등', '허리'의 지시 의미가 분명하지 않은 것은 그 지시 대상이 분명한 경계를 가지지 못하기 때문이며, 이는 의미가 모호하다는 것에 지나지 않는다.

③ 유연성의 상실

유연성은 형태 또는 의미상의 친연 관계를 말한다. 주로 의미상의 친연 관계를 고려할 때 유연성이라는 말을 쓰게 된다. 유연성이 확보되던 단어의 형태나 의미가 크게 변하거나 아니면 세대간 단절되어 단어 자체가 잘 쓰이지 않게 되면 유연성이 희박해지거나 상실될 수 있다. 유연성이 상실되면 그 유연성을 회복하고자 하는 차원에서 재해석을 시도하게 된다. 재해석된 새로운 의미가 세력을 얻어 굳어지면 본래의 의미는 어쩔 수 없이 변화를 입게 된다. 곧 유연성 상실에 따른 재해석이 촉매가 되어 의미 변화가 일어나는 것이다.

예를 들어 '양말(洋襪)'은 본래 "서양버선"이라는 의미인데, 지금 '양말'을 그와 같은 의미로 이해하지는 않는다. '양말'과 한자어 '洋襪'과의 관계를 인식하지 못한 채 "발에 신는, 실로 겯거나 뜬 장신구"라는 의미로 재해석하여 이해하고 있다. '손돌'이라는 지명이 "좁은 물목"이라는 의미에서 뱃사공 이름으로 둔갑한 것도 '손'과 '돌'에 대한 의미적 정보를 잃고 민간어원적으로 재해석했기 때문이다.

④ **다의 현상**

한 단어가 다양한 문맥에 적용되면 중심 의미와는 다른 다양한 파생 의미들이 생성될 수 있다. 이들 중심 의미와 파생 의미들 사이에 유연성이 확보되고 또 그 파생 의미들이 독자성을 띠면 다의 관계로 이해된다. 다의에서 파생 의미는 중심 의미로 보아서는 새로운 의미이며, 둘 사이의 의미 전이 과정은 의미 변화로 설명될 수 있다. 이로써 중심 의미로부터 파생 의미를 유도해 내는 다의 현상은 의미 생성의 근원적 방법이면서 또 한편으로 의미 변화의 한 요인임을 알 수 있다. 예를 들어, '머리'는 "頭"라는 중심 의미 이외에 여기서 파생된 "시초", "지능", "정신 작용", "머리털" 등의 다양한 의미를 갖게 된다. 이들 파생 의미는 중심 의미로 보아서는 변화된 의미가 된다.

⑤ **중의적 문맥**

문장의 중의성(重義性)은 대체로 그 문장에 사용된 특정 단어의 의미 해석과 관련하여 발생한다. 이 특정 단어는 이를 포함하고 있는 중의적 문장의 의미 교정에 의해 본래의 의미로 되돌아갈 수 있지만 그 중의적 문장의 의미가 안정성을 누리면 새로운 자격을 얻을 수도 있다. 더 나아가 그 새롭게 해석된 의미가 일반화되면 의미 변화로 이어진다. 곧 문장의 중의성은 그 문장에 사용된 단어의 의미를 변화시킬 수 있는 것이다.

⑥ **어휘 구조의 복잡성**

우리가 사용하는 수많은 단어는 개별적으로 존재하는 듯이 보이지만 실제로는 관계 속성에 따라 하나의 집합체의 성격으로 존재한다. 아울러 한 집합체에만 관여하는 것이 아니라 또 다른 집합체에도 관여하기도 하는 등 아주 복잡하게 얽혀 있다. 이러한 어휘 구조의 복잡성으로 개별 단어는 특정 집합체의 구성원으로서 상호 양보와 협조를 통해 공존의 길을 걷기도 하지만 대립과 경쟁으로 관련 단어에 손상을 입히기도 한다. 그 손상은 형태 변개, 단어 소실, 의미 변화 등으로 나타난다. 단어들 사이의 다양한 관계에서도 특히 유의 관계는 의미 변화를 일으키는 직접적인 요인이 된다.

2.2. 의미 변화의 원인

의미 변화를 겪는 단어들은 수없이 많다. 그 수만큼이나 의미 변화는 아주 다양하고 복잡한 양상을 띤다. 그렇기 때문에 그 의미 변화를 일으키는 원인 또한 다양하고 복잡할 것으로 예상된다. 그러나 의미 변화는 생각보다는 단순한 원인에 의해 발생하고 있다. 그리하여 그 원인을 체계적으로 기술하는 것이 아주 어려운 것이 아니다.

지금까지의 성과를 종합해 보면, 의미 변화는 대체로 역사적 원인, 언어적 원인, 사회적 원인, 심리적 원인 등에 의해 발생하는 것으로 정리된다.

① 역사적 원인

세계에 존재하는 대다수 문물이나 과학, 제도, 풍속 등은 시대에 따라 변한다. 아울러 특정 대상에 대한 개인의 인식 또한 끊임없이 변한다. 그럼에도 불구하고 이들 외부 세계를 표현하는 명칭은 그 변화에 적절히 대응하지 못하고 그 모습 그대로 남아 있게 된다. 그 결과 변화된 시각으로 그 명칭을 바라보게 되어 결국 의미가 새롭게 해석된다.

물론 이는 명칭 자체의 주체적 변화에 따른 것이 아니고, 명칭과 관련된 지시물의 변화에 따른 부수적 변화라는 점에서 본질적인 의미 변화와는 좀 거리가 있다. 그러나 명칭과 그 지시 의미의 연합 관계에 변화가 생긴 것이기 때문에 넓은 의미의 의미 변화로 볼 수 있다.

이때 지시물의 변화는 지시물 자체의 변화, 지시물에 대한 감정적 태도의 변화, 지시물에 대한 지식의 변화의 관점에서 바라볼 수 있다.

지시물 자체의 변화는, 그 변화가 결국 그것을 지시하는 명칭의 의미까지 변화시킨다는 것이다. 지시물 자체의 변화에는 외양적 변화와 더불어 본성적 변모까지 포함된다. '돈'은 중세국어 이래 같은 형태를 유지해 온 단어이다. 그런데 '돈'에 대한 의미는 예전과 지금이 똑같은 것은 아니다. '돈'이 주화에서 지폐로 바뀌면서 이에 대한 인식도 달라졌다. '차', '배' 등의 의미가 이전 시기와 다르게 인식되는 이유도 이들이 지시하는 지시물 자체가 변한 사실에서 찾을 수 있다. '기생'이라는 단어도 예전부터 써 오던 단어이다. 조선 시대의 '기생'은 문(文)과 예(藝)를 갖춘 예능인이었다. 반면 지금의 '기생'은 문과 예와는 거리가 멀다. 이렇듯 '기생'이라는 지시물의 본성이 변함으로써 '기생'을 더 이상 문과 예를 갖춘 인물로 이해하지 않고, 그저 "몸과 웃음을 파는 막된 여자"라는 부정적 의미로 이해하고 있다. '덕수궁', '북한산성', '광릉' 등과 같은 역사적 유적들이 그 본래의 기능이나 역사적 의의에 따라 해석되기보다는 각기 "전시관", "유원지", "산림욕장" 등과 같은 새로운 개념으로 이해되는 것도 그 지시물의 본성이 세월에 따라 변했기 때문이다.

지시물에 대한 감정적(주관적) 태도의 변화는, 지시물 자체는 변화가 없으나 이 지시물을 바라보고 해석하는 개인의 주관적 태도가 그 지시물을 대신하고 있는 명칭의 의미까지 변화시킨다는 것이다. 지시물을 보는 태도는 그것과 관련된 정보, 선전, 개인이 온축하고 있는 경험과 습관, 전통과 시대 상황 등에 따라 달라질 수 있다. 이와 같은 태도의 변화가 지시물에 대한 고정관념을 낳고, 그 고정관념이 명칭에까지 영향을 미치어 정서적 가치를 변화시킨다. 명칭의 정서적 가치가 변하면 결국 그 정감적 의미도 달라진다.

'일본(인), 미국(인)'이라는 단어가 시대나 개인에 따라 그 정감적 의미에 있어 차이를 보이는 것도 이들에 대한 평가 태도가 시대적 상황이나 개인의 경험, 감정 등에 따라 달라졌기 때문이다. 우리가 미국으로부터 절대적 도움을 받던 절박한 시절에는 '미국(인)'은 고마운 이웃으로 인식하였으나, 주체적 민족주의가 발현되고부터는 선량한 이웃으로만 생각하지 않는다. 곧 '미국(인)'에 대한 주관적 태도가 '미국(인)'을 긍정적인 쪽으로도 이끌고 부정적인 쪽으로도 이끌고 있는데, 이와 같은 인식이 정감적 의미로 굳어지면 의미 변화가 일어난다.

지시물에 대한 지식의 변화는, 지시물 자체는 그대로 있는데 과학과 인지의 발달로 그에 대한 지식이 달라짐으로써 지시물을 가리키는 단어의 의미가 변하는 것을 말한다. 과학 문명의 발달이 가져다 준 진보적 지식이 옛 지식을 대체하는 과정에서 그 지시물에 대한 규정이 새로워지고 그 결과 명칭에 대한 의미가 새롭게 이해되는 것이다. 예를 들어, 과학 문명이 발달하지 못한 시대에는 '달'을 범접할 수 없는 신비의 대상으로 여겼지만, 과학의 힘에 의해 '달'이 정복되어 그 실체가 드러난 뒤로는 '달'을 더 이상 신비의 대상으로 여기지 않는다. '달'에 대해 우리가 갖고 있는 지식이 달라지면서 그것에 결부되었던 신비적 의미는 사라진 것이다.

② 언어적 원인

의미는 순전히 언어 내적 원인에 의해 변하기도 한다. 단어의 형태 구조, 문장의 구조, 의미의 대립과 유연성 상실 등과 같은 언어의 내적 원인이 작용하여 의미 변화가 일어나는 것이다. 언어적 원인에 의한 의미 변화는 형태론적 관점, 통사론적 관점, 의미론적 관점에서 살펴볼 수 있다. 대화 행위의 경제성을 높이려는 목적에서 이루어지는 생략은 형태론적 관점, 인접한 문장 구성 요소 사이의 영향 관계로 파악되는 전염은 통사론적 관점, 그리고 인접한 의미들 사이의 대립 관계로 이해되는 유의성(유의 경쟁) 및 유연성 상실에 의한 의미의 재해석 절차인 의미적 유연화(민간어원)는 의미론적 관점에서 이해할 수 있다.

언어생활을 편리하게 하고 또 노력을 절감하기 위해 특정 단어나 통사적 구성의 일부를 생략한 채 사용하기도 한다. 이때 생략된 형태가 생략되기 전의 단어나 통사적 구성과 같은 의미를 띠기도 한다. 이는 생략되기 전의 단어나 통사적 구성의 의미가 전이되어 나타나는 현상이다. 곧 생략에 의해 의미 변화가 일어나는 것이다. 생략에 의한 의미 변화는 문장, 어구, 단어 차원에서 광범위하게 발생하고 있다. 예를 들어, '담배꽁초'에서 '담배'가 생략된 '꽁초'가 "담배꽁초"라는 의미를 띠는 것은 단어 차원의 생략에 의한 의미 변화이다. 그리고 '나 나름대로', '제 나름대로', '아이들 나름대로'와 같은 구에서 '나, 제, 아이들'이 생략된 '나름대로'가 문맥 상황에 따라 "나 나름대로", "자기 나름대로", "아이들 나름대로" 등과 같은 구체적 의미를 갖게 되는 것은 구 차원의 생략에 의한 의미 변화이다. 생략형인 '나름대로'의 의미 변화는 여기에 그치지 않고 "열심히", "정성껏", "그런대로", "어떤 점에서는" 등과 같은 비유적 의미로까지 발전하여 다의적 독립부사의 성격을 보이고 있다. "안녕히 가세요."라는 문장에서 '안녕히'가 생략된 "가세요."가 "가다"는 의미가 아니라 "안녕히 가다"는 의미를 띠고 있는 것은 문장 차원의 생략에 의한 의미 변화로 설명할 수 있다.

어떤 단어는 특정 단어와 자주 어울려 나타나는 경향을 보인다. 이렇듯 단어들이 자주 어울려 나타나면 상호 영향을 주고받을 수 있는데, 한 단어의 의미가 그것과 빈번히 인접하여 나타나는 다른 단어의 의미에 전이되어 감염되는 현상을 전염(傳染)이라 한다. 전염된 의미는 이전의 의미와 전혀 달라 변화된 의미로 이해될 수 있다. 전염의 주체는 일반적으로 한 문장의 서술어이다. 특히 '없다, 아니다, 못하다' 등과 같은 부정어가 중추적 역할을 한다. 전염의 객체는 특정 서술어와 어울리는 명사 또는 부사이다.

'엉터리'는 본래 "대체의 기초" 또는 "사물의 근거" 등과 같은 긍정적 의미로 쓰이던 단어인데, 이것과 빈번히 어울려 나타나는 부정어 '없다'의 부정적 의미 가치에 전염되어 "터무니없는 말이나 행동" 또는 "그런 말이나 행동을 하는 사람", "보기보다 매우 실속이 없거나 실제와 어긋나는 것" 등과 같은 부정적 의미를 띠게 되었다. '없다'가 지니는 부정적 의미 가치가 이것과 빈번히 접촉하여 나타나는 '엉터리'에 파고들어가 '엉터리'까지도 부정적 의미로 만든 것이다. 부정어 '없다'에 영향을 받아 본래의 의미를 잃은 단어에 '주책없다'의 '주책', '채신없다'의 '채신', '별수 없다'의 '별수' 등도 있다. 곧 '주책'은 본래 '主着(주착)'으로 "일정한 주관이나 줏대"를 뜻하고, '채신'은 본래 '處身(처신)'으로 "몸가짐이나 행동"을 뜻하며, '별수'는 '別手'로 "특별한 수단"을 뜻한다. 그러나 이들은 후행하는 '없다'에 영향을 받아 각기 "줏대 없이 하는 짓", "가벼운 몸가짐이나 행동", "아무런 수도 아닌 것"이라는 부정적 의미를 덤으로 얻은 것이다.

같은 의미를 지니는 두 개 이상의 단어가 공존하면 늘 대립과 갈등을 하게 된다. 곧 유의 경쟁을 하게 된다. 이때에는 그 유의 경쟁을 좌우하는 여러 요인들이 작용하게 되고, 또 그에 따라 유의 경쟁의 결과적 양상이 드러나게 된다. 유의어 중 경쟁력이 약화된 단어는 유의 계열에서 탈락하여 소실되는 것이 일반적이지만, 경우에 따라서는 그 충돌을 피하여 능동적으로 의미를 변화시키기도 한다. 곧 유의 경쟁이 의미 변화를 유발하는 것이다. 유의 경쟁에 의한 의미 변화는 '추상적 의미로의 변이', '의미의 축소와 확대', '의미 가치의 변동' 등으로 실현된다. 이때의 의미 변화는 무엇보다도 유의 경쟁을 회피하기 위한 방편적 성격이 짙다.

민간어원이란 말 그대로 민간에서 민중이 만들어내는 비과학적인 어원을 말한다. 곧 언중이 아무 근거 없이 만들어내는 흥미 위주의 어원이 민간어원이다. 언중은 단어의 형태나 의미가 극심히 변하거나 또는 시대간 단절이 너무 심하여 그 유연성이 상실되면 끊임없이 유연화(有緣化)를 꾀한다. 이때 해당 단어와 형태가 우연히 같거나 아니면 유사한 단어를 끌어들여 해석하게 된다. 그 결과 본래의 의미와 거리가 먼 엉뚱한 의미가 생겨나기도 한다. 곧 민간어원이 의미 변화를 유발하는 것이다.

예를 들어, '곱창'에 쓰인 '곱'의 유연성이 상실되어 어원을 잃게 되자 그것과 형태가 같은 형용사 어간 '곱-(曲)'을 끌어 들여 '곱창'을 "꾸불꾸불한 창자"로 재해석한다. 이로써 '곱창'의 본래 의미인 "지방분으로 이루어진 창자"라는 의미는 점차 힘을 잃고 새로 해석된 의미가 힘을 얻는다. 이 경우는 의미만 변했지 형태는 변하지 않은 경우인데 의미와 더불어 형태까지 변하는 경우도 있다. '한량(閑良)'은 본래 "벼슬을 못하고 놀고 있는 무반"의 의미를 갖는다. 이것이 동화 작용에 의해 [할량]으로 발음이 나자 다시 '할'과 어형이 유사한 '활(矢)'을 연상하여 '할량'을 '활량'으로 바꾼 뒤에 "활 잘 쏘는 건달" 내지 "놀고먹는 건달"로 재해석한다. '한량'이 본래 무인(武人)이고 무인과 '활'과의 관계가 긴밀하므로 그에 따른 형태 변개와 의미 변화가 함께 일어난 것이다.

한편 민간어원에 의해 의미 변화가 일어나기는 했지만, 아직 완료되지 않았거나 그 의미가 아직 뿌리를 내리지 못한 경우도 있다. '아주머니'를 "아기를 낳는 주머니가 있는 여자", '마누라'를 "마주 보고 눕는 사람"으로 해석하는 것이 그와 같은 예이다. '아주머니'나 '마누라'와 같이 그 어원 해석에 대한 의욕은 충만한데 딱히 그와 관련된 어형을 제시하여 해석하기 어려운 경우에 이와 같은 언어 유희적 어원 해석이 나오게 된다.

민간어원은 흥미로워 쉽게 받아들여지는 속성이 있다. 그리고 그것이 오랫동안 지속되면 사실인 양 굳어진다. 우리가 알고 있는 어원 가운데에는 이러한 민간어원으로부터 고착된 것이 적지 않다. 이들은 우리의 언어생활이나 의식 속에 너무나 뿌리 깊게 자리 잡고 있어서 특별한 계기가 마련되지 않으면 쉽게 수정되지 않는다. '도루묵, 화냥년' 등에 대한 민간어원의 역사는 적어도 수백 년 이상이 된다.

민간어원은 언어적 상상력을 풍부하게 하고 또 어원 의식을 고취시키기도 하는 등 긍정적인 면도 있지만, 언어생활을 오도하는 병리적 측면도 있어 양면적이다.

③ 사회적 원인

언어는 그 언어를 사용하는 사회의 약속물이기 때문에 그 사회의 변화로부터 무관할 수 없다. 사회를 구성하는 성층(成層)이 변하거나 사회와 관련된 제도나 구조 등이 변하면 이에 따라 특정 단어의 의미도 변할 수 있다. 이를 사회적 원인에 의한 의미 변화라고 하는데, 사회적 성층에 의한 변화와 사회적 구조에 의한 변화로 나뉜다.

먼저 사회적 성층에 의한 변화를 살펴보도록 하자. 한 사회는 여러 성층의 다양한 사회로 구성된다. 가령, 대사회는 횡적으로 부분 사회, 지역 사회, 특수 사회(정치 사회, 경제 사회, 교육 사회, 군인 사회, 종교 사회) 등과 같은 여러 성층의 소사회 집단을, 종적으로 왕족 사회, 귀족 사회, 중인 사회 등과 같은 여러 성층의 소사회 집단을 거느리게 된다. 한 단어는 대사회에서 종과 횡으로 소사회로 넘어가 쓰일 수 있고, 그 반대로 종과 횡의 소사회에서 대사회로 넘어가 쓰일 수 있다. 이에 따라 의미 변화가 일어나기도 하는데, 소사회에서 대사회로 넘어가 사용되면 의미의 일반화가, 대사회에서 소사회로 넘어가 사용되면 의미의 특수화가 일어난다.

예를 들어, 불교라는 특수 사회에서 "급소를 자름"이라는 의미로 쓰이던 '단말마(斷末魔)'가 일반 사회로 넘어와 "숨이 끊어질 때의 고통"이나 "임종"이라는 의미로 변한 것, 그리고 조선시대 왕권 사회에서 "군주"라는 의미로 쓰이던 '왕'이 일반 사회로 넘어와 "최고", "최대", "제일인자" 등의 의미로 변한 것은 의미의 일반화로 설명된다. 이에 비해 일반 사회에서 "어떤 일에 익숙한 사람"을 뜻하는 '고참'이 군대 사회로 차용되어 "군대 생활에 익숙한 사람"을 한정 지정하면서 "상급 선임자"라는 의미로 변한 것, 그리고 일반 사회에서 "피가 핏줄 밖으로 나옴"이라는 의미로 사용되는 '출혈'이 경제 사회와 군대 사회로 들어와 "경제적 손해나 손상"과 "전투원의 손실"이라는 의미로 사용되는 것은 의미의 특수화로 설명된다.

사회적 구조에 의한 의미 변화는 특정 사회의 제도나 조직, 그리고 사회상 등이 변하면 그와 관련된 단어의 의미가 변하기도 하는, 곧 변화된 사회 구조에 맞춰 의미가 재해석되는 것을 말한다.

'양반'은 본래 '동반(東班)'과 '서반(西班)'을 뜻했던 고려 이래의 행정 기구였다. 이 기구는 조선시대에 얼마간 유지되다가 사라졌다. 이 기구가 없어지면서 그 본래의 의미도 사라지고 그 대신 "사대부"라는 계급적 의미와 "지체나 신분이 높은 상류층"이라는 신분적 의미가 부가되었다. 사회 기구의 변화가 그와 관련된 단어의 의미까지 변하게 한 경우이다. '장가들다(丈家-)'는 글자 그대로 "장인의 집에 들어가다"는 뜻으로 조어된 단어이다. 이러한 의미는 모계 중심 사회의 결혼 풍습과 밀접히 관련된다. 문헌 기록에 의하면 고구려에서는 남자가 처가의 서옥(婿屋)에 살면서 자식을 낳아 기른 뒤에 아내를 데리고 자기 집으로 가는 결혼 풍습이 있었다고 한다. 바로 이러한 풍습에서 '장가들다'는 말이 나오게 된 것이다. 그런데 모계 중심 사회에서 부계 중심 사회로 넘어오면서 결혼 풍습도 바뀌고, 그에 따라 '장가들다'는 말도 그 어원적 의미로서보다는 "결혼하다"는 보편적 의미로 변하였다.

④ 심리적 원인

언어는 그 언어를 사용하는 사람들의 정신이나 의식, 그리고 심리 상태나 감성 등과 같은 정신적, 심리적 요소를 반영하게 된다. 그런데 인간이 지니는 심리는 고정적이지 못하고 언제나 가변적이며 그 작용도 상황에 따라 변화무쌍하다. 이렇듯 언어가 본질상 심리적 실체이면서 또 그 운용이 심리적 작용의 영향을 받는다면, 그리고 심리 활동의 주체인 인간의 심리 상태가 유동적이라면 언어는 인간의 심리 상태나 심리적 작용의 변화로부터 무관하지 못하다.

언어는 화자의 심리 상태나 작용 또는 정신 구조의 변화에 따라 변할 수 있다. 심리적 원인에 근거해서 의미 변화를 논의할 수 있는 근거가 바로 여기에 있다. 심리적 원인에 의한 의미 변화는 감정적인 측면과 금기의 두 가지 측면에서 살펴볼 수 있다.

먼저 감정적 원인에 의한 의미 변화를 살펴보자. 어떤 주제에 특별한 관심이나 흥미를 보일 때가 있다. 이렇듯 어떤 주제에 특별한 관심과 흥미를 보이는 것은 주관적 감정에 지배된 결과이다. 이때 관심의 대상인 주제는 은유의 형태로 화제의 중심을 이루어 확장되어 나가기도 하고, 또 다른 주제를 끌어들이는 견인의 역할을 하기도 한다. 말하자면 해당 주제는 '확장의 중심'과 동시에 '견인의 중심'이 된다는 것이다. 따라서 '중심 영역'을 핵으로 그것에서 방사되는 은유의 한 움직임과 그것을 향하는 은유의 또 다른 움직임이 이중적으로 작용하고 있다고 볼 수 있다.

'나일론'이라는 옷감이 고급의 옷감에서 저급의 옷감으로 전락하면서 이것에 큰 관심이 집중되어 방사의 중심이 된 적이 있다. "나이론(롱) 참외", "나일론(롱) 박수", "나일론(롱) 환자" 등은 그 결과 나온 표현들이다. 이들에서 '나일론(롱)'은 "덜된", "엉터리"라는 비유적 의미를 띠고 있어, 옷감으로서 '나일론'이 갖는 의미와는 큰 차이를 보인다.

한국전쟁을 겪으면서 한때 전쟁과 관련된 것에 특별한 관심을 보이던 때가 있었다. 무엇보다 무기나 계급장에 대한 관심이 컸는데, 그 관심이 무기나 계급장에 그것과 유사한 다른 대상(또는 명칭)을 끌어다 관련시키는 심리적 동기를 유발하였다. 말하자면 특정 무기나 계급장이 '견인의 중심'이 되어 다른 명칭들을 이것을 향하여 집중하게 만든 것이다. '권총'에 '돼지다리', '철모'에 '바가지', '계급장'에 '갈매기'라는 단어가 견인된 것이 바로 그와 같은 예이다. '돼지다리'가 '권총', '바가지'가 '철모', '갈매기'가 '계급장'을 표현하는 데 이용됨으로써 이들 단어들은 본래의 의미와 다른 의미를 갖게 되어 결국 의미 변화가 일어난 것이다.

다음으로 금기에 의한 의미 변화를 살펴본다. 어느 민족이든 그들이 특별히 접촉하기를 꺼리고 피하는 대상이나 의도적으로 접촉을 금지하는 대상이 있다. 공포를 가져다주는 악령이나 두려움의 상징인 동물, 지독한 병, 불결한 대상 등이 바로 그와 같은 것이다. 이들에 대한 금기 행위는 급기야 이들 대상을 지시하는 명칭까지 금기시하게 만든다. 명칭에 대한 금기적 태도가 형성되면 언어적 금기 의식이 싹트고, 그에 따라 금기 대상의 명칭을 대신하는 단어가 마련된다. 금기 대상이 되는 단어를 '금기어'라 하고, 금기어를 대신하는 다른 단어를 넓게 보아 '완곡어'라 할 만하다. 이때 선택된 완곡어가 이미 사용되던 말이라면 새로운 의미가 더해져서 결국 의미 변화가 일어난다.

언어 금기는 대체로 '공포의 대상에 대한 호칭 금기', '우아한 표현을 위한 금기', '예절적 표현을 위한 금기'라는 세 방향에서 이루어진다.

인류에게 가장 심각한 공포의 대상이 되었던 것은 원시 신앙을 대표하는 여러 신, 그리고 잡다한 귀신 및 악령, 토템신앙의 동물 또는 해를 주거나 혐오스러운 동물이다. 이들은 인간을 구원하고 지켜준다고 생각되던 신성한 존재이기도 하고, 인간에게 이익보다는 해를 가져다준다고 생각되던 불길한 대상이기도 하다. 이들에 대한 경외감 내지 신성감, 그리고 혐오감 등은 그 대상을 가리키는 명칭까지 금기시하는 부작용을 낳게 됨으로써 호칭 금기가 생겨났다. '호랑이'를 '꽃, 산신령, 사또, 영감' 등으로, '쥐'를 '아기네, 며느리, 액씨님' 등으로 바꾸어 표현하는 것은 동물에 대한 호칭 금기의 예이다. 그 결과 '꽃, 산신령, 사또, 영감'과 같은 단어들은 '호랑이'라는 의미를 얻게 되어 의미 변화를 겪는 것이다.

질병, 죽음, 범죄, 성 등은 인간이라면 누구나 피하거나 숨기고 싶은 부정적 대상들이다. 이들 부정적 대상들은 고통을 피하여 안주하기를 바라고 세상이 밝고 투명하기를 바라는 인간의 보편적 심리에 이끌려 금기 대상이 된다. 대상의 금기화는 그 명칭까지 필연적으로 기피하도록 하여 또 다른 단어들을 만들어낸다. 이 단어들은 본래의 명칭이 주는 어두운 감정, 불쾌감, 불결감을 덜어주는 우아한 표현이 대부분이다. 예를 들어, '죽음'을 '승천(昇天), 승하(昇遐), 타계(他界), 운명(殞命), 돌아감' 등으로 표현한 것도 인간사의 어두운 면을 피하고 싶은 심리를 반영한 것이다. 그리고 '똥'과 '오줌'을 "크게 편한 것"이라는 의미의 '대변(大便)', "작게 편한 것"이라는 의미의 '소변(小便)'으로 바꾼 것은 불결감을 조금이라고 덜기 위한 금기 의식에서 비롯된 것이다.

엄정한 예의와 예법이 유지되고 요구되는 사회에서는 함부로 대접해서는 안 될 인물들이 금기의 대상이 되어 그들에 관련된 명칭들도 더불어 금기시된다. 이에 따라 그 관련 명칭들은 예의적 표현으로 대체된다. 그 대체 과정에서 의미 변화가 일어나는 것이다. 예를 들어, 형식과 격식을 중요시하는 유교 사회에서 조상, 어른, 손윗사람 그리고 심지어 손아랫사람의 본명을 피하고 그것을 위한 특별한 다른 명칭을 사용하였던 것도 이러한 예절적 표현을 위한 금기에서 말미암는다.

2.3. 의미 변화의 결과

특정 단어가 의미 변화를 겪고 나면 반드시 결과적 양상을 보인다. 결과적 양상은 대체로 의미 적용 범위가 변하는 것과 의미 가치가 변하는 것의 두 가지로 나타난다. 의미 적용 범위의 변화에는 축소와 확대, 그리고 의미 가치의 변화에는 경멸적 변화와 개량적 변화가 있다.

① 범위의 변화

의미 적용 범위의 변화에는 축소와 확대가 있다. 의미 축소는 지시 의미의 범위가 좁아지거나 사회적 유효 범위가 좁아지는 두 가지를 생각해 볼 수 있다. 특히 후자와 같이 사회적 유효 범위가 좁아짐으로써 발생하는 의미의 특수화는 의미 축소의 가장 흔한 유형이다.

'얼굴'이라는 단어의 의미가 "형체"에서 "안면"으로 변한 것, '어싀(>어이)'라는 단어의 의미가 "인간, 동물의 어미"에서 "동물의 어미"로 변한 것은 지시 의미의 범주가 좁아져 의미가 축소된 것이다. 후자와 같은 의미 적용 범위의 축소는 유의 경쟁 충돌을 피하기 위한 방편으로 이해된다. '아버지'라는 단어가 "父"에서 "天主"라는 의미로 변한 것은 일반 사회에서 기독교라는 특수 사회로 넘어와 쓰이면서 의미가 특수화한 경우이며, '표리'라는 단어가 "물체의 속과 겉"에서 "옷의 겉감과 안찝"이라는 의미로 변한 것은 일반 사회에서 궁중 사회로 쓰임의 범위가 좁아지면서 의미가 특수화한 경우이다. 의미 축소가 일어나면 지시 범주나 사회적 유효 범위는 좁아지지만 부가적 특징이 첨가됨으로써 그 의미는 보다 풍부해진다. 곧 외연은 줄지만 내포는 상응해서 증가하는 경향을 보인다.

의미의 확대는 기존의 의미가 변화한 후 지시 범위가 확장되는 경우를 말한다. 언어는 추상화 내지 일반화보다 구체화와 특정화를 지향한다는 논리에서 의미의 확대를 그 축소보다 덜 흔한 경향으로 이해하여 왔으나 사실은 축소에 못지않은 비중을 차지한다. 새로운 개념을 표현해야 하는 경우 그때마다 새로운 단어를 마련하여 대응할 수도 있지만, 이미 존재하는 단어를 이용하는 방법을 쓰되 기존 의미의 지시 범위를 확대해서 사용할 수 있으며, 또한 특정 사회에서 특수한 의미로 사용되는 단어를 일반 사회로 끌어들여 쓸 수도 있다.

'겨레'가 "친척"에서 "민족"으로 의미가 변한 것, '아주머니'가 "고모"에서 "중년 여인"으로 의미가 변한 것 등은 지시 의미의 범주가 확대됨으로써 일어난 의미 변화이고, '단도직입(單刀直入)'이 "생각과 분별과 말에 거리끼지 않고 진경계로 바로 들어감"이라는 불교적 의미에서 "문장이나 언론의 너절한 허두를 빼고 바로 그 요점으로 풀이하여 들어감"이라는 일반적 의미로 변한 것은 사회적 적용 범위가 확대됨으로써 일어난 의미 변화이다. 의미가 확대되면, 의미가 다양한 사물에 적용되므로 외연은 증가한다. 반면 의미를 규정하는 성분들은 줄어들어 내포는 상대적으로 감소한다.

② 가치의 변화

언어는 인간 심리 작용에 지배되고 또 그 언어로 표현되는 지시물까지 인간의 심리적, 사회적 작용에 지배되는 까닭에 부정적이든 긍정적이든 독특한 의미 가치를 띠게 된다. 그리고 그 의미 가치는 끊임없이 변화한다. 의미 가치는 경멸적(輕蔑的)인 쪽으로 변하기도 하고 그 반대로 개량적(改良的)인 쪽으로 변하기도 한다. 또 경우에 따라서는 경멸도 개량도 아닌 중립적 방향에 머물기도 한다. 중립적 방향은 엄밀한 의미에서 변화의 방향이라 할 수 없으므로, 미적 가치는 경멸적인 쪽과 개량적인 쪽의 양극으로 진행된다고 볼 수 있다.

경멸적 의미 변화는 중립적 의미 가치가 부정적 의미 가치로 변하거나, 긍정적 의미 가치가 부정적 의미 가치로 변하는 과정을 말한다. 이 가운데 전자가 경멸적 발전의 일반적 유형이다.

특수 사회에서 제한적으로 사용되던 단어가 일반 사회로 적용의 범위를 넓힐 때 의미의 일반화와 더불어 의미 가치의 하락까지 경험하기도 한다. 특수 사회에서 유지하던 고유한 미적 가치는 그 단어가 일반성을 띠면서 희박해지거나 보다 낮은 단계로 떨어질 수 있다. 특정 인물에 대한 호칭어의 일반화(예 : 선생님, 사모님, 사장님), 역사적 존칭어의 일반화(예 : 양반, 영감, 첨지, 주사), 전문 용어의 일반화(예 : 외도하다, 육갑하다)가 여기에 속한다.

유의 경쟁의 결과 경쟁력이 약화된 단어의 의미 가치가 하락할 수가 있다. 친족 어휘 '아비, 어미, 할미' 등이 평칭에서 비칭으로 가치 체계가 변동된 것도 이들과 대응되는 '아버니(아버지), 어머니, 할머니' 등과의 유의 경쟁의 결과로 바라볼 수 있다. 이들 '아비, 어미, 할미' 등이 평칭에서 비칭으로 떨어지는 시기가 '아버니, 어머니, 할머니' 등과 같은 '-니'형 지칭어들이 등장하는 시기와 일치하기 때문이다. 유의 경쟁이 경쟁 단어의 비칭화를 유도하고, 그 결과 친족어휘가 평칭 대 존칭의 이원적 대립에서 비칭 대 평칭 대 존칭의 삼원 대립으로 바뀌었다.

아울러 단어가 지시하는 의미 자체에 부정적이거나 경멸적인 내용이 들어 있을 때, 그 지시 내용과 관련된 연상이 단어의 미적 가치까지 그러한 것으로 규정해 버릴 수 있다. '야하다'는 말은 "점잖지 못하고 천하게 아리땁다"는 부정적 내용의 지시 의미를 지니는데, 그 지시 내용과 결부된 좋지 못한 연상이 단어의 미적 가치를 낮게 규정해 버렸다. '저주하다'는 말의 미적 가치도 상당히 부정적인데, 이 또한 지시 의미 자체가 이미 부정적인 요소를 내포하고 있기 때문으로 풀이된다.

또한 특정 단어가 어휘 형성에 참여하여 접두사나 접미사로 기능을 할 때, 이것이 파생어에 부정적인 의미를 심어주기도 한다. '개-(개죽음, 개새끼), 돌-(돌배, 돌팔이)'와 같은 접두사나 '-질(계집질, 서방질), -치(갈치, 서울치)'와 같은 접미사가 그러한 예이다.

개량적 의미 변화는 부정적인 의미 가치가 긍정적인 의미 가치로 바뀌거나 중립적인 의미 가치가 긍정적인 의미 가치로 바뀌는 과정을 말한다. 과격, 불쾌, 불결한 원래 의미의 미적 가치가 둔화되거나 제거됨으로써 개량적 방향으로 의미 가치를 발전시키기도 한다. '공갈'이나 '영악하다'의 의미 변화는 과격한 의미가 둔화된 결과 의미 가치가 상향 조정된 예에 속한다. '공갈'은 "재물, 재산상의 이익을 노리고 사람을 협박함"이라는 본래 의미와 관련해서는 과격한 부정적 의미를 갖게 된다. 그런데 이것이 "거짓말"이라는 의미로 변하여 제한적으로 쓰이면서 본래 의미가 갖게 있던 과격한 의미는 상당히 덜어진다. '영악하다'는 "모질고 사납다"는 본래의 의미에서 "이해에 밝고 열성이 대단하다", 더 나아가 "똑똑하다"는 의미로까지 변해 가면서 과격한 의미가 긍정적인 의미 쪽으로 순치되고 있음을 볼 수 있다.

겸양을 나타내는 한자어들이 본래의 축자적 의미로 해석되지 않고 [겸손]의 자질을 포함한 새로운 의미로 해석됨으로써 개량적 의미 발전을 경험하기도 한다. '소생(小生), 소자(小子), 가돈(家豚), 소첩(小妾)' 등과 같이 자기나 자기와 관련된 인물을 낮추어 표현하는 단어나, '졸고(拙稿), 폐사(弊社), 누옥(陋屋)' 등과 같이 자기와 관련된 사물을 낮추어 표현하는 단어가 이들이다. "집의 돼지"에서 "아들"로 의미가 변한 '가돈', "누추한 집"에서 "자기 집"으로 의미가 변한 '누옥'의 미적 가치는 분명히 개량된 쪽으로의 변화이다.

5장

어휘와 사회

1. 어휘적 대우

1.1. 정의와 유형

국어는 대우법이 잘 발달한 언어라고 이야기한다. 영어에서는 나이 어린 조카가 'Brian'이란 이름을 가진 삼촌을 "Brian!"이라고 부를 수 있지만 국어에서는 '철수'란 이름을 가진 삼촌을 나이가 어린 조카가 감히 "철수야!" 또는 "철수!"라고 부를 수 없다. 설령 자신보다 나이가 어리더라도 아버지의 남자 동생이 결혼을 하지 않았다면 '삼촌', 결혼을 했다면 '작은아버지'라고 불러야 한다. 미국 영화를 보면, 우리말 자막으로는 '삼촌' 또는 '형'이라고 지칭되는 사람이 대화에서 이름으로 불리는 예를 쉽게 찾아볼 수 있다. 이처럼 국어에서는 상대방이 누구냐에 따라 어법이 달라지는 대우법이 잘 발달하여 있다.

국어의 대우법은 크게 문법적 요소를 이용한 대우와 어휘를 이용한 대우로 나누어 살펴볼 수 있다. 문법적 대우는 문법형태소를 이용한 대우로, 선어말어미 '-시-'를 이용한 주체대우법과 '-습니다'와 같은 종결어미를 이용한 상대대우법이 있다. 이 외에도 중세국어에서는 한 문장의 주어의 행위가 미치는 대상을 대접하여 높이는 대우법이 존재하였는데 이것을 객체대우법이라 부른다. 객체대우법은 현대국어에서는 거의 나타나지 않는데, 현대국어에 나타나는 어휘적 대우를 객체대우법이라고 보는 경우도 있다. 그러나 엄밀히 말해 객체대우법과 어휘적 대우는 동일하지 않다.

먼저 중세국어의 객체대우법을 살펴보기로 하자. 이것은 선어말어미 '-습-'을 이용한 것이다. '-습-'은 그 앞뒤의 음성적 환경에 따라 '-습-, -줍-, -ᄉᆞᆲ-, '-ᄉᆞᆯ-', '-ᄌᆞᆲ-' 등으로 나타나기도 한다.

(1) ㄱ. 采女ㅣ 하ᄂᆞᆯ 기ᄫᅩ로 太子를 ᄲᅵ려 안ᅀᆞᄫᅡ   <월인석보2:43ㄴ>

    ㄴ. 내 王 말ᄊᆞᆷ 듣ᄌᆞᆸ고ᅀᅡ 내 ᄆᆞᅀᆞ미 ᄢᅳ들과이다   <석보상절24:29ㄴ>

(1ㄱ)에서 밑줄친 '안ᅀᆞᄫᅡ'의 '-ᅀᆞ-'은 '태자'를 높이기 위해 쓰인 것으로 이 부분을 현대국어로 바꾸면 "채녀가 하늘의 비단으로 태자를 꾸려서 <u>안아</u>"가 된다. 현대국어에서는 태자를 더 존대하고 싶어도 '안아'를 '*안싸바'와 같이 높여서 표현할 수 있는 방법이 없다. (1ㄴ)의 '듣ᄌᆞᆸ고ᅀᅡ'는 현대국어로는 '듣고서야' 정도의 의미인데 현대국어에서는 왕의 말씀을 듣는다고 하여도 이를 특별히 대우하여 표현할 수 없다. 그러나 중세국어에서는 객체대우법이 있어 왕의 말씀을 특별히 더 존대할 수 있는 것이다. 앞에서 말했듯이 중세국어에서 쓰이던 객체대우법의 '-ᅀᆞᆸ-'은 현대국어에서는 더 이상 쓰이지 않는다. 다만 이 가운데 '-ᅀᆞᆸ-'이 결합된 몇 개의 단어가 현대국어에서 화석형으로 남아 있는데, '여쭙다, 뵙다' 등이 그 예이다.

(2) 祥瑞로온 거슬 님금ᄭᅴ <u>엳ᄌᆞᆸ디</u> 말며　　　　　　　<번역소학10:14ㄱ>

(2)는 '상서로운 것을 임금님께 말하지 말며' 정도의 뜻인데, '엳ᄌᆞᆸ-'은 중세국어에서 "알리다, 말하다"의 의미를 가지는 동사 '엳다'의 어간 '엳-'과 선어말어미 '-ᄌᆞᆸ-'이 결합하여 된 말이다. '엳-'은 현대국어에서는 사어가 되었으나 중세국어에서는 아래의 (3)과 같이 단독형으로 쓰였다.

(3) 啓 <u>엳ᄐᆞᆯ</u> 계　　　　　　　　　　　　　　<훈몽자회 상:18ㄴ>
　　 사ᄅᆞᆷ 브려 그 <u>연ᄂᆞᆫ</u> 공ᄉᆞᄅᆞᆯ 올타 ᄒᆞ시니(使人ᄋᆞ로 可其奏ᄒᆞ시니)
　　　　　　　　　　　　　　　　　　　　　　　<번역소학9:42ㄱ>
　　 사ᄅᆞᆷᄋᆞ로 히여곰 그 <u>연틈</u>을 可타 ᄒᆞ시니(使人可其奏ᄒᆞ시니)
　　　　　　　　　　　　　　　　　　　　　　　<소학언해 6:38ㄱ>

'엳다'가 소실되고 난 후 어간 '엳-'과 선어말어미 '-ᄌᆞᆸ-'이 결합하여 된 '엳ᄌᆞᆸ다'가 변형된 '여쭙다'와 '여쭈다'가 현대국어에서는 한 단어처럼 쓰이게 되었다.

(4) ㄱ. 그 문제는 선생님께 <u>여쭙고</u> 방법을 찾아보기로 하자.
　　 ㄴ. 모르는 것이 있으면 선생님께 <u>여쭈어라.</u>

현대국어의 '뵙다'도 같은 경우로 볼 수 있다.

(5) ㄱ. 釋迦의 禮數ㅎㅿ와 <u>뵈ㅿ고</u> 또 藥王 勇施를 보고져 ㅎ시니

<법화경언해7:113ㄱ>

ㄴ. 길헤 만나셔 보셔든 <u>뵈ㅿ고</u> 가시는 바를 묻디 아니홀디니라

<소학언해2:63ㄴ>

(5ㄱ)에서 '뵈ㅿ다'는 "웃어른을 대하여 보다"란 뜻을 가지는 동사 '뵈다'의 어간 '뵈-'에 '-ㅿ-'이 결합한 형태인데 후대에 (5ㄴ)과 같이 '-ㅿ-'이 '-ㅿ-'으로 변하여 '뵈ㅿ다'로 쓰였고 이것이 다시 '뵙다'란 형태로 변하였다. 이처럼 '여쭙다'와 '뵙다'는 중세국어의 객체대우법 선어말어미가 결합한 단어 '엳줍다'와 '뵈ㅿ다'의 화석형이라고 할 수 있다. 다시 말하면 현대국어에서 이들 단어는 동사 어간과 선어말어미가 결합된 것으로 분석이 되지 않으며 하나의 단어로서 상대방을 대우하여 말하는 데 사용되고 있다.

'여쭙다, 뵙다'의 예처럼 상대방을 대우하여 표현하는 데 문법적 장치를 이용하지 않고 어휘를 사용하는 것을 '어휘적 대우'라고 한다.

(6) ㄱ. 진지 : <u>진지</u> 오를 제 반ᄃ시 시그며 더운 졀ᄎ를 슬펴보시며

<소학언해4:12ㄱ>

ㄴ. 드리다 : 父母ㅣ 겨시거든 주며 <u>드리기를</u> 술위와 ᄆᆯ에 밋디 아니ㅎᄂ니

<소학언해2:11ㄴ>

ㄷ. 드리ㅿ다 : 우리 父母ㅣ 太子의 <u>드리ㅿᄫ시니</u>　　<석보상절6:7ㄱ>

'진지'는 '밥'과 짝이 되어, '드리다'는 '주다'와 짝이 되어 상대방에 따라 선택되어 쓰이는 단어로 어휘적 대우의 다른 예이다. 중세국어에서는 (6ㄷ)과 같이 '드리다'에 객체대우 선어말어미 '-ㅿ-'이 결합한 '드리ㅿ다'도 나타나는데 이것은 '드리다'가 객체대우와는 무관한 어휘적 대우임을 보여준다.

'진지-밥', '드리다-주다'처럼 보통 어휘적 대우는 단어의 짝에 의해 실현된다.

그렇지만 국어의 모든 단어가 어휘적 대우가 가능한 짝이 있는 것은 아니다. 일부 단어에서만 어휘적 대우가 가능하며 그 단어들에서도 모든 어휘적 대우를 실현할 수 있는 짝이 있는 것은 아니다. 국어에서 어휘적 대우는 보통 상대를 높이는 경우, 상대를 낮추는 경우, 자신과 관련한 대상을 낮추는 경우, 상대를 높이지도 낮추지도 않는 경우로 나누어 볼 수 있다. 각 등급에 해당하는 어휘를 각각 '존칭어, 비칭어, 겸칭어, 평칭어'라고 한다.21) 이 넷에 해당하는 어휘를 모두 갖춘 어휘적 대우의 예는 많지 않은 편이다. '진지-밥'에서는 존칭어-평칭어의 짝만 있고 '우리-저희'에서는 평칭어-겸칭어의 짝만 존재한다. 절을 바꾸어 존칭어와 겸칭어에 대해서 살펴보도록 한다.

1.2. 존칭어(尊稱語)

'존칭어'는 대우를 받아야 하는 어떤 대상, 또는 그 대상과 관련한 말을 높이는 언어 표현으로 현대국어의 '아버님, 어머님, 아드님, 진지, 말씀, 어르신, 귀하, 잡수시다' 등이 이에 속한다. '여쭙다'와 '뵙다'는 앞에서 본 바와 같이 어원적으로는 어휘적 대우에 속할 수 없는 것이나 현대국어에서는 화석화된 형태이므로 어휘적 대우에 포함시키도록 한다. 존칭어와 상대되는 개념은 '평칭어'인데 평칭어에는 어떤 대상을 높이거나 낮추는 의미가 없다.

'아버지'는 자신을 낳아주신 남자인 어버이를 가리키는 말로 일반적으로 쓰이며 높임의 뜻이나 낮춤의 뜻이 없으므로 평칭어이다. 이에 비해 '아버님'은 '아버지'의 존칭어로 어느 정도 나이가 든 화자가 돌아가신 자신의 아버지를 지칭하거나 아버지에게 편지글을 쓸 때 이르는 말이다. 또한 결혼한 사람이 자신의 배우자의 아버지를 호칭하거나 지칭할 때도 쓰인다. 이 경우는 '아버님'이 '아버지'보다 더 존칭의 뜻으로 쓰이는 동시에 '아버지'라고 부를 때보다 어느 정도의 거리감을 표현하

---

21) 이들 용어의 분류와 정의는 아직 확립된 것은 아니다. 그동안 학계에서 '존대어, 겸칭어', '공대어, 하대어', '존대말, 예사말, 낮춤말, 겸사말', '높임말, 예삿말, 낮춤말', '존칭어, 비칭어, 겸칭어, 평칭어' 등 여러 용어가 사용되어 왔으며 분류 방식도 차이가 있었다.

기도 한다.

'아버님'와 관련한 말로, '가친, 춘부장, 선친, 선대인' 등도 있는데 이것 역시 존칭어라고 할 수 있다. '아버님'은 자신의 아버지나 남의 아버지를 가리지 않고 쓰는 말인 데 반해 이 말들은 쓰임이 정해져 있다.

> (7) ㄱ. 가친(家親) : 남에게 자기 아버지를 높여 이르는 말.
>   가군(家君), 가대인(家大人), 가엄(家嚴), 엄군(嚴君), 엄부(嚴父),
>   엄친(嚴親)
>   ㄴ. 춘부장(椿府丈) : 남의 아버지를 높여 이르는 말.
>   영존(令尊), 춘당(椿堂), 춘부(椿府), 춘부대인(椿府大人), 춘장(椿丈)
>   ㄷ. 선친(先親) : 남에게 돌아가신 자기 아버지를 이르는 말.
>   고(考), 선고(先考), 선군(先君), 선군자(先君子), 선부(先父),
>   선엄(先嚴), 선인(先人)
>   ㄹ. 선대인(先大人) : 돌아가신 남의 아버지를 높여 이르는 말.
>   선고장(先考丈), 선장(先丈)

'아버지'와 관련된 말로 '아빠'도 있다. 국어사전의 풀이에 따르면 '아빠'는 어린 아이가 쓰는 말이다. '아버지'와 '아버님'은 같은 화자가 상황에 따라 구별하여 쓸 수 있는 말인 데 비해, '아빠'와 '아버지'는 동일한 화자가 나이의 변화에 따라 달리 쓰는 단어의 예인 것이다. 미혼의 젊은 여성인 경우는 어느 정도 나이가 들더라도 '아버지'보다 '아빠'를 쓰는 경향이 있다. 또한 '아빠'는 자녀 이름 뒤에 붙여 쓸 수도 있다. 예를 들어 '철수'라는 이름을 가진 아이의 아빠를 부르고자 할 때 '철수 아빠'라고 할 수 있다. 최근에 결혼한 젊은 여성이 자신의 남편을 지칭하거나 호칭할 때 자녀의 이름을 붙이지 않고 그냥 '아빠'라고 하기도 한다. 이러한 쓰임은 표준 화법으로 인정을 받지는 못하고 있다. '아빠'는 대상을 높이는 존칭어는 아니나 그렇다고 대상을 낮추는 어휘도 아니다.

다음으로 '아드님'과 '따님'을 보도록 하자. '아드님'은 '아들'의 존칭어이나 자신의 아들에게는 쓰지 않고 남의 아들을 높여 이를 때 쓴다. '아드님'에 해당하는 한자어로 '영식(令息), 영랑(令郎), 영윤(令胤), 영자(令子), 옥윤(玉胤), 윤군(允君/胤君), 윤옥(允玉/胤玉), 윤우(允友/胤友), 윤형(允兄)' 등도 있는데 이것 역시 '아들'의 존칭어라고 할 수 있지만 최근에는 일상생활에서 거의 듣기 힘들다. '따님'의 쓰임은 '아드님'의 쓰임과 거의 비슷하다. 남의 딸을 높여 이르는 한자어로 '영애(令愛), 규애(閨愛), 애옥(愛玉), 영교(令嬌), 영녀(令女), 영랑(令娘), 영양(令孃), 영원(令媛), 옥녀(玉女)' 등이 있는데, '따님'을 가리키는 이러한 한자어 역시 이제는 일상생활에서 거의 듣기 힘들다.

일반적으로 국어에서는 자신과 관련한 것은 낮추고 남과 관련한 것은 대접하여 높이는 경향이 있다. 그래서 '아드님, 따님' 등도 남의 자식을 높일 때에만 쓸 수 있다. 이러한 태도는 자신의 아내를 가리킬 때도 적용된다. 자신의 아내를 가리킬 때 "제 부인이 아파서 일찍 가겠습니다."와 같이 '부인(夫人)'을 써서는 안 된다. 부인은 "남의 아내를 높여 이르는 말"이다. 남에게 자신의 아내를 지칭하여 말할 때는 '집사람, 안사람, 아내, 처' 등을 써야 한다.

(8) ㄱ. 진지 잡수세요.

ㄴ. 밥 먹어.

(8ㄱ)의 '진지'는 '밥'의 높임말이다. '아버님'이나 '아드님'이 그 사람 자체를 높이는 말인 데 반해 '진지'는 '밥' 자체를 높이는 것이 아니라 '밥'과 관련된 사람을 높일 때 쓰는 말이다. 특별한 높임의 의미가 없는 '밥'을 평칭어라 한다면 '진지'는 '밥'에 대한 존칭어가 된다. (8ㄱ)의 '잡수시다' 역시 '먹다'의 존칭어인데 이와 관련된 말로는 '먹다, 들다, 자시다, 잡숫다, 잡수시다' 등이 있다.

(9) ㄱ. 철수야, 불고기 좀 먹어 봐.

ㄴ. 철수 씨, 불고기 좀 들어 봐요.

ㄷ. 김 서방, 불고기 좀 자시게.

ㄹ. 선생님, 불고기 좀 잡수세요.

(9)는 '먹다'와 관련한 말들과 호칭어를 결합시킨 것인데 '먹다, 들다, 자시다, 잡수시다'가 각각 어떤 대상에게 쓰이는지를 보여 준다. 네 가지 단어 가운데 '잡수시다'가 가장 상대방을 높이는 표현이다. '잡수시다'는 '잡수다'에 선어말어미 '-시-'가 결합한 것으로 '잡수다'보다 더 높이는 말이고, '잡숫다'는 '잡수시다'의 준말이다. '잡수다'는 '잡숫다'에 비해 실제 언어생활에서 많이 쓰이지는 않는다. '들다'는 '먹다'보다 높임의 의미를 가지기는 하나 화자보다 상대적으로 낮은 사람이 어느 정도 나이가 들었을 때 쓰는 말이다.

(10) ㄱ. 자네도 들게.
   ㄴ. 자네도 자시게.
   ㄷ. 당신도 들어.
   ㄹ. *당신도 자셔.

(10ㄱ)과 (10ㄴ)을 비교해 보면 후자가 더 대접한다는 느낌이 든다. 이 차이는 어미를 '해체'로 바꾸어 보면 알 수 있다. (10ㄷ)에서 볼 수 있듯이 "당신도 들어."는 가능한데 (10ㄹ)의 "당신도 자셔."는 안 된다. 이로 본다면 '들다'가 '자시다'보다는 낮추는 문맥에서 쓰임을 알 수 있다. 관점에 따라서는 '들다'의 경우는 존칭어로 보지 않고 미화하여 표현하는 말로 보기도 한다.

국어에서는 한자어가 고유어보다 높이는 뜻으로 쓰이는 예가 적지 않은데 이 경우 고유어가 평칭어이고 이에 상대되는 개념인 한자어가 존칭어이다. '이/치아(齒牙)', '나이/연세(年歲), 춘추(春秋)', '술/약주(藥酒)', '집/댁(宅)'이 그런 예이다. 때로 한자어끼리, 또는 고유어끼리 평칭어와 존칭어의 관계를 형성하기도 한다.

(11) ㄱ. 고유어의 예 : 말/말씀, 밥/진지, 주다/드리다, 데리다/모시다,
          자다/주무시다, 있다/계시다
   ㄴ. 한자어의 예 : 병(病)/병환(病患), 생일(生日)/생신(生辰),
          성명(姓名)/성함(姓銜)/존함(尊銜)

고유어가 존칭어이고 한자어가 평칭어인 경우는 거의 나타나지 않으나 '인간(人間)'과 '사람'의 경우, '야, 이 인간아'와 '야, 이 사람아'를 비교하면, '인간'이 평칭어의 느낌이 강하다. 어휘적 대우에서 한자어가 존칭어로 쓰이는 사례는 과거에는 더 많았다. 그렇지만 한자어의 쓰임이 줄어들면서 과거에 많이 쓰이던 한자어 존칭어 중에서 최근에는 거의 사용하지 않는 것들이 많다. 위에서 들었던 '아버님, 아드님, 따님'과 관련된 한자어들이 그 사례이다.

이미 지적했듯이 국어에서는 상대되는 존칭어가 없는 단어들이 상당히 많다. 이러한 단어를 쓸 때는 높여서 표현하는 방법이 없다. 이를 보완하기 위해 접사나 혹은 그에 준하는 언어 단위를 이용하는 경우도 있다. 대표적으로 사람을 가리키는 말에 접미사 '-님'을 붙여서 높이는 뜻을 나타내는 것을 들 수 있다. '선생-선생님, 사장-사장님'과 같은 예에서 평칭어와 존칭어의 대립을 볼 수 있는데 '님'의 쓰임은 더욱 확대되는 양상을 보인다.

1.3. 겸칭어(謙稱語)

겸칭어는 어떤 대상을 낮추어 표현하는 어휘를 말하는데, 주로 자신이나 자신과 관련한 대상을 낮출 때 쓰인다. 자신과 관련한 것을 낮추어 표현함으로써 결과적으로 상대를 대우하게 되는 것이다. 겸칭어는 크게 자신에 대한 겸칭어, 자신과 관련한 사람에 대한 겸칭어, 자신의 물건이나 일 등에 대한 겸칭어 등으로 나눌 수 있다.

> (12) 자신에 대한 겸칭어
> 저 : 자기를 낮추는 말
> 저희 : 우리를 낮추는 말
> 소녀(小女) : 결혼하지 않은 여자가 윗사람을 상대하여 자기를 낮추어 이르는 말.
> 소자(小子) : 아들이 부모를 상대하여 자기를 낮추어 이르는 말.
> 우생(愚生) : 어리석은 사람이라는 뜻으로, 말하는 이가 자기를 낮추어 이르는 말.
> 천생(賤生) : 주로 남자가 자기를 낮추어 이르는 말.

하생(下生) : 지위가 낮은 사람이라는 뜻으로, 말하는 이가 윗사람을 상대
하여 자기를 낮추어 이르는 일인칭 대명사.

자신에 대한 겸칭어로 '저', '저희'는 여전히 많이 쓰이고 있으나 다른 말들은
쓰임이 많이 축소되었다. (12)에 든 것 외에도 예전에는 '소인', '쇤네'와 같은 겸칭
어도 있었는데 이 말들 역시 지금은 거의 쓰이지 않는다. 사극 정도에서나 쓰일
뿐이다. '저희'의 경우 자신이 소속된 집단을 상대방에게 말할 때 그 집단을 낮추어
'저희 집', '저희 학교', '저희 과'와 같이 말한다. 그런데 화자뿐만 아니라 청자까지
포함된 집단을 지칭할 때는 '저희'로 낮추어 쓰지 않는다. 예를 들어 국문과 학생이
국문과 교수에게 학술답사 일정을 논의할 때 "선생님, 저희 과 학술답사 말인데
요."와 같이 쓸 수 없고 '우리 과'라고 해야 한다. 이에 대한 예외로 '나라'가 있다.
'나라'는 어떠한 경우에도 '저희 나라'라고 쓸 수 없고 '우리나라'라고 해야 한다.
나라는 일개 개인이 낮출 수 있는 대상이 아니기 때문이다. 참고로 '우리나라, 우리
말, 우리글'은 합성어로 사전에 등재되어 있어 붙여 써야 하고 '저희'로 고쳐 쓸
수 없다.

(13) **자신과 관련한 사람에 대한 겸칭어**
아들놈 : 자기의 아들을 낮추어 이르는 말.
딸년 : 자기의 딸을 낮추어 이르는 말.
가아(家兒) : 자기의 아들을 낮추어 이르는 말.
우제(愚弟) : 말하는 이가 자기 동생을 낮추어 이르는 말.
우처(愚妻) : 말하는 이가 자기의 아내를 낮추어 이르는 말.
천솔(賤率) : 남에게 자신의 가족을 겸손하게 이르는 말.
천식(賤息) : 남에게 자기 자식을 낮추어 이르는 말.

국어사전에서는 '아들놈'이나 '딸년'은 남의 아들이나 딸을 낮추어 이를 때도
쓴다고 되어 있는데 그렇다면 이 경우는 겸칭어가 아니라 비칭어가 될 것이다.
일반적으로 '아들놈'이나 '딸년'은 자신의 자식에 대한 겸칭어로 주로 쓰인다.

자신의 아들을 낮추어 이르는 한자어인 '가아'와 관련한 말들을 보면, '가돈(家豚), 돈견(豚犬), 돈아(豚兒), 미돈(迷豚), 미식(迷息), 미아(迷兒), 우식(愚息)' 등이 있다. 이 가운데 '가돈(家豚), 돈견(豚犬), 돈아(豚兒)' 등은 자신의 아들을 '돼지'에 빗대어 낮춘 것이고, '미식(迷息), 미아(迷兒), 우식(愚息)'은 자신의 아들을 '어리석음'으로 낮춘 것이다. '미돈(迷豚)'은 '어리석음'과 '돼지'를 합하여 낮춘 말이다. 존칭어의 경우와 마찬가지로 겸칭어에서도 많은 수의 이러한 한자어들은 이제는 거의 실제 언어생활에서 듣기 어려운 말이 되었다.

> (14) 자신의 물건이나 일 등에 대한 겸칭어
>
> 관견(管見) : 대롱 구멍으로 사물을 본다는 뜻으로, 자신의 소견을 겸손하게 이르는 말.
>
> 단견(短見) : 자신의 생각이나 의견을 겸손하게 이르는 말.
>
> 우견(愚見) : 남에게 자신의 의견을 낮추어 이르는 말.
>
> 졸견(拙見) : 자신의 의견이나 견해를 겸손하게 이르는 말.
>
> 우고(愚稿) : 자기의 원고를 낮추어 이르는 말.
>
> 졸고(拙稿) : 자신의 원고를 겸손하게 이르는 말.
>
> 견마(犬馬) : 자신에 관한 것을 낮추어 이르는 말.
>
> 누거(陋居) : 자신의 거처를 겸손하게 이르는 말.
>
> 폐교(弊校) : 말하는 이가 자기 학교를 낮추어 이르는 말.
>
> 폐사(弊社) : 말하는 이가 자기 회사를 낮추어 이르는 말.

동물에 빗대어 자신과 관련된 것을 낮추는 말로 '견마지로(犬馬之勞), 견마지충(犬馬之忠)' 등도 있다. '견마지로'는 "개나 말 정도의 하찮은 힘"이라는 뜻으로, 윗사람에게 충성을 다하는 자신의 노력을 낮추어 이르는 말이고, '견마지충'은 "주인에 대한 개나 말의 충성"이라는 뜻으로, 신하나 백성이 임금이나 나라에 바치는 충성을 낮추어 이르는 말이다.

'의견'의 경우 자신의 의견이면 낮추어 '관견, 단견, 우견, 졸견' 등이라 하고 남의 의견이면 높이어 '고견(高見), 존견(尊見)' 등이라 표현한다. '원고(原稿)'의 경우도 자신의 원고이면 낮추어 '졸고, 우고'라 하고 남의 원고이면 높이어 '옥고

(玉稿)'라 말한다.

이외에도 '말씀'이 있는데 '말씀'은 남의 말을 가리킬 때는 (15ㄱ)과 같이 존칭어로 쓰이나 자신의 말을 가리킬 때는 (15ㄴ)과 같이 겸칭어로 쓰인다.

> (15) ㄱ. 선생님 말씀대로 따르겠습니다.
>   ㄴ. 제 생각을 말씀 드리겠습니다.

2. 남성어와 여성어

남성과 여성의 말이 다르다는 것을 언어학자들이 인식하고 그 차이를 연구하기 시작한 지는 꽤 오래되었다. 주로 남성의 언어를 무표적인 것으로 보고 이것과 차이가 나는 여성의 언어를 여성어라 하여 연구를 하였다. 남성과 여성의 언어적 차이는 어휘에 한정되지 않고 음성, 문법, 억양 등 언어의 여러 측면에서 나타나기 때문에 이때 말하는 남성어와 여성어는 어휘만을 가리키는 뜻으로 쓰지는 않는다. 국어의 경우 여성어의 두드러진 특성이 드러나지 않았기 때문에 그동안 남성어와 여성어에 대한 연구가 많지 않았다. 그렇지만 국어에서도 성에 따른 어휘의 차이로 주목할 만한 것이 없지는 않다. 여기서는 이 문제에 국한해서 남성어와 여성어에 관해서 살피도록 한다. 성에 따른 어휘의 차이는 크게 세 가지로 나누어 볼 수 있다. '성 차이 어휘', '성 차별 어휘', '성 관련 어휘'가 그것이다. '성 차이 어휘'는 화자와 청자가 남자인지 여자인지 그 성별에 따라 서로 지칭이 달라지는 경우의 어휘를 말한다. '성 차별 어휘'는 남자인지 여자인지 성 인식에 따라 한쪽 성에 관련된 의미로 주로 쓰이는 어휘를 말한다. '성 관련 어휘'는 한쪽 성과 관련한 것을 표현할 때 주로 쓰이는 어휘를 말하는데, 연어 관계에서 확인할 수 있다.

2.1. 성 차이 어휘

성 차이 어휘는 화자와 청자의 성별에 따라 달리 쓰는 어휘를 말한다. 성 차이에 의해 어휘가 따로 존재하는 경우는 주로 친족어에서 나타난다.

국어 화자라면 "오빠, 어디 가세요?"라는 말을 들었을 때 말하는 사람이 남자인지 여자인지 직접 얼굴을 확인하지 않고도 여자라는 것을 알 수 있다. 아울러 그 말을 듣는 사람이 남자라는 것도 알 수 있다. '오빠'는 여성인 화자가 남성인 청자를 부를 때 쓰는 표현이기 때문이다.

화자 \ 청자	남자(손위)	여자(손위)
남자	형	누나
여자	오빠	언니

〈표 1〉 손위 남녀를 부르는 말

위 표에서처럼 남자인 화자가 손위 남자를 부를 때는 '형', 손위 여자를 부를 때는 '누나'라고 부르고, 여자인 화자가 손위 남자를 부를 때는 '오빠', 손위 여자를 부를 때는 '언니'라 부른다. '언니'란 말은 지금은 여자가 자기보다 손위인 여자를 부를 때 사용하고 있지만 전에는 화자가 남자이든 여자이든 상관없이 자신보다 나이가 많은 선배를 가리키는 경우에도 쓰였다.

> (16) 빛나는 졸업장을 타신 언니께 꽃다발을 한 아름 선사합니다.
> 물려받은 책으로 공부를 하며 우리는 언니 뒤를 따르렵니다.

(16)은 1946년 윤석중이 작사한 졸업식 노래 1절의 일부이다. 후배의 관점에서 지어진 이 노래에서 '언니'는 졸업하는 남자와 여자 선배를 아울러서 지칭하는 말이다. '언니'란 말은 20세기 자료에서 처음 확인되고 그 이전 자료에서는 나타나지 않는다. 이 경우 '언니'는 성 차이 언어로서의 성격에 변화가 있었다고 할 수 있다.

물론 적절한 사용은 아니나 남자가 여자를 부를 때 '언니'를 쓰는 경우도 있다. 음식점에서 남자 손님들이 자기보다 나이가 어린 여자 종업원을 부를 때 "언니, 여기 물 좀 주세요."와 같이 쓰는 경우도 있는데 이것은 청자에만 초점을 맞춘 예외적인 용법이다. 남자 종업원을 보고 '언니'라고 부르는 경우는 확인되지 않는다.

다음으로 '형'을 살펴보기로 하자. '형'에 접미사 '-님'이 결합한 말인 '형님'은 그 쓰임이 독특하다.

> (17) 형님
> ① '형'의 높임말
> ② 자기보다 나이가 많은, 아내의 오빠를 이르는 말.
> ③ 손위 시누이를 이르는 말.
> ④ 며느리들 사이에서 손위 동서를 이르는 말.

(17)은 『표준국어대사전』에 나오는 '형님'의 뜻풀이인데, ①번과 ②번 뜻은 남자를 지칭하지만, ③번과 ④번은 여자들 사이에서 손위 사람을 가리키는 말이다. '형'의 존칭어가 '형님'이라고 하지만 ③번과 ④번 뜻은 '형님'이 새로운 의미로 쓰이고 있음을 보여 준다. 또한 이 용법이 확대되어 나이 든 여자가 자기보다 나이 많은 여자를 가리킬 때는 '언니'보다 '형님'을 쓰는 경향이 있다. 이 경우 '형'은 쓰이지 않는다. 또한 1980년대 무렵부터 여자 대학생이 남자 선배를 부르거나 가리킬 때 '형'이란 용어를 쓰기도 하였는데, 이것은 여자인 후배의 여성성을 드러내지 않겠다는 의지의 반영이었던 것으로 보인다.

또한 친족 용어 가운데도 남자와 여자를 따로 지칭하는 어휘가 적지 않다.

> (18) ㄱ. 남자를 가리키는 어휘 : 아버지, 할아버지, 삼촌, 숙부, 백부, 고모부, 이모부 등
> ㄴ. 여자를 가리키는 어휘 : 어머니, 할머니, 숙모, 백모, 고모, 이모 등

2.2. 성 차별 어휘

'성 차별 어휘'는 남자인지 여자인지 성 인식에 따라 한쪽 성에 관련된 의미를 주로 나타내기 위해 쓰이는 어휘를 말한다. 그 어휘를 들었을 때 한쪽 성의 의미로 이해한다면 성 차별 어휘일 가능성이 많다. 먼저 문제를 하나 풀어보자.

> (19) 어떤 아이가 아빠와 승용차를 타고 가다가 사고가 났다. 아빠와 아이는 응급차에 실려 병원으로 가게 되었다. 그런데 그 병원의 의사가 뛰어나오면서 그 아이를 보고 말했다. "이 아이는 내 아들이에요." 그 의사는 도대체 누구일까?

이 문제의 정답은 바로 '엄마'이다. 이 문제가 사람들의 입에 오른 것은 꽤 되었는데, 의외로 이 문제의 답을 맞히지 못하는 사람이 많았다. '의사'는 남자라는 인식이 강하여 엄마를 떠올리지 못한 것이다. 여성의 전문직 진출이 늘어나면서 인식이 많이 변화하여 이제는 너무나 쉽게 답을 떠올릴 수 있는 뻔한 문제가 되어 가고 있기는 하다. 그렇지만 이러한 인식이 언어에도 반영이 되어 여기서 성 차별 어휘라고 하는 부류가 생기는 것이다. 어떤 단어가 성 차별 어휘인지 아닌지 판별해 보는 방법은 대상 단어에 '남-' 또는 '여-'를 결합시켜 어색한 쪽이 있는지 보는 것이다.

의사의 경우 '여의사'는 자연스러우나 '남의사'는 어색하다. 실제로 '여의사'만 국어사전에 올라 있다. 이것은 '의사'가 주로 남자에게 쓰이는 성 차별 어휘임을 보여준다. 그래서 '의사'가 여자일 경우는 특별히 '여의사'라고 표현하게 되는 것이다. 교수는 어떤가? 교수가 남자인 경우는 '남교수'라고 부르지 않으나 여자일 때는 '여교수'라고 부른다. 의사의 경우와 같다. '교수'도 성 차별 어휘인 것이다. 전문직종에서 이처럼 종사자 중에서 어느 한 쪽의 성에 속하는 사람만을 가리키는 말이 따로 있는 현상을 쉽게 찾아볼 수 있다. '남의사, 남교수'라는 말은 없고 '여의사, 여교수'라는 말만 있는 것은 여성 차별이라기보다는 이러한 전문직에 종사하는 사람이 남성인 경우가 많은 데서 비롯된 것으로 볼 수 있다. 반대로 여성이 주로 종사하는 전문직에는 남성을 유표적으로 표현한다. 간호사의 경우 남자보다는 여자가 더 많이 종사하는 대표적인 직종인데 남자가 간호사인 경우는 특별히 '남간호사'라고 표현한다. 따라서 '간호사'도 성 차별 어휘이다.

특별히 어느 한 성에 집중되지 않는 직종에서는 남성과 여성을 구분하는 표현이 모두 존재하기도 한다. 학교 선생의 경우는 성별을 명시해야 할 경우는 '남선생' 또는 '여선생'이란 단어를 쓴다. 학교 선생은 남성 혹은 여성 어느 한쪽에 집중되지 않는 직종이기 때문이다. 따라서 '선생'은 두 가지 접두사가 다 결합하여 쓰이기 때문에 성 차별 어휘로 볼 수 없다. 이러한 어휘로 '남배우'와 '여배우'가 같이 쓰이는 '배우'의 예도 있다.

특별히 성에 대한 차별이기보다는 필요할 때 말이 생긴다는 일반적인 흐름에 따라 성 차별 어휘가 생기게 된 것이지만 여성의 사회적 진출이 활발해지면서 성 차별 어휘가 말 그대로 성 차별을 하는 말이라는 문제가 많이 제기되고 있다. 이에 따라 대체할 말이 제시되거나 쓰지 말아야 할 말로 지목되어 점차 쓰임이 줄어드는 단어들도 있다. '여류 문인, 여류 화가' 등에 쓰이는 '여류'와 같은 말이 많이 지적 되는 사례 중의 하나이다. 비단 여성들의 문제 제기가 아니라 해도 성 차별 어휘에 서는 많은 변화가 예상된다. 사회가 변화하면서 남성과 여성이 진출하는 직종에도 많은 변화가 생기고 있기 때문이다. 지금은 많이 쓰이는 단어가 어느 시기가 지나 면 전혀 쓰이지 않는 말이 될 가능성도 많다.

다음으로 살펴볼 유형은 남성과 여성을 가리키는 말이 따로 있더라도 남성과 여성을 아울러 말해야 할 때는 남성형을 대표로 쓰는 경우이다. 이러한 유형은 국어에만 독특한 것이 아니다. 다른 언어에서도 쉽게 유사한 사례를 발견할 수 있다. 또한 언어 표현에서 여성을 차별하는 대표적인 사례로 많이 지적되는 유형이 다. 국어의 경우 언어에서 성의 구분이 없기 때문에 사회적 논란이 다소 덜한 편이 다. 그렇지만 성의 구분이 있는 서구에서는 남성형을 대표로 쓰는 것을 둘러싸고 심각한 사회적 논란이 벌어지기도 한다. 그 결과 남성과 여성을 아울러 말해야 할 때는 중립적인 표현을 쓰는 사례가 많아졌다. 예를 들어 영어에서 'man'이 있던 자리에 'person'을 대신 쓰는 식이다.

(20) ㄱ. 선생님 댁은 형제가 몇 분이세요?
　　　ㄴ. 1남 2녀입니다.

'형제'는 '형과 아우를 아울러 이르는 말'로 남성을 가리키는 말이다. 그런데 (20ㄱ)에서는 그런 의미로 쓰인 것은 아니다. 한 부모에서 태어난 같은 항렬의 사람을 뜻한다. 이를 잘 알 수 있는 것이 (20ㄱ)에 대한 답변으로 (20ㄴ)이 전혀 어색하지 않다는 점이다. 그 사람들은 남성도 있지만 여성도 있다. 그럼에도 불구하고 '형제'로 대표한다. 형제와 자매, 남매 등 모든 경우를 통틀어 가리키는 데 쓰이는 것이다. 이에 비해 "선생님 댁은 자매가 몇 분이세요?"와 같은 질문은 집안의 가족 관계를 묻는 일반적인 질문으로 쓰이지 않는다. 같은 항렬의 사람들이 모두 여성인 것을 알고 있을 때 정도에나 쓰는 표현이다.

> (21) 형제애(兄弟愛) : 형이나 아우 또는 동기에 대한 사랑.
> 형제지국(兄弟之國) : 아주 친밀하고 가깝게 지내는 나라. 또는 서로 혼인
> 관계를 맺은 나라.
> 형제지의(兄弟之誼) : 형제 사이와 같이 정답게 지내는 벗의 우의.

'형제애', '형제지국'이라는 말은 있어도 '자매애', '자매지국'이란 말은 없다. 이것 역시 '형제'란 개념이 '자매'보다 대표성을 가지고 있음을 보여 준다.

> (22) ㄱ. 그 사람은 자식이 세 명 있다.
> ㄴ. 그 사람은 여식이 세 명 있다.

(22ㄱ)의 '자식(子息)'은 '아들과 딸'을 아울러 지칭하고, (22ㄴ)의 '여식(女息)'은 딸만을 지칭한다. '여식'과 '자식'에 있어서도 남성형인 '자식'이 대표성을 가지는 것을 볼 수 있다.

'자매(姉妹)'란 개념이 대표로 쓰이는 단어도 없지는 않다. '자매학교, 자매도시'가 그런 예이다. 이러한 표현은 우리나라의 전통적인 표현이라기보다는 외국어의 영향으로 나타난 것으로 보인다. 인도·유럽 어족에 있는 '성(性)'이라는 문법범주는 명사를 '남성, 여성, 중성'으로 나누어 이야기하는데 '학교, 도시'라는 단어가 여성으로 처리되기 때문에 '형제학교, 형제도시'가 아닌, '자매학교, 자매도시'가

된 것으로 보인다. '모국(母國), 모교(母校)' 등도 역시 '나라'나 '학교'가 인구어(印歐語)에서 여성이기 때문에 생긴 단어로 볼 수 있다.

남녀의 언어 차이는 비속어에서도 나타난다. '놈'은 남녀를 통틀어 지칭할 수 있지만 '년'은 여자에 국한된다. 또한 '놈'에는 비속어의 의미가 없을 수도 있지만 '년'에는 비속어의 느낌이 확실히 나타난다.

> (23) ㄱ. 어떻게 된 거야, 이놈아. 엄마가 걱정했잖아.
>
> ㄴ. [?]어떻게 된 거야, 이년아. 엄마가 걱정했잖아.

2.3. 성 관련 어휘

다음으로 '성 관련 어휘'를 검토하기로 하자. '성 관련 어휘'는 주로 한쪽 성과 관련한 것을 표현하는 어휘로, 연어 관계에서 확인할 수 있다. 다음 형용사 뒤에 '남자' 또는 '여자'를 넣어보기로 하자.

> (24) 우락부락한　　　(　　　)
>
> 　　　건장한　　　　(　　　)
>
> 　　　씩씩한　　　　(　　　)
>
> 　　　늠름한　　　　(　　　)
>
> 　　　연약한　　　　(　　　)
>
> 　　　예쁜　　　　　(　　　)

국어에서 '우락부락하다, 건장하다, 씩씩하다' 등은 주로 남자와, '연약하다, 예쁘다' 등은 주로 여자와 함께 쓰인다. 이것은 국어의 형용사 가운데 한쪽 성에만 주로 쓰이는 어휘가 존재함을 말하는데 이것들을 성 관련 어휘라고 볼 수 있다.

물론 그 경계가 분명한 것은 아니다. 예전에는 남자를 보고 '예쁘다'라고 말하지 않고 '멋있다'라고 말하는 것이 일반적이었으나 2000년대 이후에는 '예쁜 남자'라고 말하는 것이 어색하지 않게 되었다. 이처럼 사회가 변하고 성에 대한 인식이 변함에 따라 성 관련 어휘도 용법이 변하고 있다.

3. 은어

'은어(隱語)'는 어떤 계층이나 부류의 사람들이 다른 사람들이 알아듣지 못하도록 자기네 구성원들끼리만 사용하는 말을 뜻한다. 은어를 사용함으로써 그 사용집단은 그 은어를 사용하지 않는 다른 집단과의 차별성을 가지게 되고 그로 인해집단 내 단결이 공고해지는 효과가 있다. 일반적으로 상인, 학생, 군인 등 집단에따라 달리 쓰는 말이 그 예인데, 상인의 경우 손님이 알아듣지 못하는 상인들끼리의 은어를 사용함으로써 은어를 쓰지 않는 사람이 물건을 살 때 구별하여 대하는효과가 있다. 다음은 강신항(1991:210~212)에 나타난, 동대문 상인들의 은어이다.

> (25) ㄱ. 야리(1/10), 후리(2/20), 가찌(3/30), 다마(4/40), 대부(5/50),
> 미쓰(6/60), 오끼(7/70), 아따(8/80), 아부나이(9/90)
> ㄴ. -생(1,000), -망(10,000), -주(100,000)

'야리'는 1이나 10을 가리키고, 후리는 2나 20을 가리킨다. 한 용어가 하나의숫자만 지시하는 것이 아니라 그 배수까지도 지시하는 것이 특이하다. (25ㄱ)의은어에 (25ㄴ)의 '-생'이나 '-망' 따위를 붙이면 더 큰 단위가 된다. '야리생'은1,000을 가리키고, '후리생'은 2,000을 가리킨다. '야리망'은 10,000을 가리키고'후리망'은 20,000을 가리킨다. '야리후리'는 12, 120, 1200 등을 다 지시할 수있다. 이러한 용어는 소매상인들이 많이 오는 시간에 주로 사용하는데 은어의 원래목적인 은비성에 충실한 예라 할 수 있다.

다음으로 거지어를 보기로 하자. 거지는 남에게 구걸하여 먹고 사는 사람으로,지금은 거의 사라졌으나 1950년대에는 무리를 지어 다니며 하나의 사회집단으로존재하였다.

> (26) ㄱ. -초(거지) : 왕초(거지 대장), 묵은초(묵은 거지), 내초(새로 된 거지)
> ㄴ. 걸(밥) : 냉걸(찬밥), 왕걸(고기), 걸깡(깡통)
> ㄷ. 따시다(훔치다), 물리다(붙잡히다), 엉구리다(떠들다),
> 토끼다(도망가다)

(26)은 김민수(1953)에 나오는 거지어인데 거지가 집단생활을 할 때는 많이 쓰였으나 지금은 거의 쓰이지 않는다. 이 가운데 '토끼다' 같은 단어는 속어로 지금도 쓰이고 있다.

일반적으로 은어는 한 세대에서 다음 세대로 세대가 바뀔 때 그대로 전달되기보다는 이전 시대의 은어가 사라지고 새로운 은어가 생기는 경향이 있다. 이런 면에서 은어는 어느 정도 유행어와 상통하는 부분이 있다. 이러한 현상은 특히 대학생들의 은어 변화에서 확인할 수 있다. 1970년대 대학생들의 은어와 이후 대학생들의 은어 변화를 살펴보도록 하자. 여기에서는 주로 대학에서의 생활과 관련한 은어를 보기로 하겠다.22)

(27) 1970년대 대학생 은어

주식회사 : 등록금이 비싼 대학

간판대학 : 일류 대학

향토장학금 : 시골집에서 부쳐오는 돈

중앙방송 : 강의하는 교수의 목소리

지방방송 : 뒤쪽에서 떠드는 학생들의 소리

사형장 : 시험장

링컨대통령 : 컨닝을 잘하는 학생

인터뷰 학점 : 교수를 찾아가서 겨우 얻은 학점

빠찡고 학점 : 도박식으로 아무렇게나 써서 따낸 학점

와이로 학점 : 덤으로 얻은 학점

알프스 드링크 : A학점

박가스 : B학점

오란C : C학점

박탄D : D학점

권총 : F학점

---

22) 1970년대 은어는 최학근(1977), 1980년대 은어는 이옥련(1983)과 김혜숙(1989), 1990년대 은어는 김택구(1998)과 김택구(2000), 2000년대 은어는 박덕유(2008)을 참고하였다.

(28) 1980년대 대학생 은어

> FM장학금 : 아버지(Father)와 어머니(Mother)가 보내주는 장학금
>
> 허위자백서 : 엉터리 답안지
>
> 초치기 : 벼락공부
>
> 올백 : 모든 시험을 백지로 낸 것
>
> 인터뷰 학점, 판매원 학점 : 교수님을 개인적으로 방문해서 얻은 학점
>
> 브리핑 학점 : 옆에서 불러주는 것을 받아 적어 얻은 학점
>
> 도배 : 시험보기 전 책상이나 벽에 써 두는 것
>
> 눈웃음 : 컨닝
>
> 쥐약 : 숙제에 사용되는 문제풀이집
>
> 양수기 : 침 튀기며 강의하는 교수
>
> 빠다 냄새 : 외국어를 즐겨 쓰는 교수
>
> 자체 휴강 : 스스로 수업을 빠지는 것
>
> 땡땡이 치다 : 강의를 빼먹고 놀다
>
> 슈베르트 : 졸리는 강의를 하는 교수
>
> 대포 : 제한 학점에 걸렸을 때
>
> 총장님 친서 : 학사 경고장
>
> 악세사리 : A학점(드물게 맞는 학점이므로)
>
> 아바학점 : A와 B학점
>
> 박카스, 안경 : B학점
>
> 코카콜라, 초승달, 손톱 : C학점
>
> 비실비실 : B와 C학점
>
> 박탄디, 시외전화 : D학점
>
> 후들후들 : D와 F학점
>
> 권총 차다 : F학점 맞다
>
> 쌍권총 : F학점이 두 개일 경우
>
> 무기창고 : F학점이 여럿인 경우
>
> G선상의 아리아 : F학점 주기도 아까운 성적미달
>
> 우유학점 : 3.4 (남양 3.4우유)
>
> 조미료학점 : 2.5 (백설표 핵산조미료 2.5%)

기관총 : 학점이 여러 개 빵구가 났을 때

(29) 1990년대 대학생 은어

강아지 : 강의시간에 아슬아슬하게 지각하는 사람

귀공자 : 귀한 공부시간에 자는 자

수면제 : 졸리게 강의하는 교수

달동네 : 강의실 뒷자리

허위자백서 : 엉터리 답안지

족보 : 자주 출제된 시험문제

노가다 : 학점은 잘 안 주면서 과제만 많은 과목

에프킬러 : F학점을 잘 주는 교수

G선상의 아리아 : F학점으로 내려감

판콜 : A학점

권총 : F학점

비실비실 : 모두 B,C학점

무기창고 : F학점이 여럿인 경우

(30) 2000년대 대학생 은어

기포 : 기말고사를 포기하다

빡공 : 빡세게 공부하다

수포 : 수업을 포기하다

즐공 : 즐겁게 공부하다

출첵 : 출석 체크

풀강 : 강의를 시간 내내 꼭꼭 채워서 하다

반장 : 반액 장학금

더부살이 : 전과나 편입을 했거나 다른 학과에 가서 복수전공하는 사람

족보 : 기출 문제를 모아 놓은 것

닥공 : 닥치고 공부하라

이것 외에도 '학고'("학사경고"), '올출'("한 학기 동안 빠지지 않고 강의에 출석함") 등의 은어도 쓰인다. 이처럼 은어도 시대의 흐름에 따라 변화를 겪고 있음을 알 수 있다.

은어는 전문어와 구별할 필요가 있다. '전문어'는 학술이나 기타 전문 분야에서 특별한 의미로 쓰는 말로 그 분야에 속하지 않은 사람은 알기 어렵다. 은어처럼 다른 집단 사람과의 차별을 위해 쓰는 것은 아니고 그 분야를 공부하면 알 수 있게 되는 말이다. 또한 일반적으로 우리가 쓰는 용어라 하더라도 전문어에서는 뜻이 달라지는 경우도 있다. 예를 들어 '감독(監督)'의 경우, "일이나 사람 따위가 잘못되지 아니하도록 살피어 단속함. 또는 일의 전체를 지휘함."이라는 의미가 있으나 가톨릭 분야에서는 "사도 시대 이후 교회에 봉사하던 최고의 성직 계급."란 의미를 가진다.

영화 용어를 예로 들어 은어와 전문어의 차이를 보도록 하자.

(31) 영화 전문어

　　크랭크 인(crank in) : 한 편의 영화 촬영을 시작함.

　　미장센(<프>mise-en-scène) : 무대 위에서의 등장인물의 배치나 역할, 무대 장치, 조명 따위에 관한 총체적인 계획.

　　시퀀스(sequence) : 영화에서, 하나의 이야기가 시작되고 끝나는 독립적인 구성단위. 극의 장소, 행동, 시간의 연속성을 가진 몇 개의 장면이 모여서 이루어진다.

(32) 영화 은어

　　데모찌 : 들고 찍는 야외카메라

　　보까시 : 미세하게 색상의 변화를 주는 기법.

　　쌘마이 : 제대로 연기를 못하는 연기자.

영화의 경우, 전문어는 영어나 불어로 된 것이 많고 은어는 일본어의 변형인 것이 많다. 또한 전문어는 영화 관련 전문 서적에 나오는 용어이고 은어는 현장에서 실제로 쓰이는 용어인 경우가 많다. '입봉'은 "영화 감독, 드라마 감독, 피디,

카메라맨 따위가 처음으로 영상물을 만듦."이라는 뜻인데 국립국어원의 『2004년 신어』에 수록되었다. 이처럼 은어도 한 분야 사람들이 전문적인 작업과 관련하여 쓰면 전문어처럼 인식되기도 한다.

은어가 실제로 은비성이 중요한 경우 남들에게 알려지면 다른 어휘로 교체되기도 한다. 고등학생들은 '담배'를 가리켜 '야리'라고 했는데, '야리'가 널리 알려져 은비성이 사라지자 2000년대는 '사탕'으로 바꾸어 쓰게 되었다.

은어는 한 세대의 문화를 반영하고 있으므로 은어에 대한 연구는 그 시대에 대한 문화사적 연구 가치가 있다. 2000년대에 초등학생은 '초딩', 중학생은 '중딩', 고등학생은 '고딩'이라고 부르는데, 1980년에는 고등학생을 '고삐리'라고 불렀다. 이러한 변화는 은어도 계속 변화하고 있음을 보여 준다. 현재는 대학생은 '대딩', 직장인은 '직딩'이라고 하는데 '고딩'의 '-딩'이 어느 정도 접사로서의 기능을 담당하게 되었음을 보여준다.

4. 비속어

'비속어(卑俗語)'는 통속적으로 쓰는 저속한 말을 뜻하는데, 저속한 말이기 때문에 공식적인 자리에서는 쓰기 어렵다. 앞에서 본 존칭어나 겸칭어는 이와 동일한 의미를 지니는 평칭어를 대신하여 상대방을 존대하거나 자신을 낮출 필요가 있을 때 쓰이는 것이었다. 비속어도 보통 이에 해당하는 일반적인 단어가 따로 있고, 이 일반적인 용어에 비해 상대적으로 속되거나 점잖지 못하게 말할 때 쓰인다. 은어도 비속한 경우가 있어 은어와 비속어를 구별하지 않고 같이 특수어로 분류하기도 하나 은어는 은비성이 있다는 면에서 차이가 있다. 저속한 말이라도 그 말을 듣고 이해할 수 있다면 비속어이고, 알아듣지 못한다면 저속한 은어라고 할 수 있다. 비속어는 우리가 일반적으로 욕설이라고 부르는 것도 포함하고 있으나 꼭 남에 대하여 하지 않더라도 저급한 말이라면 비속어라고 할 수 있으므로 비속어가 더 포괄적인 개념이다.

(33) ㄱ. 어제는 <u>열받아서</u> 잠을 못 잤어.

　　ㄴ. 철수가 무슨 일로 저렇게 뿔나 있지?

　　ㄷ. 내 돈 쌔빈 놈을 반드시 잡아서 혼을 내 주겠다.

(33ㄱ)에 나오는 '열받다'는 고상한 표현은 아니지만 일반인들이 많이 쓰는 말이다. 공식적인 자리에서 말하기 어려우나 그렇다고 욕설도 아니다. (33ㄴ)에 나오는 '뿔나다'는 사전에 등재된 말로, 2008년에 '엄마가 뿔났다'라는 텔레비전 드라마 제목에도 사용되었다. '뿔나다'는 화가 난 것을 속되게 표현하는 한편 더 생동감 있게 표현하고 있는데, 이러한 말이 비속어라고 할 수 있다. 물론 모든 비속어가 어떤 자리에서든 다 쓰일 수 있는 것은 아니다. (33ㄷ)에 쓰인 '쌔비다'는 "남의 물건을 훔치다"라는 뜻으로 '열받다'나 '뿔나다'와는 달리 점잖은 사람이 대중적인 자리에서 쓰기는 어렵다. 같은 비속어라 해도 정도의 차이가 있는 것이다.

(34) 씹다

　① 사람이나 동물이 음식 따위를 입에 넣고 윗니와 아랫니를 움직여 잘게 자르거나 부드럽게 갈다.

　② 다른 사람의 행동이나 말을 의도적으로 꼬집거나 공개적으로 비난하다.

　③ 다른 사람이 한 말의 뜻을 곰곰이 여러 번 생각하다.

(35) ㄱ. 왜 내 말을 씹어? (자신의 말에 대답하지 않는 상대방에게)

　　ㄴ. 왜 내 문자를 씹었어? (자신의 문자메시지에 대답하지 않은 상대방을 나중에 만났을 때)

(34)는 『표준국어대사전』에 나오는 '씹다'의 뜻이고, (35)는 최근 흔히 쓰이고 있는 '씹다'의 용법이다. 여기에서 '씹다'는 "남의 말이나 문자메시지 따위를 무시하고 답하지 않다" 정도의 의미를 가진다. (35)의 '씹다'는 원래 의미에서 파생된 비속어적 의미라고 볼 수 있다.

어떤 단어가 일반적인 의미와 비속어적 의미가 같이 있는 경우도 있다.

(36) ㄱ. 요리를 하기에 앞서 콩나물 <u>대가리</u>를 하나하나 따야 한다.

ㄴ. <u>대가리</u>에 피도 안 마른 놈이 벌써 남을 속이려고 해.

ㄷ. 병 <u>주둥이</u>를 뚜껑으로 막아라.

ㄹ. <u>주둥이</u> 닥쳐!

(36ㄱ)에 쓰인 '대가리'는 공식적인 자리에서 써도 별로 문제가 되지 않는다. '생선 대가리, 못 대가리' 등 사람의 신체의 일부를 가리키지 않는 다른 표현도 마찬가지이다. 그렇지만 사람의 신체를 가리키는 (36ㄴ)과 같은 예는 어느 자리에서나 쓸 수 있는 표현이 아니다. (36ㄷ)에서 쓰인 '주둥이'도 (36ㄱ)의 '대가리'처럼 비속어가 아니다. 그렇지만 (36ㄹ)과 같은 표현에서는 '주둥이'가 비속어가 된다. '대가리'는 어감이 좋지 않아 '생선 대가리, 콩나물 대가리' 대신 '생선 머리, 콩나물 머리'를 쓰기도 하지만 '주둥이'의 경우는 '병 주둥이'를 '병 입'이라고 쓰지 않는다.

접두사 가운데도 비속어를 만드는 것이 있다. '개-'와 '처-'가 그런 예이다. '개떡, 개살구'나 '개꿈, 개죽음'과 같은 단어에 쓰인 접두사 '개-'는 비속어로 보기는 어렵다. 그렇지만 '개고생, 개망신, 개잡놈'과 같이 정도가 심하다는 뜻을 더할 때는 결과적으로 비속어를 생성하게 된다. '처먹다, 처넣다, 처박다, 처담다'와 같은 파생어를 생성하는 '처-'도 마찬가지이다.

비속어는 화자의 감정을 더 생생하게 표현하게 하는 긍정적 면이 없지는 않으나 쓰는 사람의 품위를 떨어지게 하므로 쓰지 말아야 한다는 주장도 적지 않다.

5. 금기어와 완곡어

'금기어(禁忌語)'는 한 언어 공동체 내에서 사용하기를 꺼리는 말을 뜻한다. 이 정의에 나오는 것처럼 무엇이 금기어가 되는가는 언어에 따라 다르다. 문화권마다 금기하는 것이 다르듯이 언어 표현에서도 무엇을 금기할 것인가가 문화마다 차이가 있기 때문이다.

금기어는 보통 다른 말로 바꾸어 표현하는데 이처럼 금기어를 에둘러서 우회적으로 하는 말을 '완곡어(婉曲語)'라고 한다.

> (37) ㄱ. 산삼 → 심 / 천연두(天然痘) → 마마 / 죽다 → 떠나다, 뜨다, 잠들다
> / 쥐 → 서생원
> ㄴ. 변소(便所) → 먼데, 작은집, 화장실 / 용변(用便) → 볼일, 일
> / 월경(月經) → 몸엣것 / 음부(陰部) → 아래

(37)의 예에서 → 앞에 있는 말이 금기어이고 이것을 대체한 뒤의 말이 완곡어이다. (37ㄱ)에 제시된 것은 두려운 존재에 관해 직접 언급하기를 꺼려하는 데서 생긴 금기어들이다. '산삼'처럼 인간의 힘을 넘어서는 그 무엇인가가 필요한 존재나 죽음, 질병처럼 인간의 힘으로 어쩔 수 없는 것들이 금기의 대상이 된다. 호랑이, 쥐처럼 인간에게 크게 피해를 줄 수 있는 동물도 금기의 대상이 된다. (37ㄴ)은 두렵다기보다는 부끄럽거나 하는 이유로 차마 직접 언급하기 어려운 금기어들이다. 성이나 배설, 은밀한 신체 부위에 관한 표현들이다. 이외에도 '동무, 인민'처럼 정치적인 이유로 금기어가 되는 말들도 있다. 부모를 가리키는 말에 '가친, 자당, 춘부장'처럼 예의적인 표현을 쓰는 것도 금기어의 일종으로 보기도 한다.

금기어는 아니지만 '돈' 같은 단어도 입에 올리는 것을 꺼리는 말에 속한다. 아르바이트를 하는 친구를 보고 "돈은 얼마나 받니?"라고 묻지 않고 "페이는 얼마나 받니?"라고 묻는 경우가 있는데 이것은 '돈'을 직접적으로 언급하지 않기 위하여 '페이'라는 말을 사용하여 보다 완곡하게 표현하는 것이다.

금기어라고 할 수는 없지만 이미 존재하는 말이 가지는 부정적인 어감 때문에 새로운 말로 이를 대신하려는 노력은 흔히 볼 수 있는 현상이다. 직업 명칭이 그런 예이다. 일부 직업의 경우 그 직업을 나타내는 말을 다른 완곡한 말로 교체하여 표현하기도 한다.

> (38) 식모 → 가정부 → 파출부 → 가사도우미

'식모(食母)'는 "남의 집에 고용되어 주로 부엌일을 맡아 하는 여자"를 말하는데, 시대에 따라 '가정부, 파출부, 가사도우미'로 그 용어가 계속 변하여 왔다. 역할이 바뀌면서 새로운 말이 필요하여 만들어진 것이 말이 바뀐 중요한 이유이지만 한편으로는 직업에 대한 인식이 완곡어를 만들어 낸 면도 없지 않다. '때밀이' 대신 '목욕 관리사, 세신사(洗身士)'라고 하거나 '청소부'를 '환경미화원', '간호원'을 '간호사'라고 달리 표현하게 된 것도 완곡어의 사례라 할 수 있다.

앞에서 본 비속어는 같은 말을 저급하게 표현하는 어휘 양상인 반면 금기어와 완곡어는 말을 우아하게 하려는 노력의 일환으로 나타난 어휘 양상이라고 볼 수 있다.

6. 신어와 유행어

우리가 사는 사회는 복잡다단하며 새로운 개념과 물건이 끊임없이 생겨난다. 이것을 표현하기 위해 새로 생기는 단어를 '신어(新語)'라 한다. 새로운 사회 현상이 생기면 그에 따라 새로운 말이 생기기 때문에 신어를 살펴보면 당대 사회의 모습을 이해하는 데 도움이 된다. 언론에서 사회의 새로운 경향을 소개할 때 관련된 신어를 이용하는 방법을 쓰기도 하는 것도 이러한 신어의 속성 때문이다.

신어의 생성 원인으로 중요하게 꼽을 수 있는 것은 위에서 지적했듯이 새로운 개념이나 물건이 등장하여 이를 가리킬 말이 필요한 것을 들 수 있다. 그렇지만 이미 있는 말이 진부하다고 느껴지거나 차별적인 표현이거나 하는 등의 이유로 거부감을 느낄 때도 이를 대체할 새로운 말이 등장하기도 한다. 앞서 다룬 완곡어도 처음 등장할 때는 신어의 하나가 된다. 신어는 대체로 자연발생적으로 만들어지지만 의도적으로 새로운 말을 만들기도 한다. 일제 시대에 '국문'라는 말을 사용할 수 없게 되면서 등장한 '한글'이 이러한 계획 조어의 한 예라 할 수 있다. 신어는 대체로 파생, 합성 등 기존의 어휘재를 이용하거나 외국어로부터 수입하는 방법으로 많이 생성된다. 이미 있는 말에 뜻을 더하는 방식으로 신어가 생성되기도 한다. 비속어에서 다루었던 '씹다'라는 말은 그런 방식으로 생긴 신어의 한 예이다.

'유행어'는 어느 한 시기에 유행처럼 널리 쓰이는 말을 가리킨다. 신어가 주로 단어를 가리키지만 유행어는 꼭 그렇지는 않다. '못살겠다 갈아보자', '못생겨서 죄송합니다', '잘났어 정말' 등은 과거에 한 시기를 풍미했던 말로 흔히 유행어라고 분류하는데 단어보다 큰 단위들이다.

신어와 유행어라는 용어를 구분하여 사용하기는 하지만 개별 단어를 두고 신어와 유행어를 구분하기는 쉽지 않다. 신어나 유행어 모두 새롭게 주목을 받는 말들이기 때문이다. 일시적으로 쓰이면 유행어이고 단어로 정착을 하면 신어로 구분해 볼 수 있으나 새롭게 주목을 받는 말이 일시적으로 쓰일 것인지 계속 쓰일지는 다소 극단적으로 표현하면 아무도 모른다. 1980년대 모 음료 회사의 광고에 등장해 널리 쓰였던 '따봉'이라는 말이 있다. 외래어로 정착할 충분한 자격을 갖춘 말이었지만 이제는 그 시절을 겪은 사람들의 기억 속에만 남은 단어가 되었다. 이 말은 유행어라고 해야 할 것이다. 1990년대 초반 배꼽 부분을 드러낸 여성들의 옷차림이 사회적 논란을 일으키면서 '배꼽티'라는 말이 널리 퍼졌다. 그런데 시간이 흐르면서 사회적 논란에도 불구하고 그러한 옷차림이 없어지지 않으면서 계속해서 '배꼽티'라는 말이 쓰이고 있다. 이 말은 1990년대 신어로 등장했다고 해야 할 것이다. 이들 사례에서 볼 수 있듯이 신어인지 유행어인지는 시간이 흐른 뒤에야 판단할 수 있다고 할 수 있다. 굳이 신어와 유행어를 구분하지 않고 새로 생긴 말은 모두 폭넓게 신어로 보는 것이 더 나을 수도 있다. 여기에서도 신어를 유행어와 구분하지 않는 태도를 취하도록 한다.

신어는 그 말이 등장한 시기에 사회에서 중요하게 생각하는 것들이 무엇인지 파악하는 데 도움이 된다. 21세기 초 한국 사회에서는 '얼짱, 몸짱' 등 외모와 관련한 신어들이 많다. 이는 한국 사회에 외모지상주의가 팽배해 있음을 보여준다. '얼짱'은 '얼굴'의 첫 음절 '얼'과, 한자 '長'이 경음화된 '짱'이 결합하여 된 단어인데, 후행성분 '-짱'이 접사처럼 새로운 단어형성에 참여하고 있어 '몸짱, 맘짱, 쌈짱' 등의 단어를 만들고 있다.

최근의 신어 형성에 있어서 특이한 점 하나는 두음절어(頭音節語)가 많아졌다는 것이다. 두음절어는 구 구성에서 각 단어의 첫음절을 떼어서 만든 말을 뜻하는데, '국제연합'을 줄여서 '국련', '공업 고등학교'를 줄여서 '공고'라고 하는 식이다.

이러한 어휘 형성 방식은 과거에는 거의 한자어에서만 나타났다. 그런데 최근에는 한자어가 아닌데도 두음절어가 만들어지는 일이 흔해졌다. '먹튀, 귀척' 등이 그러한 예인데, '먹튀'는 '먹고 튀다'에서 온 말로, "먹튀 자본이 우리 회사를 망쳤다."와 같이 쓴다. '귀척'은 '귀여운 척'이 줄어든 말이다. 심지어 외래어의 경우에도 두음절어 생성이 가능하여 '셀카'(셀프 카메라)와 같은 예가 보인다.

최근의 신어에서 나타나는 새로운 경향의 하나는 한 단어의 일부만 따서 접사처럼 사용하는 일이 많아졌다는 점이다. '왕따'는 따돌리는 일이나 따돌림을 당하는 사람을 뜻하는 말로 쓰이기 시작한 지 오래되지 않았다. 이 말은 한자어 접두사 '왕-(王)'과 '따돌림'의 첫음절 '따-'의 결합으로 된 단어이다. 이 말과 관련하여 '은따', '전따', '진따' 등도 있는데 '은따'는 "은밀히 따돌림 받는 사람", '전따'는 "전교생에게 따돌림 받는 사람", '진따'는 "진짜 따돌림 받는 사람"을 말한다. '왕따'의 '-따'를 접사처럼 사용하여 그로부터 새로운 말을 생성하는 것이다. '미팅'에서 유래한 '-팅', '고딩'에서 유래한 '-딩', '파파라치'에서 유래한 '-파라치' 등을 더 들 수 있다. 이러한 방식으로 생성된 신어는 대부분 잠시 쓰이다가 사라지지만 '소개팅'처럼 일부는 새로운 단어로 자리를 잡기도 한다.

접사처럼 사용되는 말은 과거에는 한자어에서 주로 가능하였는데 이제는 한자어가 아니어도 접사처럼 사용되는 말이 많아지고 있는 것이다. 한자어 중에서도 새롭게 세력을 넓혀 가는 것들도 있다. '-녀(女)'와 '-남(男)'이 그러한 예이다. 『표준국어대사전』을 보면, '-녀'는 여자의 뜻을 더하는 접미사로 올라 있으나 '-남'은 접미사 목록에 없다. 그러나 현대국어에서는 '-남'과 '-녀'가 들어간 다양한 단어가 확인된다.

> (39) ㄱ. -녀 : 된장녀(허영심 많은 여자)
> 　　　　　명품녀(명품만 좋아하는 여자)
> 　　　　　신상녀(새로 나온 상품만 좋아하는 여자)
> 　　　　　품절녀(이미 결혼을 하여 품절 상태가 된 여자)
> 　　　ㄴ. -남 : 완소남(완전히 소중한 남자)
> 　　　　　훈남(마음을 훈훈하게 해 주는 멋진 남자)
> 　　　　　품절남(이미 결혼을 하여 품절 상태가 된 남자)

7. 통신 어휘

2000년대 들어 통신 문화가 급속도로 발달하면서 어휘의 사용에서도 과거와 다른 양상이 나타나고 있다. 인터넷이나 휴대전화 문자 메시지를 이용하여 소통하는 방법이 생기면서 말이 아닌 글을 이용하여 대화의 형식으로 서로 소통을 하는 과정에서 과거에는 보기 어려웠던 어휘 사용 방식이 나타나는 것이다. 통신을 이용한 소통은 새로운 방식으로 급속도로 발전을 하고 있기 때문에 통신 어휘 역시 사라지지 않고 계속 사용이 확대될 것이다.

사람들은 인터넷에서 화자와 청자가 직접 얼굴을 대하고 대화를 하는 것이 아니라 자판을 통하여 컴퓨터 화면에 쓰는 글씨로 의사소통을 하는 과정에서 그동안 쓰던 언어와는 다른 언어를 발전시켜 왔다. 이에 따라 통신에서만 주로 쓰이는 새로운 어휘도 등장하였다. 어떤 면에서 이러한 통신 어휘는 새로운 종류의 은어라고도 볼 수 있다. 통신 어휘를 사용하지 않는 사람은 이해할 수 없는 은비성이 어느 정도 있기 때문이다.

인터넷에서는 자판을 이용하여 대화를 해야 하기 때문에 타자 속도에 비례하여 대화의 속도가 정해지게 된다. 초창기에는 접속 시간에 비례하여 요금을 부과하였기 때문에 속도는 돈과 직결되었다. 그런 이유로 속도를 줄이기 위하여 실제 언어와는 다른 언어 운용 방식이 등장하게 되었다. 그 중요한 방식의 하나가 줄여서 표현하는 방식이다. '강퇴(강제 퇴장), 강추(강력 추천), 즐겜(즐거운 게임), 득템(아이템을 얻다), 등업(등급을 업하다), 셤(시험), 멜(메일), 샘(선생님)' 등이 그 예이다. 실제 언어에서도 줄여서 표현하는 방식을 사용하기는 하지만 인터넷에서는 훨씬 넓은 범위에서 사용하고 있다. 타자를 하다 보면 자주 오타가 생기기도 한다. 속도를 다툴 때는 오타를 수정할 시간도 없다. 그러다 보니 오타가 새로운 단어로 굳어지기도 하였다. '오나전'이 그런 예이다. '오나전'은 간결성과는 상반되는 예인데 처음에는 '완전'의 오타로 생겼을 듯하나 지금은 오히려 '완전'을 강조하는 의미로 쓰이고 있다. 타자하기 힘든 말을 어법과 다르게 소리나는 대로 적기도 하고, 자모만으로 적기도 하고 소리가 같은 다른 말을 이용하여 표기하기도 한다.

인터넷보다 입력 방식이 더 불편하고 한번에 보낼 수 있는 글자 수도 제한이 있는 휴대전화 문자 메시지가 널리 쓰이게 되면서 더 간편하게 자신의 의사를 전달하는 방법은 더욱 발전하고 있다. 그야말로 두문자어(頭文字語)라고 할 수 있는 말이 많이 통용된다. 두문자어는 인터넷에서부터 비롯되었지만 문자메시지를 보낼 때도 많이 사용된다. 이러한 유형의 두문자어는 '의미를 가진 최소 단위'가 '형태소'이며, '음절'은 '의미를 변별해 주는 최소 단위'라는 정의와 맞지 않는 새로운 단위가 나타났음을 보여 준다. 'ㅋㅋ'는 음절이면서도 '크크'라는 웃음의 의미를 가지고 있기 때문이다. 물론 이것만을 가지고 의미를 가진 최소 단위가 새로 생겼다고 보기는 어려울 것이다. 인터넷이나 문자 메시지에서만 쓰이는 특수한 문자이기 때문이다.

(40) ㅋㅋ : '크크'로 웃음을 의미
　　ㅎㅎ : '하하'로 웃음을 의미
　　ㄱㅅ : '감사'의 뜻

인터넷에서는 또한 상대를 직접 보면서 대화를 나누지 못하는 일이 많기 때문에 분위기나 감정을 전달하기 위한 새로운 표현도 많이 생겨났다. 대화방에서 나간다는 뜻으로 '샤라락, 휘리릭'과 같은 말을 쓴다든지 부끄럽다는 뜻을 나타내기 위하여 '부끄' 또는 '부끄부끄'를 쓴다든지 하는 것이 그런 예이다. '부끄'는 '부끄럽다'에서 앞의 두 음절만 사용한 것으로 국어에서 가능하지 않았던 조어 방식이다.

분위기나 감정을 전달하기 위하여 자판에 있는 특수 기호를 이용하는 특수 문자들도 많이 사용된다. 예를 들어 '^^'은 웃음을 의미한다. 인터넷이나 문자 메시지로 상대와 소통하는 사람들이면 누구나 느끼는 것이겠지만, "제가 갈게요"라고 문자를 보내는 것과 "제가 갈게요.^^"라고 문자를 보내는 것은 어감상 차이가 있다. 후자가 더 기쁜 마음으로 가는 것을 의미하게 된다. 이런 이모티콘(emoticon)의 사용은 실제 문자생활에도 영향을 미쳐 종이로 인쇄되는 글을 쓸 때에 이모티콘이 쓰이는 경우도 적지 않다. 몸짓 언어가 의사소통의 한 가지 방법으로 화용론의 연구 대상이 되듯이 이러한 문자 언어도 의사소통의 방법으로 연구할 가치가 있다.

통신 어휘는 기본적으로는 통신을 할 때만 사용된다. 그러나 통신 어휘의 쓰임이 늘어나면서 실제 언어생활에서도 등장하기도 한다. '선생님'을 줄인 '샘'이라는 말이 이제는 흔히 쓰이는 말이 되었고, '부끄'와 같은 표현도 방송에서 쉽게 접할 수 있다. 이에 따라 통신에서 쓰는 말을 둘러싸고 사회적 논란도 많이 생기기도 하지만 어휘의 창조적 사용으로 주목을 받기도 한다.

8. 순화어

국어 어휘의 역사는 한자어 확대의 역사라 할 정도로 역사적으로 국어에서 한자어의 증가는 두드러진 현상이었다. 19세기 말 이후 한글 사용에 대한 관심이 증대하면서 한자어의 사용은 한글 전용에 중요한 걸림돌로 인식되기 시작하였다. 개화기 이후 일본으로부터 많은 신문명 어휘가 수입되었지만 이 역시 한자어를 기반으로 한 것들이 대다수였다. 일제 강점기를 거치면서 한자어가 아닌 순수한 일본어 어휘도 많이 국어와 섞여 쓰이게 되어 해방 이후에 일본어 잔재의 추방은 중요한 관심사였다. 해방 이전부터 영어, 프랑스어, 독일어, 이탈리아어 등 서구어로부터 어휘가 수입되기 시작했지만 해방 이후 서구계 언어, 특히 영어로부터 들어오는 말의 수효가 많아졌다. 일제 강점기를 거치면서 어문 민족주의가 강화되어 해방 이후 다른 언어로부터 들어와 우리말의 순수성을 해치는 어휘의 존재는 중요한 관심사가 되었다.

이에 따라 일본어 및 서구계 언어로부터 온 단어와 한자어를 순우리말이나 순우리말은 아니지만 이미 널리 쓰여 상대적으로 쉬운 말로 바꾸려는 국어 순화 사업이 지속적으로 관심을 끌어 왔으며, 국가나 민간 차원에서 다양한 노력이 있었다. 그 노력의 결과 일정한 성과도 있었다. 특히 일본어에서 온 말은 이제는 젊은 사람에게는 생소할 정도로 많이 사라졌다.

(41) 고뿌 → 컵, 공구리 → 콘크리트, 니꾸사꾸 → 배낭, 다마네기 → 양파,
    다쿠앙 → 단무지, 덴푸라 → 튀김, 라이방 → 색안경, 마호병 → 보온병,
    모찌떡 → 찹쌀떡, 벤또 → 도시락, 빤쓰 → 팬티, 빵꾸 → 펑크,
    뻬빠 → 사포, 뻰끼 → 페인트, 소데나시 → 민소매, 시보리 → 물수건,
    쓰메키리 → 손톱깎이, 요지 → 이쑤시개

(41)에 제시된 예 중에서 → 앞에 있는 말들은 일본어에서 온 말로 한 세대 전만
해도 흔히 듣던 말들인데 이제는 → 뒤에 있는 말들로 대체되어 거의 듣기 어렵게
되었다. 이 예들에서 → 앞에 있는 말을 순화 대상어, → 뒤에 있는 말을 순화어라
고 한다.

　그동안의 순화 사업이 모두 성공적이었던 것은 아니었다. 해방 이후 때로는 범국
가적으로 노력을 기울이기도 했지만 수많은 순화어에도 불구하고 여전히 순화 대
상어가 언중 사이에서 그대로 통용되는 경우도 허다하다. 언중의 지지가 있어야
하기 때문이다. 어휘의 순화는 관련 기관에서 의도적으로 할 수 있으나 그 말이
정착하여 쓰이는 것은 전적으로 언중(言衆)에 달려 있다. '인터체인지'의 경우 '입
체 교차로'로 순화하였으나 '나들목'이라는 용어가 더 일반적으로 쓰이고 있다.
　어휘를 순화하려는 노력은 최근까지도 계속 이어지고 있다. 대표적으로 순화
사업을 추진하고 있는 곳은 국립국어원이다. 국립국어원에서 최근에 순화한 몇 가
지 예를 살펴보면 다음과 같다.

(42) 발레파킹(valet parking) → 대리주차, 립싱크(lip sync) → 입술연기,
    멘토(mentor) → 인생길잡이, 레시피(recipe) → 조리법

(42)에서 주목이 되는 것은 순화 대상어가 모두 서구계 언어에서 온 말이라는
점이다. 그만큼 서구계 언어로부터 들어오는 말이 증가하면서 순화 대상어로도 이
말들이 많이 선택되는 것이다.
　물론 이렇게 순화한다고 모든 용어가 다 바뀌는 것은 아니고 그 용어가 얼마나
이해하기 쉬운가, 그리고 그 개념을 얼마나 잘 전달하고 있는가에 따라 정착하기도

하고 소리 없이 사라지기도 한다. 'reply'에서 유래하는 '리플'이라는 말은 "인터넷 상에서 남이 쓴 글에 대하여 답하는 글"을 뜻하는 말이었다. 이 말은 '댓글'로 순화 되어 잘 정착하였는데 '댓글'과 관련한 합성어를 만들 때는 '리플'의 '-플'이 접미 사처럼 쓰이고 있다. 예를 들어 "남의 글을 비방하거나 험담하는 내용을 담은 댓 글"을 뜻하는 말은 '악플'이다. 이 말은 '악(惡)'이라는 한자어와 '리플'의 '-플'을 결합하여 만든 말이다. 게시판에 올린 글에 대하여 답이 없는 경우를 말할 때도 '무댓글'이 아닌 '무플'이 쓰이고 있다. 또한 '악플'에 대응하는 말로 '선플'도 쓰이 고 있다.

외국어에서 국어에 없는 개념이 들어올 때는 그 개념만 들어오는 것이 아니라 그것을 지칭하는 말도 함께 들어오는 일이 많다. 이때 들어온 말을 개념적으로 대체할 수 있는 국어의 어휘가 존재하지 않을 때는 상대적으로 순화를 하기 어렵고 순화어를 제시해도 개념이 부적절하여 정착하지 못하는 사례가 많다. '컴퓨터, 텔 레비전, 버스, 택시, 커피'와 같은 단어들이다. '컴퓨터'는 한때 '셈틀'로 순화한 바 있지만 '컴퓨터'가 단지 셈을 하는 도구가 아니기 때문에 결국 '셈틀'이 자리를 잡지 못했다.

반면 대체할 수 있는 국어의 어휘가 존재하는 경우에는 상대적으로 순화가 쉬운 편이다.

    (43) 스푼(spoon) → 숟가락, 나이프(knife) → 칼, 컬러(color) → 색깔,
        캔디(candy) → 사탕, 타월(towel) → 수건

(43)의 예들은 순화 대상어에 대응할 수 있는 국어의 어휘가 있어 상대적으로 순화어의 사용을 저지하는 효과를 거둔 것들이다.

대응하는 말이 있다고 항상 순화 대상어가 국어 어휘에서 밀려나는 것은 아니다. 외국어가 들어와 그에 해당되는 우리말의 뜻과는 다른, 고유한 의미를 가지고 정착 하기도 한다. '미팅(meeting)'이라는 말을 보자. 이 말은 남녀 학생들이 사교를 목적으로 만나는 모임을 일컫는 말로 영어에서 온 말이어서 '모임, 모꼬지'라는 말이 순화어로 제시된 바 있다. 그러나 최근에 '미팅'은 회사 생활에서 "정식 회의

가 아닌, 가볍게 의견을 주고받는 회의" 정도의 의미로 쓰이고 있으며 이 경우 '미팅'은 '회의'와는 다른 개념으로 새로운 의미 영역을 가지게 된 것으로 보아야 한다.

이처럼 외국어가 들어와 우리말에 정착하여 새로운 뜻을 가지게 되는 경우 이 외국어를 다른 고유어로 순화하고자 해도 이미 생긴 뜻 때문에 순화하기가 쉽지 않다. 예를 들어 '파티(party)'를 보면, "친목을 도모하거나 무엇을 기념하기 위한 잔치나 모임"의 뜻으로 '모임, 연회, 잔치' 등으로 순화하였다. 그러나 '파티'와 '연회', '잔치'는 의미 차이가 있어 세 개 다 무엇을 축하하거나 기념하는 모임이기 는 하지만 파티는 사적인 모임, 연회는 공식적인 모임, 잔치는 집안 행사의 느낌이 강하다. '파티'에는 드레스를 입고 가고, '연회'에는 정장을 입고 가고 '잔치'에는 한복을 입고 가야 격에 맞는 옷이라는 느낌이 드는 것은 세 단어의 의미에 차이가 있기 때문이다.

이러한 예를 보면 외국어의 순화는 그 단어가 우리말에 자리를 잡기 전에 이루어 져야 함을 알 수 있다.

6장

관용표현

* 6장 중에서 관용 구절에 대한 내용은 문금현의 그동안의 논저를 토대로 하여 재구성하였고, 속담에 대한 내용은 심재기(1982)와 조남호(2008)을 참고하였다.

1. 관용표현의 개념과 범주

1.1. 관용표현의 개념

'바가지를 긁다, 우물 안 개구리'와 같은 말을 흔히 관용표현이라고 한다. 이 말들은 습관적으로 굳어져 우리에게 익숙한 표현들로서 글자 그대로의 의미로는 이해되지 않는다. 만일 글자 그대로의 의미대로 'A라는 표현을 A′라는 의미로 쓰는 것'을 말한다면, 언어 기호가 본래 가지고 있는 관습성과 관계되어 모든 언어 기호가 다 관용표현에 포함될 것이다. 그렇지만 '바가지를 긁다, 우물 안 개구리'와 같은 말을 특별히 관용표현이라고 하는 것은 그 말을 구성하는 단어들, 즉 '바가지, 긁다, 우물, 안, 개구리'라는 단어들을 안다고 의미를 이해할 수 있지 않기 때문이다. 그리하여 관용표현(慣用表現, idiomatic expression)이란 습관적으로 굳어져 익숙하게 쓰이는 표현이되 둘 이상의 언어 기호가 단순한 의미의 합으로 쓰이지 않는 것을 가리키는 용어로 사용하는 것이다.

관용표현은 광의의 관용표현과 협의의 관용표현으로 나눌 수 있으며, '광의의 관용표현'이란 '습관적으로 굳어져 우리에게 익숙한 표현'으로 '협의의 관용표현'이 가져야 할 여러 조건을 갖추고 있지 않더라도, 관용적 의미를 가지고 습관적으로 쓰이는 표현을 말한다. 광의의 관용표현에는 연어, 상용구절, 속담, 격언, 금기담, 간접표현 등이 포함된다.

연어(連語)는 구성 단어들이 축자적인 의미를 그대로 유지하면서 늘 결합 구성의 관계를 유지하는 것들이다. 상용구절(常用句節, semi-idiom)은 구성 요소 둘 중 하나는 축자적인 의미를 그대로 유지하고 다른 하나는 다의어인 것들이다. 그리하여 다의의 뜻으로 인해 축자적인 뜻과 다소 관용구적인 뜻으로 동시에 해석이 가능하다. 다음으로는 속담을 들 수 있는데 속담은 풍자적, 교훈적 의미를 비유적으로 표현한 것들이다. 그런데 속담 중에서 교훈성을 띤 속담의 경우는 축자의미를 그대로 드러내어 광의의 관용표현에 속하지만 풍자성을 띤 속담의 경우는 축자의미를 드러내지 않아서 협의의 관용표현에 속한다. 이들은 관용 구절과 함께 협의의 관용표현으로 다루기로 한다. 격언과 금기담은 직접적인 표현이면서 교훈적 의미를 지니는데 격언이 순전히 교훈의 뜻을 담고 있다면 금기담은 금기하는 표현을 통해 교훈의 뜻을 나타내는 점이 다르다. 각각의 예를 제시하면 아래와 같다.

(1) ㄱ. 연어 : 바람이 불다, 코를 골다

ㄴ. 상용구절 : 손이 크다, 마음을 잡다

ㄷ. 속담 : 윗물이 맑아야 아랫물이 맑다, 작은 고추가 맵다

ㄹ. 격언 : 시간은 금이다

ㅁ. 금기담 : 제사 지내는 날에 집안이 시끄러우면 불길하다

간접표현에는 다시 여러 표현이 포함된다. 순수 은유표현이나 순수 직유표현 등의 비유표현이 있고, 그밖에 간접 화행표현이나 전형적인 회화구로서의 인사말, 완곡어법에 의해서 생긴 상투적인 표현, 비논리적인 표현 등도 있다. 각각의 예를 제시하면 아래와 같다.

(2) ㄱ. 순수 은유표현 : 내 마음은 호수요.

ㄴ. 순수 직유표현 : 샛별같이 밝던 눈

ㄷ. 간접 화행표현 : 비 온다.[문을 닫아라/빨래를 걷어라]

ㄹ. 고정적인 인사말 : 연락할게요.(헤어질 때의 인사말),

　　무어라 위로의 말씀을 드려야 할지.(문상 갔을 때의 인사말)

ㅁ. 완곡어법 : 손 씻는 곳이 어디예요?(화장실 가고 싶을 때)

ㅂ. 비논리적 표현 : 문 닫고 들어와, 꼼짝 말고 손 들어!,

　　입 다물고 밥이나 먹어!, 더럽게 깨끗하다, 종아리 걷어!

이러한 언어 형식들은 축자적 의미를 드러내기 때문에 협의의 관용표현에서 제외한다. '협의의 관용표현'은 관용표현 중에서도 언어 내적인 조건과 외적인 조건을 갖춘 것들을 말한다. 언어 내적인 조건은 다음과 같다.

① 관용의미는 구성 요소의 합이 아닌 제3의 의미여야 한다.

② 축자의미를 그대로 드러내는 대응 쌍이 존재해야 한다. 그러나 축자의미와 관용의미 사이에는 유연성이 존재하지 않는다.

③ 수사 기법상 비유 표현이되 죽은 은유 표현(死隱喩)이어야 한다. 은유의 과정에서 가지고 있었던 유연성이 상실되면서 관용 의미가 생성된다.

언어 외적인 조건은 다음과 같으며 언어 내적인 조건만큼 절대적인 기준은 아니다.

① 넓은 지역에서 사용되어야 하는 광역성(廣域性)을 갖추어야 한다.

② 많은 사람이 사용해야 하는 대중성(大衆性)을 갖추어야 한다.

③ 일정 기간 지속성(持續性)을 가지고 언중의 의식 속에 자리 잡은 것이어야 한다.

이러한 언어 내외적인 조건을 만족시키면 협의의 관용표현의 자격을 갖게 되는 것이다. 협의의 관용표현은 형식 단위에 의해서 관용어, 관용구, 관용절, 관용문으로 나눌 수 있다. 여기서는 이들을 묶어 지칭할 때 관용 구절이라는 용어를 사용하도록 한다.

1.2. 관용 구절의 범주

관용 구절의 범주를 정하기 위해서는 다의어, 연어, 속담처럼 관용 구절과 경계선 상에 있는 것들과의 관계를 규명하는 것이 필요하다.

먼저 다의어와의 관계를 살펴보기로 한다. 관용 구절과 다의어는 둘 다 비유적인 성격을 가진다는 점과 하나의 형식 단위가 두 개의 의미를 가진다는 점, 그리고 관용 구절 중에는 구성 요소 중 다의화를 거친 후에 관용화가 된 것들이 있다는 점에서 많은 혼동이 야기된다. 이들은 다음과 같이 구분된다. 첫째, 형태론적 조건에 의해서 관용 구절은 원칙적으로 둘 이상의 단어가 결합된 구나 절이어야 한다.

그러나 다의어는 하나의 단어의 자격을 가질 뿐이다. 둘째, 의미론적 조건에 의해서 보면, 관용 구절과 다의어는 똑같이 의미 전이가 일어났다고 하더라도 다의어는 단어 차원에서 일어나 원래의 기본 의미에다 추가적으로 다른 의미가 더해져 여러 의미를 가지게 된 단어를 말하고, 관용 구절은 두 개 이상의 단어들의 결합체인 구절 단위로 의미 전이가 일어나 하나의 단어 의미로 고정된 구절을 말한다. 또 다의어는 기본 의미와 파생 의미 사이에 유연성을 가지지만 관용 구절은 축자의미와 관용의미 사이에 유연성을 가지지 않는다.

'손(이 크다), 눈(이 높다)'에서 '손'과 '눈'은 다의어이다. '손'은 기본의미 '손(hand)'과 새로 생긴 의미 '규모(scale)'가 유연성을 가지며, '눈'은 기본의미 '눈(eye)'과 새로 생긴 의미 '안목'이 유연성을 가진다. 그러나 관용 구절은 그렇지 않다. '손을 떼다'의 예를 보면 '손'이나 '떼다'의 기본의미는 관용의미 '관계를 끊다'와 유연성을 가지지 못한다. 그리고 다의어는 구절 구조에서 다른 구성 요소와의 관계가 필수적이지 않기 때문에 다른 구성 요소의 교체가 가능하다. 예를 들면, '손이 크다'에서 다의어 '손'은 다른 구성 요소 '크다' 대신 '헤프다'로 교체가 가능하고, '눈이 높다'에서 다의어 '눈'은 '높다' 대신 다른 구성 요소 '있다'로 교체가 가능하다. 이는 두 구성 요소 사이에 결속력이 없기 때문이다. 그러나 관용 구절은 구성 요소가 전혀 관련 없는 단어로는 교체가 되지 않고 유의어나 반의어에만 제한되어 교체가 가능하다. '손을 떼다'에서 '떼다'를 '끊다'로 교체하면 유의형 '손을 끊다'가 되고, '대다'로 교체하면 반의형 '손을 대다'가 된다. 또한 관용 구절은 관용의미가 단어 형식을 띠기는 하지만 관용 구절의 형식 단위는 구절인 반면 다의어는 형식 단위가 단어라는 점도 둘의 근본적인 차이라고 하겠다.

다음으로 연어와의 관계를 보기로 하겠다.

첫째, 공기 관계의 차이를 보인다. '떼를 쓰다, 머리를 감다, 소름이 끼치다'와 같은 연어는 A+B의 구성이 의미·통사적인 선택 제약에 따라서 공기 관계를 가지기는 하지만 이들의 관계가 필수적인 것이 아닌 반면에 관용 구절은 필수적인 공기 관계를 가진다. 그리하여 연어는 유의형과 반의형 외에도 구성 요소를 대치하는 것이 자연스러운 데에 비해, 위에서 이미 보았듯이 관용 구절은 대치가 자연스럽지 못하고 제한적으로 유의형과 반의형만을 허용한다. 예를 들어 연어 '소름이 끼치다'의 경우 '끼치다' 대신 '돋다'를 사용하여 '소름이 돋다'로 해도 의미가 유지되지만, 관용 구절 '미역국을 먹다'의 경우는 '먹다' 대신 '들다('먹다'의 높임말)'를 사용하여 '미역국을 들다'로 하면 관용의미 '낙방하다'의 의미가 사라지게 된다는 것이다.

둘째, 다의화의 차이를 보인다. 연어는 구성 요소들의 의미가 다의화를 거치지 않아 축자의미를 그대로 드러내기는 하지만 습관적으로 공기(共起)하는 것이고, 관용 구절은 구성 요소 둘 다 다의어이거나 다의화와 전혀 무관한 구성 요소로 이루어져 있다. 예를 들어 연어 '소름이 끼치다'의 경우는 '소름'과 '끼치다'의 의미가 그대로 살아서 의미를 형성하고 있다. 반면에 관용 구절 '손을 떼다'의 경우를 보면 '손'의 의미도 '관계'로 다의화되고 '떼다'도 '끊다'의 의미로 다의화되었다는 것이다.

마지막으로 속담과의 관계를 보기로 하겠다.

> (3) ㄱ. 관용 구절 : 꿩 먹고 알 먹는다, 눈 가리고 아웅한다,
> 　　　　　　　 도둑이 제 발 저린다, 발등에 불 떨어지다, 벌꿀이 반쪽이다,
> 　　　　　　　 빈대도 낯짝이 있다, 앓느니 죽지,
> 　　　　　　　 입이 열 개라도 할 말이 없다
> 　　 ㄴ. 풍자적 속담 : 가재는 게 편이다, 등잔 밑이 어둡다,
> 　　　　　　　 원수를 외나무다리에서 만나다
> 　　 ㄷ. 교훈적 속담 : 낮 말은 새가 듣고 밤 말은 쥐가 듣는다,
> 　　　　　　　 윗물이 맑아야 아랫물이 맑다

속담 (3ㄴ)과 (3ㄷ)은 비유의 과정을 통한 의미 표현이라는 점에서 관용 구절과 같으나 관용 구절이 비유의미만을 가지는 반면에 속담은 비유의미와 함께 풍자성이나 교훈성을 가진다는 점이 다르다. 그런데 속담 중에서 교훈성을 가진 교훈적 속담(3ㄷ)과 달리 풍자적 속담(3ㄴ)은 관용 구절과 구분이 어려운 경우가 있다. 이렇게 풍자적 속담과 구분이 어려운 관용 구절의 연원을 보면 속담에서 유래한 것들로서 예전에 속담이었던 것이 풍자성이 점차 희석되면서 관용 구절로 된 것들

이다. 그리하여 속담의 전형적인 실현 방식인 '~ ~ 한다더니' 등과 같은 화맥에서는 풍자성을 나타내지만, 일반적인 화맥에서는 풍자성을 잃고 비유성만을 가지게 되는 유동성을 드러내고 있는 것이다. 관용 구절은 이처럼 풍자성을 가지는 경우는 있으나 교훈성을 가지지는 않으며, 이 풍자성도 풍자적 속담이 가지는 풍자성과 비교해 보면 상대적으로 훨씬 빈약한 정도의 풍자성이라고 할 수 있다.

2. 관용 구절의 유형 분류

언어 내적인 조건과 외적인 조건을 갖춘 협의의 관용 구절들은 형식상, 의미상, 문체상의 특징에 따라서 다음과 같이 유형을 분류할 수 있다.

2.1. 형식상의 유형 분류

관용 구절은 형식 단위에 의해서 다음과 같이 단어, 구절, 문장으로 나눌 수 있다.

(4) ㄱ. 단어 - 관용어 : 들은풍월, 눈빠지게, 기막히다
　　ㄴ. 구절 - 관용구 : 체언형 관용구 - 그림의 떡, 우물 안 개구리
　　　　　　　　　　　　용언형 관용구 - 바가지를 긁다, 시치미를 떼다
　　　　　　　　　　　　부사형 관용구 - 엿장수 마음대로, 눈 깜빡할 사이에
　　　　　　　　- 관용절 : 서술형 관용절 - 간에 기별도 안 가다, 구미가 당기다
　　　　　　　　　　　　부사형 관용절 - 가뭄에 콩 나듯, 귀에 못이 박히게
　　　　　　　　　　　　관형형 관용절 - 머리에 피도 안 마른
　　ㄷ. 문장 - 관용문 : 단문 - 빈대도 낯짝이 있자, 내 코가 석 자다
　　　　　　　　　　　　복문 - 굿이나 보고 떡이나 먹어라, 입이 열 개라도 할 말이 없다

앞에서 말했듯이 형식 단위를 떠나서 일반적으로 관용 구절이라고 하면 (4ㄴ)의 구절이 대표적이다. (4ㄱ)의 관용어는 관점에 따라서는 관용표현에 속하는 것으로 보지 않을 수 있다. 관용어가 하나의 단어라는 점 때문에 관용표현의 정의와 상충되는 면이 있기 때문이다. 그렇지만 관용어도 둘 이상의 언어 기호로 이루어진 단어라는 점에서 관용표현의 한 부류에 포함되는 것으로 볼 수 있다. 그리하여 관용어나 관용문도 대체로 관용 구절에 포함시켜 논의하며, '관용 구절'을 대표성을 띤 포괄적인 용어로 사용하는 것이다.

2.2. 의미상의 유형 분류

관용 구절은 의미상으로 의미 내용이나 의미의 투명성에 의해서 나누어 볼 수 있다. 먼저, 의미 내용에 의해서는 감정 및 심리 표현, 행위 표현, 상황 표현, 일이나 존재 표현 등으로 나뉘는데 이 중에서 감정 표현 특히 부정적인 감정 표현이 많으며, 이것들은 사용 빈도도 매우 높다(예 : 기가 막히다, 속이 타다, 애를 쓰다, 열을 받다 등).

    (5) ㄱ. 감정 및 심리 표현 : 눈에 들다, 사족을 못 쓰다, 애간장을 녹이다
       ㄴ. 행위 표현 : 한 우물을 파다, 입이 무겁다, 고춧가루를 뿌리다
       ㄷ. 상황 표현 : 홈런을 치다, 꿩 먹고 알 먹다, 음지가 양지되다,
            빼도 박도 못 하다
       ㄹ. 일이나 존재 표현 : 황금알을 낳는 거위, 꿩 대신 닭

의미의 투명성을 판단하는 데에는 언중의 이해도가 밀접한 관련이 있는데 여기에는 개인차가 있으므로 주관적인 면이 있다고 할 수 있다. 대체적으로는 관용 구절을 구성하고 있는 단어들의 난이도와 관용 구절의 생성 배경에 대한 언중의 인지도, 축자의미와 관용의미 사이의 유연성을 투명성 판단의 기준으로 삼고 있다. 관용 구절은 의미가 투명하지 않기에 투명한 유형은 제외하고 가장 불투명한 유형부터 반불투명한 유형, 반투명한 유형으로 나눌 수 있다. 예를 제시하면 다음과 같다.

(6) ㄱ. 불투명한 유형 : 산통을 깨다, 시치미를 떼다

　　ㄴ. 반불투명한 유형 : 개밥에 도토리, 수박 겉 핥기, 우물 안 개구리

　　ㄷ. 반투명한 유형 : 무릎을 꿇다, 불난 데 부채질하기, 시집을 가다,

　　　　　　　　　이미 엎지른 물

　불투명한 유형은 역사적인 배경을 가진 것들이 많아서 생성 유래를 알아야 그 관용의미를 이해할 수 있는 것들이고, 반불투명한 유형은 축자의미로부터 관용의미를 어느 정도는 유추해 내는 것이 가능한 것들이며, 반투명한 유형은 비교적 쉽게 관용의미를 짐작할 수 있는 것들이다.

2.3. 문체상의 유형 분류

　관용 구절은 대체로 구어적인 성격이 강하다고 알고 있지만 좀 더 세밀하게 분석해 보면, 어떤 자료에 많이 출현하느냐에 따라서 구어 자료에 많이 출현하는 구어적 관용 구절과 문어 자료에 많이 출현하는 문어적 관용 구절로 나눌 수 있다. 그러나 구어 자료(민요나 TV 드라마 대본, 토크쇼 및 일상회화 등)와 문어 자료(수필, 판소리계 소설, 개화기 소설, 현대소설, 신문 등) 어느 한 쪽에만 국한되어 나타나는 것들은 매우 드물고 대부분의 관용 구절이 구어와 문어 양쪽에 모두 나타난다. 따라서 구어적 관용 구절은 상대적으로 구어적인 성격이 강하여 구어 자료에 출현 빈도가 높은 것들이라면 문어적 관용 구절은 상대적으로 문어적인 성격이 강하여 문어 자료에 출현 빈도가 높은 것들임을 의미한다.

　대표적인 구어적 관용 구절은 (7)과 같이 감정을 표현한 것들이 많고 사용 빈도가 매우 높은 것들이다. 괄호 안의 순위는 사용 빈도가 높은 순위이다.

(7) 애를 쓰다(1위), 기가 막히다(2위), 시집을 가다(3위), 간장을 녹이다,

　　장가를 가다(공동 4위), 시치미를 떼다(6위), 마음을 먹다(7위),

　　속이 타다(8위), 애가 타다(9위), 간담이 썩다(10위)

대표적인 문어적 관용 구절은 신문에 나오는 것들로서 주로 전문 분야에서 자주
쓰인다.

    (8) ㄱ. 미국에서 <u>검은 돈의 세탁</u>을 막고 이를 단속하는

          ㄴ. 최근 자동차 업체들은 <u>제 살 깎아먹기</u>식 무이자 할부 판매를

          ㄷ. 공연윤리위원회가 과연 어느 선까지 <u>가위질을 할</u> 것인가에

          ㄹ. <u>뜨거운 감자</u>가 되고 있는 정치 자금 지원 내용

          ㅁ. 안기부 예산의 … 다 합쳐봐야 <u>코끼리 비스킷</u> 격

          ㅂ. 이원조 의원도 과연 대선 자금이라는 <u>판도라의 상자</u>

          ㅅ. 백화점의 아이스크림 코너는 <u>황금알을 낳는 거위</u>

(8ㄱ)은 정치 분야, (8ㄴ)은 경제 분야, (8ㄷ)은 영화 분야의 예이다. (8ㄹ~ㅅ)과
같이 서구어에서 차용해 온 것들도 있는데, (8ㄹ)은 서양의 관용 구절인 'hot
potato'를 그대로 차용해 온 것이고, (8ㅂ)은 희랍신화에서, (8ㅅ)은 이솝우화에서
유래한 것이다. 문어적 관용 구절은 신문의 정치면에 가장 많이 출현하는데 이는
관용 구절이 주로 정치적인 사건에 대한 비유, 풍자, 경멸 등의 표현 효과를 잘
전달해 주기 때문이다. 형태상으로는 생략 현상이 특징적인데 특히 기사의 소제목
으로 관용 구절의 생략형이 많이 쓰여 관용 구절이 구성의 일부를 생략하고도 표현
에 큰 지장을 받지 않는다는 사실을 알 수 있으며, 의미상으로는 기사의 소제목으
로 관용 구절이 많이 쓰이는 것으로 보아 함축성과 상징성을 가지고 있음을 알
수 있다. 예를 들어 '한국 축구 8강 진출 파란불'이라는 스포츠 면의 소제목은 '한
국 축구 8강 진출 파란불이 켜지다'를 생략한 것이고 이는 "한국 축구가 8강 진출
할 가능성이 높다"는 의미를 함축하고 있는 것이다.

구어적 관용 구절과 문어적 관용 구절에는 어떤 차이가 있는지 구체적으로 살펴
보기로 하자.

(9) ㄱ. 감 놔라(←놓아라) 대추 놔라(←놓아라), 맘(←마음)을 먹다,

맘(←마음)을 두다

ㄴ. 간이 쫄아들다(←줄어들다)

ㄷ. 니(←네) 팔뚝 굵다, 하루 아침에 되는 게(←것이) 아니다

ㄹ. 뱁새가 황새 따라 가랭이(←가랑이) 찢어진다, 텍(←턱)도 없다

ㅁ. 대그빡(←머리)이 터지도록

먼저 음운적인 면에서는 구어적 관용 구절이 (9ㄱ)과 같이 준말의 형태를 선호한다거나, (9ㄴ)과 같이 된소리로 발음하려는 경향을 보이고, (9ㄷ)처럼 구어체 표현으로 쓰인다. 또한 (9ㄹ)처럼 비표준어인 움라우트형으로 쓰이거나 (9ㅁ)처럼 방언형인 경우가 많은데 이러한 음운상의 특징이 문어적 관용 구절에는 거의 나타나지 않는다.

형태적인 면에서 구어적 관용 구절은 (10)과 같이 비속적인 접미사가 결합된 파생어가 구성 어휘로 많이 쓰이는 반면 문어적 관용 구절은 그렇지 않다.

(10) 간뎅이(←-뎅이)가 부었다, 속알딱지(←-딱지)가 없다,

낯짝(←-짝)이 두껍다, 눈치 코치(←-치)가 없다, 열통(←-통)이 터지다

통사적인 면에서 구어적 관용 구절은 생략과 삽입 현상이 두드러지게 나타난다.

(11) ㄱ. 내숭을 떨다 → 내숭떨다, 뻥을 치다 → 뻥치다, 열을 받다 → 열받다

ㄴ. 사돈 남 말 하네 → 남말하네

ㄷ. 꿈 깨라 → 꿈 (꽉) 깨라, 눈이 뒤집히다 → 눈이 (완전히) 뒤집히다

ㄹa. 개버릇 남 주나 → 남 주겠냐 개버릇을,

개뿔도 없는 것이 → ?없어. 개뿔도

b. 검은 돈 세탁 → ?세탁을 한 검은 돈,

뜨거운 감자 → *감자가 뜨거워서

ㅁa. 개버릇 남 주나 → *소버릇 남 주나, 거지 발싸개 → *거지 손싸개

b. 검은 돈 세탁 → *붉은 돈 세탁, 맞불을 놓다 → *맞불을 피우다

ㅂa. 개뿔도 없는 것이 → *개뿔도 없게 한 것이,

　　겉다리로 붙다 → 겉다리로 붙게 하다

　b. 검은 돈 세탁 → *검게 한 돈 세탁, 뜨거운 감자 → *뜨겁게 한 감자

　생략 현상은 조사의 생략과 어절의 생략으로 나누어 볼 수 있는데 관용구나 절이 조사를 유지하는 형태와 조사가 생략된 형태가 공존하면서 문맥에 따라서 자연스럽게 선택되어 쓰이는데 문어보다 구어에서 조사 생략형으로 많이 쓰이며(11ㄱ), 하나의 어절이 생략되는 경우는 구절 단위에서 점차 단어로 굳어지는 것이 많다(11ㄴ). 삽입 현상은 체언형 관용구의 경우가 제약이 심하나, (11ㄷ)과 같이 용언형 관용구나 서술형 관용절의 경우는 가능한 경우가 많다. 문어적 관용 구절은 구어적 관용 구절보다 체언형 관용구가 많기 때문에 더 제약이 심하고, 같은 용언형 관용구나 서술형 관용절의 경우이더라도 문어적 관용 구절이 더 많은 제약을 받는다. (11ㄹ), (11ㅁ), (11ㅂ)의 a는 구어적 관용 구절이고, b는 문어적 관용 구절이다.

　어휘적인 면에서 구어적 관용 구절은 비속성, 은어성, 유행성이 강한 것을 들 수 있는데 가장 두드러진 것은 비속성이 강한 것으로 같은 의미라도 '물 좋다'보다 '물 죽인다'라고 표현하여 속어성이 더 강해지면서 문어 쪽에서는 멀어지고 구어 쪽에 더 가까워진다.

(12) ㄱ. 개떡 같다, 개 버릇 남 주나, 개뿔도 없는 것이, 골 때리다, 꼭지 돈다,
　　　 꼴값 하다, N이구 나발이구, 농땡이 치다, 뉘 집 개가 짖거니,
　　　 뒷구멍으로 호박씨 까다, 머리통 깨지게, 물 죽인다, 병 찌다, 뻑 가다,
　　　 뼁을 치다, 뽕 가다, 새끼 치다, 썰을 풀다, 족 치다, 죽을 쑤다,
　　　 쪽박을 깨다(차다), 찍 싸다, 톡 까놓다, 피 튀기다, 홍콩 가다
　　ㄴ. 신체 어휘 : 간뎅이, 골, 꼭지, 낯짝, 눈치, 뒷구멍, 머리털, 머리통,
　　　　　　　　　 속알딱지
　　　 동물 어휘 : 개, 개떡, 개버릇, 개뿔
　　　 기타 어휘 : 거지, 땡땡이, 쪽박, 한딱갈이
　　ㄷ. 난리부루스를 추다[한바탕 소동을 부리다], 발바닥 좀 밀다[춤추다],
　　　 밴댕이 소갈딱지[속이 좁은 사람], 뼁 까다[돈을 빼돌리다],

쌍권총 차다[F학점을 둘 받다], 입술 도장을 찍다[입맞춤을 하다],
침 발라 놓다[내 것으로 만들다],
한 판 때리다[어떤 행동을 한 번 하다]
ㄹ. 깨갱하다, 말밥이다, 배 튕기다, 왕입니다요, 캡이다

(12ㄱ)은 비속성이 강한 대표적인 예들이고, (12ㄴ)은 구성 어휘로 많이 사용되
는 비속어들인데 신체 어휘와 동물 어휘가 많다. 신체 어휘 중에서는 '머리'에 대한
비속어가 가장 두드러져 '골, 꼭지, 뚜껑, 머리통'이 사용되었고, '모습' 대신 '꼴'이
사용되었다. 동물 어휘 중에서는 유독 '개'와 관련된 어휘들이 눈에 띤다. 욕설이나
속어에 개와 관련된 어휘가 많은 것과 마찬가지로 구어적 관용 구절에도 동물 중에
서 개가 가장 많이 출현함을 알 수 있다. 동사류의 경우는 '까놓다, 까다, 꼬집다,
때리다, 싸다' 정도가 사용되었는데, 속어라기보다는 비어에 가깝다. 또한 구성 어
휘로 의성·의태어가 많이 나오는데 '까빡, 깨갱, 꺼뻑, 땡, 방방, 벙, 뻑, 뺑, 뿡,
삥, 찍, 쌩쌩'과 같이 비속적인 느낌을 주는 것들이 많다. 반면에 문어적 관용 구절
의 경우는 비속적인 예가 드물며, '진흙탕 개싸움, 황금알을 낳는 거위, 코끼리 비
스킷'과 같이 구성 어휘로 '개, 거위, 코끼리'와 같은 동물이 나와도 의미 내용이
비속적이지 않다. 그리고 구어적 관용 구절은 은어로서의 성격이 강한데 특히 학생
집단에서 많이 쓰이는 것들이 은어성이 강하며(12ㄷ), 요즘은 컴퓨터 통신에서 생
성된 것들이 일반화된 것도 있다(예 : 당근이지). 또한 구어적 관용 구절은 유행어
적인 요소도 짙다. 그리하여 한 때 많이 쓰이다가 사라져 버리는 것들이 많다. (12ㄹ)
은 현재 유행하는 구어적 관용 구절의 예들이다.

의미상의 특징을 보면, 구어적 관용 구절의 주된 내용은 그 비유 대상이 사람의
행동이든 어떤 사실이나 대상이든 간에 부정적인 시각에서 바라보고 불만의 감정
을 표현한 것이다.

(13) ㄱ. 기차 화통을 삶아 먹었나, 꺼뻑 넘어가다, 깨갱하다, 꼴 값 하다,
나사가 하나 빠지다, 내숭을 떨다, 농땡이 치다, 뉘 집 개가 짖거니,
뒷구멍으로 호박씨 까다, 맛이 가다, 매를 벌다, 방방 뜨다, 배 째라,

배 팅기다, 빽 가다, 뻥을 치다, 뻥 까다, 설레발 치다, (생)쇼를 하다,
썰을 풀다, 염장을 지르다, 입만 살다, 죽을 쑤다, 찍 싸다,
찬 바람이 쌩쌩 나다

ㄱ'. 뽕 가다, 뽕 보내다, 얼굴이 받쳐주다, 콧구멍에 바람 넣으러 가다,
툭 까놓다, 한 판 때리다

ㄴ. 개떡 같다, 개뿔도 없는 것이, 거지 발싸개, 눈 뜨고는 못 봐 주겠다,
땡이다, 장난이 아니다, 흙 퍼다 장사하나

ㄴ'. 끝내주다, 내 밥이다, 드디어 하나 건졌다, 땡 잡다, 물 죽인다, 캡이다,
한 인물 난다

ㄷ. 골 때리다, 까무라치기 일보 직전, 꼭지 돈다, 내 손에 장을 지지다,
뚜껑 열리다, 열 받다, 열불 나다, 열 뻗치다, 열통 터지다, 쪽 팔리다,
천불이 나다

ㄷ'. 홍콩 가다

우선 사람의 행동을 불만스럽게 표현한 것이 많으며(13ㄱ), 만족스럽게 표현한
경우는 적다(13ㄱ'). 어떤 사실이나 대상을 부정적인 시각에서 불만족스럽게 표현
한 경우가 많으며(13ㄴ), 만족한 대상이나 사실에 대한 표현은 상대적으로 더 적다
(13ㄴ'). 또한 사람의 감정을 비유적으로 표현한 것들이 많은데 불만족스럽고 부정
적인 감정표현이 더 많고(13ㄷ), 만족스럽고 긍정적인 감정표현은 적다(13ㄷ').

이처럼 구어적 관용 구절의 비유 대상은 주로 사람의 행동이나 감정인데 비해
문어적 관용 구절의 경우는 상황인 경우가 많다. 그리고 구어적 관용 구절의 경우
는 비유 대상이 무엇이든 간에 부정적인 시각에서 바라보고 불만의 감정을 표현한
것이 주 의미 내용인 반면에 문어적 관용 구절은 어떤 상황을 주관적인 감정의
개입 없이 객관적이고 중립적인 시각에서 사실을 그대로 비유한 것이 대부분이다.

화용상의 특징을 보면 구어와 문어를 불문하고 문맥이나 상황에 따라서 상당히
자유로운 변이의 양상을 보이는데, 구어에서는 문어에서보다 표현의 양상이 훨씬
더 자유롭다. 구어적 관용 구절은 일시성, 즉시성 및 현장성이 뛰어나 순간적인
담화 상황에 맞추어 기본 틀에다 자유롭게 즉흥적인 변화를 줄 수 있다. 표현 양상
의 변화로는 구성 단어를 대치하여 비유 대상에 변화를 주는 경우가 가장 많은데

(14ㄱ), 앞에 기본형을 먼저 제시하고(밑줄 그은 부분이 기본형) 뒤에 응용형을 추가하는 경우가 있고(14ㄴ), 바로 응용형만을 쓰는 경우가 있다(14ㄷ).

> (14) ㄱ. 불난 집에 <u>부채질하다</u> → 가스통 던지다 / 말뚝 박다 / 선풍기 돌리다
> 칼을 뽑았으면 <u>무라도 잘라야지</u> → 연필이라도 깎아야지
> / 파뿌리라도 썰어야지.
> ㄴ. <u>꿩 먹고 알 먹구!</u>에서 꿩은 먹었으니까 이제 알만 먹으면 되네?
> <u>손뼉도 마주 쳐야 소리가 나고</u> 짱돌도 부딪쳐야 불붙는 법이다.
> ㄷ. 똥물에도 파도가 있고 소똥에도 계단이 있다.
> 밀가루 앞에서 수제비 쑤고 요강 앞에서 지린내 풍긴다.

문어적 관용 구절의 경우도 구성 단어를 바꾸어 사용하기는 하지만(예 : 황금알 낳는 <u>거위</u> ⇒ 황금알 낳는 美 대학 풋볼팀『중앙일보』1996년 1월 4일), 구어적 관용 구절에 비하면 훨씬 많은 제약을 받는다. 구어적 관용 구절은 나이에 따라서 사용하는 관용 구절의 횟수와 선호하는 항목이 달라서 세대차를 드러내는데 10대 와 20대는 전반적으로 비속적인 표현을 많이 사용하고 30대는 부정적인 감정 표현을 많이 사용한다(예 : 속을 썩이다, 속이 타다, 속이 터지다, 열불 나다). 그러나 문어적 관용 구절은 세대와 상관없이 사용자의 직업 및 교육 정도에 따라서 인식 정도나 사용 목록 및 사용 빈도에 차이를 보인다. 사용 양상에도 차이를 나타내어 구어적 관용 구절은 대부분이 일상적인 대화에서 많이 쓰이는 반면에 문어적 관용 구절은 한정된 지면에서만 쓰이는 것이 많고, 신문에 출현하는 빈도가 높더라도 일상회화에서는 사용하지 않는 것들이 많다. 그러나 대다수의 관용 구절은 구어와 문어에 모두 출현할 수 있으므로 사용되는 상황에 크게 제약을 받지 않는다. 그리 하여 구어적 관용 구절은 표현 양상이 자유롭고 화자의 나이에 따라서 사용상의 차이를 드러내는 반면 문어적 관용 구절은 표현 양상이 상대적으로 덜 자유롭고 제약을 받으며 나이보다는 직업이나 교육 정도에 따라서 인식의 차이를 보인다고 하겠다.

3. 관용 구절의 생성과 소멸

3.1. 관용 구절의 생성

가장 오래된 국어 관용 구절은 삼국유사 권5(郁面婢念佛西昇)의 욱면이라는 계집종에 대한 설화에 나오는 '己事之忙 大家之春促'(내 일 바빠 한 댁 방아)라고 알려져 있다. 가장 최근에 생성된 관용 구절은 신문이나 TV 드라마 대본, 우리의 일상 대화 등에서 쉽게 접할 수 있다. 국어 관용 구절의 체계도 국어 어휘 체계와 마찬가지로 끊임없이 생성과 소멸의 과정을 겪고 있다고 하겠다.

관용 구절이 생성되는 원인은 크게 언어 외적인 원인과 내적인 원인으로 나누어 볼 수가 있다. 먼저 국어 관용 구절이 생성되는 언어 외적인 생성 원인으로는 첫째 심리적인 원인을 들 수 있다. 언중들은 자신의 의도를 효과적으로 전달해 주지 못하는 진부한 표현을 대신하여 자신의 언어 심리를 충족시킬 수 있는 비유의 방법을 사용한다. 이렇게 감정 표출을 효과적으로 하기 위하여 새로운 관용 구절들이 필요한 것이다. 언중들이 심리적으로 원하는 표현 효과로는 대체적으로 '간장을 녹이다, 애가 타다, 등골 빠진다'와 같은 강조적인 표현 효과, '뒤를 보다, 눈을 감다'와 같은 완곡한 표현 효과, 그리고 신선한 표현 효과가 있다. 그밖에 금기시한 것을 달리 표현하고자 한다거나 친근성을 표시하기 위하여 생성된 것도 있다.

둘째, 역사적인 원인을 들 수 있다. 이른 시기에 생성된 우리 고유의 관용 구절은 역사적 사건이나 고담(古談), 고기록, 근원 설화, 민담 등이 배경이 되어 생겨났다.

(15) ㄱ. 고려공사삼일(高麗公事三日), 십 년 공부 나무아미타불

　　ㄴ. 도로아미타불, 오쟁이 졌다　　　　　　　<부묵자, 파수록(罷睡錄)>

　　　　업어 온 중, 움 안에 떡 받았다　　<성여학, 속어면순(續禦眠楯)>

　　　　큰 코 다치다 <교수잡사(攪睡襍史)> <강희맹, 촌담해이(村淡解頤)>

　　　　학질(을) 떼다　　　　　　　　　<성여학, 어면순(禦眠楯)>

　　　　　　　　　　　　　　　　　　<장한종, 어면신화(禦眠新話)>

ㄷ. 고경립의 바지 같다, 남산 골 샌님, 강원도 안 가도 삼척

ㄹ. 강원도 참사다, 시치미를 떼다, 얌생이 친다23)

ㅁ. 호랑이도 제 말하면 온다, 귀신 듣는 덴 떡 소리도 못 한다

ㅂ. 눈에는 눈, 이에는 이[유대인들의 전통인 탈리오의 원칙(lex talionis) 인 동태 복수법의 전통], 새 술은 새 부대에(Mattew 9:17 ; Neither do men put new wine in old bottles : else the wine runneth out and the bottles perish.)

　(15ㄱ)은 역사적 사건 및 고사를 연원으로 하여 생긴 관용 구절의 예이고, (15ㄴ) 은 고기록이나 설화에서 유래되어 생긴 관용 구절의 예이다(이훈종 1961:30-36). (15ㄴ)에 제시된 고기록들은 옛날 민간에 널리 전파되어 감명 깊게 읽힌 책들이다. 중국의 유명한 문학 작품이 우리 글방의 교재로도 쓰였기에 이들 책 속에 등장하는 구절이나 인명 등이 자연스럽게 설화에도 스며들어 왔을 것으로 짐작된다. 또 특수 한 기록이 남아 있는 역사적인 사건은 아니더라도 지역 사회에서 있었던 범상하지 않은 사건에 연원하여 생겨난 것도 있으니 (15ㄷ)이 그러한 예들이다. 그 외에 배후 민담에서 유래한 것(15ㄹ), 민간 신앙에서 유래한 것(15ㅁ), (15ㅂ)처럼 성경 구절 에서 따온 것도 있다. 그밖에 당시에 사회적인 관심사가 되는 정치적인 사건이나 사회적인 사건과 관련되어 생긴 관용 구절들이 있는데 일시적으로 쓰이다가 유행 어처럼 사라져 버린 것들도 있으나 오랫동안 살아남아 관용 구절의 자리를 차지하 게 된 것도 있다.

　셋째, 사회·문화적 원인을 들 수 있다. 언어가 그 나라의 문화와 사회적인 배경 을 반영하고 있듯이 관용 구절도 사회·문화적인 배경을 반영하는데 축자적 의미를

---

23) '시치미 떼다'는 시치미가 매의 주인이 자신의 주소를 적어 매의 꽁지 위 털 속에 매어 둔 네모진 뿔이었는데, 어떤 사람이 시치미를 떼고 매를 훔쳐가고 모른 척했다. 그 후 매사냥의 풍속이 사라지고 차츰 시간이 흐르면서 언중들은 그 유래를 모른 채 관용구로 쓰게 되었다. '얌생이 친다'는 미군 부대 옆에서 염소를 치는 영감이 창고 밖에는 풀이 적고 창고 안에는 풀이 많아서, 보초의 허락을 받아 안으로 들어가 염소 에게 풀을 먹이면서 창고 안의 기계 부속들을 몰래 훔치는 일을 되풀이하다가 꼬리가 길어 잡혔다는 이야기에서 유래했다고 한다.

가지고 쓰이던 일반 구절이 사회·문화적 배경의 변화에 의해서 관용 구절이 된 경우가 있다. 예를 들면, 예전에 결혼식을 남의 집 마당을 빌려서 하던 시대에는 '마당을 빌리다'가 일반구로 쓰였고, 하객들에게 국수를 대접한다고 하여 '국수를 먹이다'도 일반구로 쓰였다. 20세기 이후 촛불을 밝히고 결혼식을 하게 되면서는 '화촉을 밝히다'가 일반구로 쓰였는데, 그 후 이것들이 일반 구절로 점차 쓰이지 않게 되면서 "결혼하다"라는 의미의 관용 구절이 되었다. '머리를 얹다'의 경우도 예전에는 여자가 결혼을 하면 처녀 때 풀었던 머리를 쪽을 쪄서 올렸기 때문에 일반 구절로 쓰이다가 관용 구절이 된 것이다.

또한 언어가 지칭하는 사물이나 현상은 사라지고 관용의미가 남아 있으면서 생성 당시의 사회·문화적 배경을 드러낸 채 사용되고 있는 것들이 있으니 '감투를 쓰다', '산통을 깨다'가 그러한 예이다. 새로운 물질 문명의 유입이나 기술 혁신에 의해 지시물에 여러 가지 변화가 생김으로써 새로운 단어가 생기고 이와 관련된 관용 구절이 생성되기도 한다. 옛날에 거지들이 바가지(쪽박)를 차고 다니면서 구걸을 할 때는 '바가지를 차다'나 '쪽박을 차다'가 일반구로 쓰였으나, 깡통 제품이 우리나라에 들어오고 일본의 화란어계 차용어인 'KAN(罐;관)'을 개화기 이후에 우리가 차용하여 '깡통'을 사용하게 된 후에는 '깡통을 차다'로 바꾸어 썼고, 지금은 깡통을 들고 다니면서 구걸하는 거지를 거의 볼 수가 없게 되었으므로 "거지 신세가 되다"라는 의미의 관용구로만 쓰이게 된 것이다. 여기에 속하는 다른 예로 '비행기를 태우다'를 더 들 수 있다.

넷째, 다른 나라와의 교류에 의해서 생겨나기도 한다. 주로 중국의 한자 고사성어나 일본의 관용 구절, 서구 외래어 관용 구절을 차용해 왔다. 중국의 고사성어는 그대로 가져다 쓴 것들은 제외하고 우리말로 국역되어 쓰이는 것들만 예시하면 아래와 같다.

    (16) ㄱ. 계란으로 바위 치기 : 이란투석(以卵投石)　　<묵자 귀의편(貴義篇)>

        ㄴ. 고목에 꽃이 피다 : 고목발영(枯木發榮)　　<조식(曹植), 칠계(七啓)>

        ㄷ. 귀신이 곡할 노릇 : 경신읍귀(驚神泣鬼)　　　　<두보(杜甫) 시>

        ㄹ. 그림의 떡 : 화병충기(畫餠充飢)/화병(畫餠) <삼국지 위지 노전(艫傳)>

ㅁ. 눈 깜박할 사이 : 순식지간(瞬息之間)　　　<우파새계경(優婆塞戒經)>

　일본의 관용 구절은 우리의 것과 일치하는 경우가 꽤 많다. 여기에는 우리가 일제 치하에 있을 때 일본의 관용 구절을 차용해 온 것도 있지만, 반드시 우리가 차용했다고 확증할 수 없는 것들도 있다. 어느 나라를 막론하고 언어의 보편성에 기초한 공통적인 표현들이 있을 수 있기 때문이다.

(17) ㄱ. 구멍이 뚫리다 : 穴があく　　　　　선수를 치다 : 先手を打つ
　　　　귀가 아프다 : 耳が痛い　　　　　　속이 보인다 : 底が見える
　　　　귀에 못이 박히다 : 耳にたこができる　손에 땀을 쥐다 : 手に汗をにぎる
　　　　금이 가다 : ひびが入る　　　　　　손을 들다 : 手を上げる
　　　　꼬리를 끌다 : 尾を引く　　　　　　손을 잡다 : 手を握る
　　　　눈을 감다 : 目をつぶる　　　　　　어깨가 무겁다 : 肩が重い
　　　　눈이 부시다 : 目が眩む　　　　　　어깨를 나란히 하다 : 肩を並べる
　　　　등을 지다 : 背にする　　　　　　　엉덩이가 가볍다 : 尻が 輕い
　　　　머리를 짜다 : 頭を絞る　　　　　　엉덩이가 무겁다 : 尻が 重い
　　　　목을 자르다 : 首を切る　　　　　　이를 갈다 : はぎしりする
　　　　못을 박다 : 釘を打つ　　　　　　　입에 오르다 : 口に上がる
　　　　무릎을 치다 : ひざを打つ　　　　　입을 모으다 : 口をそろえる
　　ㄴ. 緣木求魚 ⇒ 나무에 올라 물고기를 구한다 : 木によりて魚を求む
　　　　切齒 ⇒ 치가 떨리다 : 憤怒のために歯ががくがくする
　　　　糊口 ⇒ 餬口·입에 풀칠하다 : 口にのりする

　(17ㄱ)은 차용의 방향을 정확히 알 수는 없으나, 일본어 관용 구절과 어느 정도 일치를 보이는 것들이다. (17ㄴ)에서 볼 수 있듯이 중국어 고사성어와 한국어 관용 구절, 일본어 관용 구절이 셋 다 일치한 경우도 있는데 이는 중국어 고사성어에서 유래한 것으로 보인다.
　최근에는 (18)과 같이 서구어의 영향을 받은 것들도 있다. '히트를 치다, 홈런을 치다'는 프로 야구가 우리나라에 처음 생겨 사회적으로 야구에 대한 관심이 고조되면서 일상적인 표현에 비유하여 쓰게 되었는데 이는 사회적인 배경도 반영한다고 할 수 있다.

(18) ㄱ. 뜨거운 감자 ⇐ hot potato
　　ㄴ. (급)피치를 올리다 ⇐ pitch
　　ㄷ. 홈런을 치다 ⇐ home run
　　ㄹ. 히트를 치다 ⇐ hit

　다섯째, 문학 작품의 내용이나 등장인물에서 유래하여 관용 구절이 생성된 경우가 있다.

(19) ㄱ. 우리의 구비문학 작품인 판소리계 소설
　　　억지 춘향 <춘향전>
　　　놀부 심사 <흥부전>
　　　뺑덕 어미 같다 <심청전>
　　ㄴ. 중국의 문학 작품
　　　장비는 만나면 쌈이라 / 범강 장달이 같다 <삼국지>
　　　비단옷 입고 밤길 가기 <초한전>
　　ㄷ. 서양의 문학 작품
　　　판도라(Pandora)의 상자 <희랍 신화>
　　　황금알을 낳는 거위 <이솝 우화>

　여섯째, 특수 용어에서 유래하여 생성된 것이 있다.

(20) ㄱ. 오락
　　　화투 놀이 - 땡(을) 잡다·땡 떴다, 피를 보다, 피박을 맞다,
　　　　　　　　못 먹어도 고(go)다
　　　장기 놀이 - 장군 멍군(일진일퇴하다)
　　　바둑 - 머리를 들다, 포석을 한다, 한 수 위다

ㄴ. 운동

권투 - 수건(타월)을 던지다

배구/축구 - 옐로우 카드(yellow card)를 보이다

ㄷ. 운전

브레이크(brake)를 걸다, 시동을 걸다, 핸들(handle)을 잡다

ㄹ. 기타

전파를 타다, 빨간 불(적신호)이 켜지다

일곱째, 신문이나 방송 등의 대중 매체에 의해서 만들어진 경우가 있다. 근래에 신문이나 잡지, 방송 등의 대중 매체들을 접해 보면, 각 분야에 대해서 시사성을 띠고 만들어진 관용 구절을 어렵지 않게 만날 수 있다. 특히 신문에서 만들어지는 경우는 사회적 현실을 잘 반영하고 있고, 전파력도 강하여 한 번 쓰이게 되면 반복적으로 계속 쓰이는 경우가 많아 관용 구절로 쉽게 굳어지는 경향이 있다. 이런 부류들을 면밀히 검토해 보면, 앞으로 생겨날 관용 구절의 경향도 짐작할 수 있다. 각 분야별로 대표적인 예들을 몇 개 제시한다.

(21) 정치 - 검은 돈 세탁, 눈도장 찍기, 물밑 움직임/못을 박다, 불똥이 튀다

경제 - 물 타기(주식), (기업들의)제 살 깎아 먹기/불똥이 튀다, 손을 떼다

사회 - 적과의 동침/몸살을 앓다, 애를 먹다, 입을 모으다

문화 - 돈방석에 앉다, 맞불을 놓다, 메가폰을 잡다

언어 내적인 생성 원인으로는 첫째, 의미가 비교적 쉽게 연상(聯想)되는 은유적 표현에 의해서 관용 구절이 생기게 된 것을 대표적으로 들 수 있다. 기존의 단어에 수사적 기교를 가하여 관용 구절이 생성되는데 이 비유법은 관용 구절의 중요한 생성 원인의 하나로 이로 인해 의미의 전이가 일어난다. 유사한 상황을 비유적으로 표현함으로써 생성된 것들이 있고(22ㄱ), 인간의 어떤 구체적인 행위를 비유적으로 표현함으로써 생성된 것들이 있으며(22ㄴ), 상징적으로 표현함으로써 생성된 것들도 있다(22ㄷ).

(22) ㄱ. 우물 안 개구리, 개밥에 도토리, 그림의 떡, 소 귀에 경 읽기

    ㄴ. 손을 잡다, 발을 빼다, 눈감아 주다

    ㄷ. 손을 벌리다

둘째, 어떤 구체적인 사건에 대해서 처음에는 일반적인 표현을 쓰다가 이와 유사한 상황에서 자꾸 반복해서 쓰다 보면 점차 추상화됨으로써 관용 구절이 되는 경우가 있다. 주로 사회, 문화적 배경을 가진 것들이 여기에 해당된다. 처음에는 사회, 문화적인 배경 속에서 생성되었지만 현재 그러한 사회 현상이 사라졌거나 사라져가고 있는 것들은 관용 의미가 불투명하게 느껴지게 되고, 아직 사라지지 않은 것들은 관용 의미가 비교적 투명하게 느껴지게 되는 것이다. '시치미를 떼다', '오리발을 내밀다'가 전자의 예이고, '국수를 먹다', '시집을 가다', '장가를 가다'가 후자의 예이다. 관용 구절의 생성 후 오랜 시간이 흐르게 되면 언중들은 처음에 그 표현이 생기게 된 유래는 모른 채 그 표현만을 가져다 쓰게 되는데 배경 설화를 기억하고 있는 경우는 유연적인 해석이 가능하지만, 현상이나 사물의 일부 및 명칭이 소멸되어 의미 변화가 일어나게 된 것들은 언중들에게 의미가 생소하게 느껴지게 되면서 추상적인 의미를 가지게 되는 것이다.

셋째, 언어적 변화를 겪게 되어 관용 구절이 된 것이 있다. 이는 다시 형태상의 변화를 겪은 경우와 의미상의 변화를 겪은 경우로 나눌 수 있다.

(23) ㄱ. 학질(을) 떼다 → 학을 떼다, 술 한 잔을 먹다 → 한 잔 하다

    ㄴ. 고래 싸움에 새우등 터진다 → 새우등 터진다

    다 된 밥에 재를 뿌리다 → 재를 뿌리다

    믿는 도끼에 발등 찍히다 → 발등을 찍히다

먼저 형태상의 변화를 겪은 경우를 보면, (23ㄱ)은 일반 구절에서 구성 요소가 생략되어 관용 구절이 된 것이고, (23ㄴ)은 속담이 생략되어 관용 구절이 된 것이다.

(24) ㄱ. 꼬리를 치다, 날 새다, 등을 돌리다, 머리를 깎다, 바가지를 씌우다,
　　　　보따리를 싸다, 손가락을 걸다, 옷을 벗다, 이를 갈다, 펜대를 돌리다
　　　ㄴ. 판을 치다
　　　ㄷ. 다리를 놓다, 목을 자르다, 발을 빼다, 손을 내밀다
　　　ㄹ. 산통이 깨지다, 뺑소니를 치다, 비행기를 태우다
　　　ㅁ. 엇기바람이 절로 나서 뒤도 안이 돌라보고 <u>쎙손이를 흐느디</u> 부인과
　　　　섬월은 붓터 안져서　　　　　　　　　　　　　　　　　　<목단화>

　(24)는 의미상의 변화를 겪은 예들이다. (24ㄱ)은 가장 일반적인 경우로 보이는
것으로 의미 전용이 일어난 것들이다. (24ㄴ)은 의미가 변화되어 관용 구절이 된
것이고, (24ㄷ)은 구성 요소들의 다의화로 인하여 관용 구절이 된 것이다. (24ㄹ)은
의미의 유추에 의해 축자적 의미와 관용적 의미를 연결시킴으로써 생성된 것이다.
대체로 처음에는 일반 구절로 쓰이다가 구성 단어가 의미 변화를 겪었다든가 전체
구절의 의미가 확대 또는 축소되는 변화를 겪으면서 관용 구절로 굳어진 것들로
언어 외적으로는 사회·문화적 배경의 변화에 의해 생긴 관용 구절들이 여기에 해
당된다. '산통이 깨지다'의 경우는 옛날 점쟁이들이 산통을 가지고 점을 치다가
산통이 깨져 버리면 점을 못 치게 되므로 일을 망치게 되었다고 한 데서 유추 확대
되어 일상적인 다른 일에도 사용하게 되면서 관용 구절이 된 것이다. '뺑소니를
치다'의 경우는 (24ㅁ)의 예처럼 민요나 개화기 소설에서 사람이 도망간다는 의미
로 자주 쓰였는데 현재는 자동차가 사고를 내고 도망간다는 의미로 축소되면서
관용 구절이 된 것이다.
　이상에서 살펴본 관용 구절의 생성 원인들은 상호 배타적인 것이 아니고 관용
구절 하나에 여러 원인들이 복합적으로 해당되기도 한다.

3.2. 관용 구절의 변천 과정

　관용 구절이 생성되는 과정을 통시적으로 살펴보면 일정한 방향성이 있음을 알
수 있다. 관용 구절은 기본적으로 비유 표현, 그 중에서도 특히 은유 표현에서 시작

된다. 본래 지니던 글자 그대로의 축자 의미가 나타내는 상황과 비유적으로 나타내고자 하는 상황이 근접 또는 유사한 데서 출발하는 것이다. 이러한 표현이 처음에는 임시적으로 쓰이지만 반복되어 쓰이면서 차츰 관용성을 가지게 된다. 개인적이고 특수한 상황에서 생성된 표현들이 유사한 상황에서 반복 사용되면서 사회적으로 대중성과 일반성을 얻게 되어 차츰 관용 구절로 굳어지게 된다. 그리하여 개인적이고 특수한 상황에서·가졌던 구체적인 의미가 차츰 추상적인 의미를 가지게 되고 오랜 시간이 흐르면서 처음 그 표현이 생기게 되었던 상황은 모른 채 그 표현만을 가져다 쓰게 되는 것이다. 그리하여 관용 구절의 생성 과정은 대체로 '행위, 상황, 사물의 비유(은유적 표현) → 반복 사용 → 사은유(유연성 상실) → 관용성 획득'의 과정을 거친다고 하겠다.

3.3. 관용 구절의 소멸

관용 구절이 소멸하게 되는 원인도 언어 외적인 경우와 언어 내적인 경우로 나누어 볼 수 있다. 언어 외적인 소멸 원인으로는 첫째, 여러 가지 사회·문화적 배경의 변화로 인한 경우를 들 수 있다. 이러한 변화에 부합되어 새로운 관용 구절들이 생기면서 기존의 관용 구절들이 점차 소멸되는 경우가 있다. 새로운 관용 구절인 '깡통을 차다'가 생기면서 기존의 관용 구절 '바가지(쪽박)를 차다'는 점차 사용이 줄어들게 되었다. 둘째로는 언중들의 공감대를 얻지 못하여 소멸된 경우이다. 생성 당시에는 그 시대의 정서에 부합되는 표현이었는데 시대가 변천하면서 현재에는 오래된 고전에서나 찾아볼 수 있는 표현이 되어 언중들이 사용을 기피함으로써 자연스럽게 소멸의 길을 걷게 된 것들이다. '각전 시정 통비단 감듯 한다', '난장박살 탕국에 어혈밥 말아 먹기', '태백산 백액호가 송풍나월 다루듯', '흰떡 집에 산병 맞추듯 한다'는 이러한 이유로 소멸되어 가는 관용 구절의 예가 된다.

언어 내적인 소멸 원인으로는 첫째, 유의 경쟁에서 패배한 경우를 들 수 있다. 예를 들어 16세기 언간 자료를 보면, 현재는 사용되지 않는 고유어 관용구 '몸 브리다'가 여러 번 나온다. 이것이 17세기 이후의 자료에는 전혀 나오지 않고 대신 '몸 풀다'와 '해산하다'가 나온다. '몸 브리다'가 언제 사어화(死語化)되었는지 정확한 시기는 모르지만, '해산(解産)하다'라는 한자어와의 유의 경쟁에서 졌기 때문에 소멸한 것으로 보인다. 둘째로는 관용 구절의 구성 요소로 사어나 폐어, 고어 또는 거의 사용되지 않는 단어가 포함된 경우를 들 수 있다. 이러한 관용 구절들은 언중들이 축자적 의미와 관용적 의미 사이에서 유연성을 발견하지 못하여 의미를 이해하지 못하게 되므로 점차 사용을 하지 않게 된다. 특히 젊은 세대들이 거의 사용을 하지 않는다. 그리하여 이것들이 현재는 구세대들에 의해서 명맥을 유지하고 있다고 하더라도 어느 정도의 시간이 흐르면 다른 것들보다 상대적으로 일찍 소멸되기가 쉽다. (25ㄱ)의 예들이 여기에 해당된다.

> (25) ㄱ. 변죽을 울리다, 얌생이 치다, 오지랖이 넓다, 용 빼는 재주,
> 황천객이 되다
> ㄴ. 간담이 썩다, 애가 끊어지다, 간장이 끊어지다

(25ㄴ)은 통시적 자료에서 사용 빈도수가 높았던 항목이지만 고어적 표현들이어서 지금은 거의 쓰이지 않는 항목에 속한다. '휘갑을 치다'처럼 구성 요소로 고어나 잘 쓰이지 않는 단어를 가진 항목의 경우도 점차 소멸의 길을 걷게 되는데 때로 '눈에 청개가 씌다'가 '눈에 콩깍지가 씌다'로 대체되는 데서 볼 수 있듯이 이해가 가능한 다른 단어로 대치되어 사용되기도 한다.

4. 관용 구절의 특성

4.1. 어휘적 특성

관용 구절을 구성하고 있는 어휘에는 신체 부위와 관련된 명사류가 많다. 이는 신체 어휘가 다양한 내포 의미를 가지면서 은유적 활용의 모습으로 쉽게 나타날 수 있기 때문이다. 신체 어휘 중에서도 외부 기관과 관련된 어휘가 내부 기관과

관련된 어휘보다 많다. 그런데, 신체 내부를 가리키는 '애', '속', '간' 등을 포함하는 관용 구절, 예를 들어 '간이 녹다', '기가 막히다', '애가 타다', '애를 쓰다'와 같은 것은 일단 생성되기만 하면 그 사용 빈도가 매우 높은 것이 특징이다. 이들 신체 내부와 관련된 단어는 인간의 심리 상태를 강조해서 나타내 주는 관용 구절들에 많이 이용된다. 신체 각 부위를 중심으로 사용 빈도가 높은 관용 구절의 예를 들면 다음과 같다.

(26) ㄱ. 신체 외부 기관

귀 : 귀가 뚫리다, 귀가 솔깃하다, 귀가 어둡다, 귀를 기울이다

낯, 얼굴 : 낯 뜨겁다, 얼굴에 똥칠하다, 얼굴이 두껍다

눈 : 눈(밖)에 나다, 눈에 불을 켜다, 눈에 차다, 눈에 흙이 들어가다,
    눈을 감아주다

다리 : 양다리를 걸치다

무릎 : 무릎을 꿇다, 무릎을 치다

등(골) : 등골을 뽑다, 등골이 빠지다, 등을 돌리다, 등을 지다

머리 : 머리가 크다, 머리를 내두르다, 머리를 얹다,
    머리에 피도 안 마른

목(구멍) : 목구멍이 포도청, 목을 매다[절박하게 매달리다],
    목을 자르다

몸 : 몸 부리다, 몸을 담다, 몸을 버리다[죽다], 몸이 달다, 몸 풀다

발 : 발로 차다, 발을 끊다, 발을 들여놓다, 발을 떼다, 발을 빼다,
    발이 넓다

발등 : 발등에 불 떨어지다, 발등을 찍히다, 발등의 불을 끄다

발목 : 발목을 잡히다

뺨 : 뺨(을) 치다(칠 정도로)

손 : 두 손을 들다, 손을 끊다, 손을 내밀다, 손을 대다, 손을 떼다,
    손을 벌리다, 손을 씻다

손가락 : 손가락을 꼽다, 손가락질을 받다

손발 : 손발이 따로 놀다, 손발이 맞다

엉덩이 : 엉덩이가 가볍다, 엉덩이가 무겁다

이, 치(齒) : 이를 갈다, 치를 떨다

입 : 입에 풀칠하다, 입을 막다, 입을 맞추다, 입을 모으다, 입을 씻다

코 : 내 코가 석 자다, 코가 납작해지다, 코가 석 자나 빠지다,
　　큰 코 다치다

팔(뚝) : 팔을 걷어붙이다, 팔(뚝)을 뽐내다

똥구멍 : 똥구멍으로 호박씨 까다, 똥구멍 찢어지게

혀 : 혀를 내두르다

ㄴ. 신체 내부 기관

간 : 간에 기별도 안 간다, 간에 안 차다, 간을 빼먹다, 간이 붓다,
　　간이 콩알만해지다

간담 : 간담이 무너지다, 간담이 서늘하다

(애)간장 : 간장이 끊어지다, 애간장을 녹이다, 애간장을 태우다

뼈 : 뼈를 갈다, 뼈 빠지게, 뼈에 사무치다, 잔 뼈가 굵다

속 : 속을 썩이다, 속이 타다

쓸개 : 쓸개가 빠지다

애 : 애가 타다, 애를 달다, 애를 먹이다, 애를 쓰다

오장 : 오장이 뒤집히다

관용 구절의 구성 어휘는 다양한 통시적인 변화를 겪게 되는데 먼저, 일반 구절의 구성 요소 중 어휘 형태소 하나가 생략됨으로써 관용 구절이 된 경우가 있다. '한 잔 하다'가 바로 그러한 예인데, 이것은 원래 '술 한 잔 하다'에서 '술'이 생략됨으로써 만들어진 관용구이다. 그런데 '술 한 잔 하다'는 공시적으로는 축자적 의미로 쓰이는 경우도 있는데 그렇게 되면 관용구의 자격을 잃게 된다. '학을 떼다'도 '학질을 떼다'에서 '질'이 생략되어 만들어진 관용구다. 이러한 생략 현상은 일반적으로 통사적인 현상이라 하겠으나, 어휘 형태소가 생략된 형태로 굳어진 채 쓰이기 때문에 일시적인 생략 현상과는 다르다.

관용 구절에는 구성 어휘 중 하나가 교체되어 유의·반의형을 가지는 경우가 있다. 신체어나 외부 상황과 결부된 은유 표현에서 굳어진 것들이 대부분이다. 이

들은 비교적 의미적 투명성을 가지므로, 축자 의미가 주는 유연성과 관련되어 이와
비슷하거나 반대되는 의미를 가진 경우에 한해서 만들어지는 것이다. 관용 구절의
구성 어휘는 고정되어 있지 않고 다양한 양상을 띠면서 변화하기도 한다. 이러한
현상은 민요나 개화기 소설에 보이는 관용 구절에서 많이 발견된다. 같은 의미를
가진 관용 구절이더라도 시대에 따라서 구성 어휘가 매우 다양하게 변하는 것이다.
통시적인 관점에서 구성 어휘가 변화된 모습을 살펴보기로 한다.

첫째, 구성 어휘가 유의어로 대치된 경우를 들 수 있다. 개화기 소설에 나오는
예들을 제시한다.

(27) ㄱ. 눈에서 <u>불이 나다</u> : 눈에서 <u>모닥불이</u> 쑥쑥 써러진다　　　<귀의성>

　　 ㄴ. 눈이 <u>어둡다</u>[세상 물정을 모르다] : 지방 정치에난 눈이 <u>컹컴ᄒᄂ</u>

　　　　　　　　　　　　　　　　　　　　　　　　　　　　 <귀의성>

　　 ㄷ. 옥에 티 : <u>빅옥</u>에 틔도 업는 부인의게 도적 누명을 씨워 <월하가인>

　　 ㄹ. 우물 <u>안</u> 개구리 :

　　　　 셤낭이 대쇼ᄒ고 닐오듸 말이 우물 <u>속</u> 개고리것도다　　　<구운몽>

둘째, 유의어라고 할 수는 없지만 의미상 관련된 다른 단어로 대치된 경우가
있다. 역시 개화기 소설에 나오는 예들을 제시한다.

(28) ㄱ. <u>간장이 녹다</u> / <u>간장을 녹이다</u> :

　　　　 <u>오장이</u> 슬슬 녹는 드시 이를 쓰느라고　　　　　　　 <귀의성>

　　 ㄴ. <u>갈수록</u> 태산이다 :

　　　　 에그 엇지ᄒ나 <u>넘도록</u> 틱산이오 사도록 고싱이라　　　 <명월정>

　　 ㄷ. 등골을 <u>빼먹다</u> : 제 남편의 등쏠을 쑥쑥 <u>쌜아 먹고</u>　　 <만인산>

　　 ㄹ. 물불을 <u>가리지 않다</u> :

　　　　 아모쪼록 물불을 <u>헤아리지 말고</u> 듸일을 보아 드려야　　 <소양정>

　　 ㅁ. 죽을 쑤다 :

　　　　 부쟈는 돈만 풀을 쑤엇지 그런 렬녀를 엇지 훼졀ᄒ리오 <요지경>

　　 ㅂ. 피를 <u>빨아먹다</u> :

　　　지금 밀양 군슈로는 빅셩의 피를 적게 <u>글것나냐</u>　　　　<만인산>

ㅅ. <u>황천길을 가다</u> :

　　　거의거의 세상을 하직ᄒ고 황천에 <u>터를 닥글</u> 터이라　　　<광악산>

4.2. 의미적 특성

국어 관용 구절이 가지는 본질적인 의미 특성은 세 가지이다. 첫째는 관용 구절의 형식이 축자적인 의미와 관용 의미 둘을 가지므로, 하나의 형식에 두 개의 의미가 대응하게 되는 중의성을 가진다. 1차적으로는 축자적인 의미로 해석되고, 2차적으로 관용 의미로 해석되는 것이다. 예를 들어, '눈을 감다'는 "눈을 감는 행위"라는 축자 의미와 더불어 "죽다"라는 관용 의미를 더 가진다. '물을 먹다'는 "물을 마시다"라는 축자 의미와 함께 "(외국 문화의) 영향을 받다"와 "낙방하다"라는 관용 의미를 가진다. 그리하여 '물을 먹다'는 축자 의미와 관용 의미 간에 1차적 중의성을 띠게 되며, 이 형식이 어떤 의미로 쓰였는가는 전적으로 문맥에 의존하여 판단된다. 그리고 두 가지 관용 의미는 다의 현상을 나타내주는 2차적인 중의성을 띠게 된다. 물론 문맥에서 중의성은 대체로 해소된다. 1차적인 중의성은 모든 관용 구절이 다 가지고 있는 의미 특성이다.

둘째는 관용 구절의 의미가 구성 요소들이 가지는 의미들의 합으로 이루어지지 않았으므로 의미가 비합성적이다. 관용 구절의 의미 특성 중 가장 특징적인 것은 관용 의미가 구성 요소들이 지니는 축자 의미가 모여서 이루어진 것이 아니라, 각 구성 요소들의 축자 의미의 합과는 무관한 제3의 의미라는 것이다. 즉 A라는 요소와 B라는 요소가 합해진 경우, 그 의미가 AB가 되는 것이 아니라 다른 제3의 의미인 C가 된다. 이러한 의미의 비합성성으로 인하여 관용 구절은 그 전체 구성이 하나의 의미 단위를 형성함으로써 하나의 어휘소 자격으로 어휘부에 등재된다.

셋째는 축자 의미와 관용 의미 사이에 유연성이 결여되어 있으므로 축자 의미를 통해서는 관용 의미를 예측해 낼 수 없는 의미의 불투명성을 들 수 있다. 관용 구절은 대체적으로 은유에 의해 화석화된 표현이므로 글자 그대로의 축자 의미에 의해서는 관용 의미를 확실하게 유추해 낼 수가 없다. 따라서 의미가 불투명하다고 할 수 있다. 그런데 의미의 투명성은 관용 구절마다 정도를 달리한다. 여기서 말하는 의미의 투명도란 축자 의미와 관용 의미 간의 예측 가능성 또는 유연성의 정도를 말한다. 이러한 투명성의 정도를 판가름하는 기준으로 의미의 전이 여부, 단일 의미소의 형성 여부, 의미적 관련성의 단절 여부, 유추 불가능성 여부는 물론 생성 시기 및 생성 수단, 구성 단어들의 종류, 생성 배경에 대한 화자들의 기억 여부 등을 들 수도 있다.

관용 구절은 한 마디로 비유적 표현(比喩的 表現)이라고 할 수 있는데 이는 개념 의미가 아닌 연상 의미를 대상으로 한 것으로 비유의 대상을 추상적인 개념을 가져다가 표현하기도 하지만, 구체적인 대상이 등장하는 경우가 훨씬 많다. 구체적이고 특수한 사례를 진술하여 일반적이고 보편적인 의미를 유발하고자 하는 것이다. 그리하여 관용 의미 자체가 구체적인 경우는 극히 드물고 결국 사물, 행동, 상황들을 은유적으로 관련시키는 것이 일반적이다. 이렇게 은유적으로 표현함으로써 추상적인 관용 의미를 가지게 되는 것이다. 그리하여 거의 모든 관용 의미는 기본적으로 '비유성'(비유적 의미 특성)을 가지고 있다고 볼 수 있다. 또한 관용 구절은 화자가 별도의 의도를 은유에 의해서 문장에다 함축(含蓄)시켜서 쓰는 것이라고 할 수 있다. 이러한 '비유성'과 '함축성'은 관용 구절 전체가 가지는 공통적인 의미 특성이다.

그밖에 관용 구절이 개별적으로 가지는 부차적인 의미 특성이 있다. 이는 관용 구절이 가지고 있는 관용 의미를 다른 단어나 구절로 표현을 할 수 있는데도 화자들이 굳이 관용 구절을 쓰게 되는 것은 두 표현 사이에 어떤 의미 차이가 있기 때문이다. 이는 표현 효과나 감정 가치에 있어서의 차이라 할 수 있다. 예를 들어, '바가지를 긁다'와 '잔소리하다', '비행기를 태우다'와 '칭찬하다'의 개념 의미는 같은데 '바가지를 긁다'에는 '잔소리하다'가 가지고 있지 않은 [해학/위트] 등의 부차적인 의미 특성이 내포되어 있고, '비행기를 태우다'에는 순수하게 긍정적인 의미만을 가지고 있는 '칭찬하다'가 가지지 못하는 [가식/과장/아부/야유] 등의 부정적인 의미 특성이 내포되어 있다. 관용 구절 대신 개념 의미만을 가지고 있는 '잔소리하다'나 '칭찬하다'라는 표현을 쓰게 되면 사실에 대한 무미건조한 진술이 될 뿐 관용 구절을 사용했을 때와 같은 표현의 효과를 얻을 수 없다. 따라서 관용 구절의 의미에 대해서 우리가 관심을 가져야 할 것은 본질적인 개념 의미보다는 또 다른 의미를 만들어 내는 부차적인 의미 특성이라고 할 수 있다. 관용 구절에서 나타나는 부차적인 의미 특성으로 대표적인 것은 [과장성(誇張性)], [반어성(反語性)], [완곡성(婉曲性)]을 들 수 있다.

(29)는 관용 구절 중에서 [과장성]을 부차적인 의미 특성으로 가진 것들이고 (30)은 [반어성]을 부차적인 의미 특성으로 가진 것들이다.

(29) 크거나 많음 과장 : 배가 남산만하다, 한강이 되다
　　작거나 적음 과장 : 간이 콩알만해지다, 손톱만큼도 없다,
　　　　　　　　　　 찔러도 피 한 방울 안 나온다
　　깊 과장 : 내 코가 석 자다, 요람에서 무덤까지, 입이 석 자나 나오다
　　높음 과장 : 하늘을 찌르다
　　낮음 과장 : 땅에 떨어지다, 바닥을 보다, 바닥이 드러나다, 코가 땅에 닿다
　　멂 과장 : 척하면 삼천리
　　가까움 과장 : 엎드리면 코 닿을 데, 코 앞에 닥치다
　　빠름 과장 : 눈 깜빡할 사이에, 마파람에 게 눈 감추듯

(30) 모양 좋~다, 자~알 논다, 잘 먹고 잘 살아라

[완곡성]의 부차적 의미 특성을 가진 것들은 다시 더 나누어 볼 수 있다.

(31) ㄱ. 죽다 → 눈을 감다, 밥숟가락 놓다, 황천으로 가다
　　 ㄴ. 결혼 전 성관계를 갖다 → 속도 위반하다
　　　　 배우자 이외의 사람과 관계를 맺다 → 바람을 피우다, 바람이 나다,
　　　　　　　　　　　　　　　　　　　　 외도(外道)를 하다
　　 ㄷ. 불쾌하다 → 입맛이 쓰다
　　 ㄹ. 똥을 누다 → 대변을 보다, 뒤를 보다, 뒷간에 가다

(31ㄱ)은 두려움이나 공포의 대상이 되는 것을 돌려서 표현한 것들이고, (31ㄴ)은 직접 말하기 어려운 일에 대한 표현을 비유적으로 나타낸 것들이다. (31ㄷ)은 상대방에게 불쾌감을 주는 내용을 돌려서 표현함으로써 생긴 것이며, 그밖에 추하

고 더러운 것을 돌려서 표현한 것이 (31ㄹ)이다.

그밖에도 관용 구절에서 여러 부차적 의미 특성이 나타나는 것을 볼 수 있다.

> (32) ㄱ. 군침을 흘리다, 배가 아프다, 사족을 못 쓰다, 수박 겉핥기,
>   파리를 날리다, 호박씨 까다
>   ㄴ. 나루 건너 배 타기
>   ㄷ. 꿩 대신 닭, 달밤에 체조, 제 눈에 안경

(32ㄱ)은 [은폐성(隱閉性)], [경멸성(輕蔑性)], [해학성(諧謔性)], [오락성(娛樂性)]과 같은 의미 특성을 가진 예들이다. (32ㄴ)은 모순 어법에 의한 관용 구절로 [모순성(矛盾性)]을, (32ㄷ)은 냉소적 표현 방법에 의한 관용 구절로 [냉소성(冷笑性)]을 부차적 의미 특성으로 가진다. 이러한 관용 구절의 부차적인 의미 특성은 화자가 의도하는 표현 효과를 내기 위한 중요한 요소인 동시에 관용 구절을 사용하게 하는 요인도 된다.

4.3 통사적 특성

관용 구절은 통사 구조상 몇 가지 특징을 가진다. 첫째, 표면 구조상의 축자 의미와 심층 구조상의 관용 의미가 일치하지 않는 이중 구조를 띠고 있으며, 실제 문장이나 담화에서 실현될 때 의미 단위가 일정하지 않고 상황에 따라서 단어 의미로 해석되기도 하고 구절 의미로 해석되기도 하여 유동적이라 할 수 있다.

둘째, 관용 구절이 어떤 형식 단위이든 간에 문장에 실현될 때에는 하나의 문장 성분에 속하며, 이는 인용 부호 ' '를 사용한 효과와 동일하다. 관용 구절의 문장 성분은 대개 서술어에 집중되어 있다. 그러므로 문장 내에서 대부분 후반부에 위치한다. 그리고 이 때 서술어의 주어는 생략된 경우가 대부분이다. 이렇게 문장에서 서술어로 실현되는 것은 은유적 표현 구조 "A는 B이다"에서 일반적으로 비유의 대상 B가 관용 구절로 나타나기 때문이다.

(33) 그림의 떡 → 그것은 나한테 '그림의 떡'일 뿐이야.
　　　꿩 대신 닭 → 그럼 내가 '꿩 대신 닭'이란 말이야?

셋째, 문장의 부수적 성분이 필수적으로 쓰인다. 문장의 성분에는 필수적인 성분과 부수적인 성분이 있는데 전자는 일반적으로 국어의 문장 구성 성분 중에서 반드시 필요한 것이고, 후자는 꼭 필요한 성분은 아니라고 하나 반드시 그런 것만은 아니다. 관용 구절에는 부수적인 성분이 관용 의미에서 차지하는 비중이 높기 때문에 없어서는 안 되는 절대적인 구실을 하는 경우가 있다. 다음 밑줄 친 부분이 바로 그러한 것이다.

(34) 부사어–볼 장 다 봤다/한 술 더 뜨다.

그밖에도 관용 구절은 오랜 세월에 걸쳐 사용되는 동안 어순이 고정되었다는 점을 들 수 있는데 이것은 언중의 심리적 메커니즘이 관용 구절의 어순에 반영된 결과라고 볼 수 있다. 관용 구절이 주로 통사적인 고정성을 띠고 있기 때문에 통사적인 현상들에 대해서 제약을 보이는데 이러한 제약은 관용 구절의 유형에 따라서 서로 다른 양상을 보이므로 일률적으로 말할 수는 없고 상대적이라고 할 수 있다. 일반적으로 '체언형 관용구>관형사형·부사형 관용절>관용문 단문>관용문 복문>서술형 관용절>용언형 관용구'의 순으로 제약의 강도를 나타낸다. 통사적 제약이 강할수록 통사적으로 고정성을 띠고 있는 반면 의미적 투명성은 약하다고 할 수 있다.
관용성이라 하면 의미의 화석화 정도로만 생각하지만, 의미적 기준 외에도 관용성을 결정하는 기준으로 통사적 고정성이나 번역 가능성 여부 등의 기준도 있다. 통사적 고정성이란 구성 요소가 긴밀하게 통합되어 고정된 하나의 단위로 쓰인다는 것이다. 이 통사적 제약을 관용 구절의 예외적인 특징으로 부각시켜 논의하기도 하나 통사적 제약 여부는 관용 구절인지 아닌지를 결정짓는 절대적인 기준이 아니다. 관용 구절이 가지는 통사적 특징일 뿐이고 예에 따라서 정도의 차이를 가지는 것으로 볼 수 있다. 그러면 다음의 여러 방법들에 의해서 국어 관용 구절들의 통사적 제약 여부를 살펴보도록 하겠다.

첫째, 관용 구절의 구성 요소에 따라 차이를 보이는데 두 개의 구성 요소로 이루어진 관용구절은 어순의 재배치가 자유롭지 못하다. 두 개의 구성 요소가 긴밀하게 통합, 고정되어 하나의 단위로 쓰이기 때문에 두 요소의 어순이 바뀌면 비통사적 구성이 될 뿐만 아니라 존재 자체가 무의미해진다. 두 요소로 구성된 관용 구절에 비해서 세 요소로 구성된 관용 구절은 제약이 적다.

(35) ㄱ. 밑 빠진 독에 물 붓기
→ ²그래 봤자 물을 밑 빠진 독에 붓는 것이나 마찬가지야.
ㄴ. 입에 풀칠(을) 하다
→ ?풀칠만 입에다 하고 살면 되지 뭘 더 바라겠느냐?
ㄷ. 발등에 불이 떨어지다 → 불이 발등에 떨어지다

(35ㄱ)은 체언형 관용구로 어순 재배치가 거의 불가능하다. (35ㄴ)은 용언형 관용구로 어순 재배치가 아주 불가능한 것은 아니나 자연스럽지 못하다. 그에 비해 (35ㄷ)에서 볼 수 있듯이 서술형 관용절은 어순 재배치가 자연스러운 것도 있다. 관용문 단문은 비교적 제약이 심하며, 복문은 앞 문장과 뒤 문장 사이에 의미적 연결 관계가 있어 어순이 바뀌면 관용 의미를 상실하기 때문에 어순 재배치가 불가능하다. 그리하여 관용 구절 내에서의 어순 재배치는 '목적어+서술어' 구성으로 된 용언형 관용구나 '주어+서술어' 구성으로 된 서술형 관용절 내의 목적어나 주어가 구성의 맨 앞으로 어순을 옮기는 것만이 가능하다고 하겠다.

어순 재배치에 의한 관형화는 국어에서 자주 쓰이는 통사적 구성이다. '*그녀가 긁은 바가지, *그가 태운 비행기, *올린 머리'의 예에서 볼 수 있듯이 관용 구절이 관형화되면 대부분 관용 의미를 잃게 된다는 지적도 있으나 반드시 그렇지만은 않다. 다음 (36)과 같이 적당한 문맥이나 언어적 상황이 주어졌을 때는 관형화가 가능하다.

(36) ㄱ. 간장을 태우다 → 태오든 내 간장을 춘절에 빙설 같이 다 쓸어 바리리라
<민요 석춘가(惜春歌)>

마음을 먹다 → 그녀를 본 순간 독하게 <u>먹은 마음</u>이 또다시 흔들렸다.

바가지를 긁다 → 오늘은 문득 그녀가 <u>긁는 바가지</u> 소리가 그립다.

ㄴ. 간장이 썩다 → 님 여히고 <u>썩은 간장</u> 하마트면 끄치리라

<타령 노랫가락>

입맛이 쓰다 → 그의 사과를 받긴 했지만 그래도 <u>쓴 입맛</u>은 어쩔 수가
없었다.

콧대가 높다 → 그녀의 <u>높은 콧대</u>를 어떻게 하면 꺾을 수 있을까?

(36ㄱ)은 용언형 관용구의 예이고 (36ㄴ)은 서술형 관용절의 예이다. 관용 구절 내에서의 관형화에 의한 어순 재배치가 '목적어+서술어' 구성으로 된 용언형 관용구나 '주어+서술어' 구성으로 된 서술형 관용절만이 가능한 것은 이들이 '형용사/동사+관형사형 어미+명사'의 구조로 된 관형형의 구조를 가능하게 하는 구성이기 때문이다. 목적어나 주어가 통사 구성의 맨 뒤로 자리를 옮기는 어순 재배치가 되는 것이다. 요약하자면, 체언형 관용구나 관용문 복문은 구성상 어순 재배치가 전혀 불가능하고 용언형 관용구와 서술형 관용절, 관용문 단문은 구성상 가능하지만 제약을 받는 경우와 제약을 받지 않는 경우가 있는데 위의 예들을 제외하고는 대부분 불가능하다.

둘째, 관용 구절은 구성 요소가 하나의 의미 단위로 작용하기 때문에 두 요소 사이에 다른 요소가 개입되면 관용 의미를 잃기 쉽다. 특히 일반 구절에 덧붙일 수 있는 '이, 그, 저'나 '어느, 어떤'과 같은 수식어는 통합이 거의 불가능하다. 그러나 문맥만 자연스럽게 주어진다면 가능한 경우도 있다. 체언형 관용구의 경우는 제약이 심하여 수식이 불가능하나(예 : *그림의 찰떡), 용언형 관용구나 서술형 관용절의 경우는 가능한 경우가 많다.

(37) ㄱ. 내 간장 <u>스리살짝</u> 녹인 백도라지 한두 뿌리 캐어 보자

<민요 만가(輓歌)>

ㄴ. 오라버니 장가는 <u>후맹년에</u> 가고 뒷들 논 팔아서 날 치워 주소

<민요 원가요(願嫁謠)>

ㄷ. 눈 밧게 <u>천리만콤은</u> 낫스니   <광악산>

ㄹ. 늬가 쫓겨 당기노라고 이를 <u>죽도록</u> 썻소   <귀의성>

ㅁ. 전후 슈작을 갑동다려 이르고 애를 <u>부드덩 부드덩</u> 쓰니   <고목화>

ㅂ. 틔강이에 피도 칠 말으지 못흔 어린 것들도 담빅를 일슈 먹는듸

                                                                 <목단화>

ㅅ. 말슴ᄒ자면 이에서 신물이 <u>졀로</u> 나요   <목단화>

ㅇ. 하느님의 은총을 감사하실 게 아니라 제게 한 턱이나 <u>단단히</u> 내십쇼

                                                                                                      <삼대>

관용 구절 내부에 삽입되어 후행 요소를 수식하는 경우도 각 예마다 정도의 차이를 보인다. 체언형 관용구는 구성 자체가 '수식어+피수식어'로 되어 있을 뿐만 아니라 삽입된 요소가 관용 의미를 깨뜨리기 때문에 수식이 불가능하다. 그리고 관형형 관용절이나 부사형 관용절, 관용문도 삽입 현상이 거의 불가능하다. 용언형 관용구는 비교적 수식어 삽입이 원활하며 서술형 관용절은 아주 자연스럽다.

부정소를 삽입하는 경우를 보면 '안'의 경우는 체언을 수식하지 못하고 용언을 수식하기 때문에 체언 앞에는 오지 못한다.

(38) ㄱ. 그가 이번에는 감투를 안/못 썼어. // 그는 이번에 감투를 쓰지 않았어.

    ㄴ. 꼬리를 안/*못 쳤다고 부정하진 않겠어.

        // 꼬리를 치지 않았다고 부정하진 않겠어.

    ㄷ. 구미가 하나도 안/*못 당긴다 // 구미가 당기지 않는다.

    ㄹ. 평생 동안 바람을 안 피우겠다고 맹세했다

        // 평생 동안 바람 한번 못 피워 봤다.

용언 앞에서의 수식은 관용 구절이나 관용문 내에서의 삽입을 말하는데, (38ㄱ)은 '안/못'이 둘 다 가능하다. (38ㄴ)과 (38ㄷ)에서 볼 수 있듯이 용언형 관용구와 서술형 관용절 내에 부정소 '안'을 삽입하는 것은 상당히 자연스럽다. 이에 비해 '못'에 의한 수식은 불가능하다. (38ㄹ)을 보면 문맥에 따라서 '안'을 요구하기도 하고, '못'을 요구하기도 하는 경우도 있음을 알 수 있다.

셋째, 관용 구절은 한 요소가 다른 단어로 대치되면 대부분 관용 의미를 잃게 되므로 심한 제약을 받으며, 어휘 형태소가 대치되는 경우는 문법 형태소가 대치되는 경우보다 제약이 훨씬 더 심하다. 관용 구절의 구성에서 어휘 형태소를 대치시키면 대부분 관용 의미가 상실되고 만다. 예를 들어 '수박 겉 핥기' 대신 '수박 껍질 핥기'나 '참외 겉 핥기'라고 하면 관용 의미를 잃는다. 다만 앞에서 언급했듯이 두 단어의 관계가 유의어로서 평어와 속어의 대립을 보인다거나 미세한 의미 차이를 가지는 경우는 관용 의미를 잃지 않고 대치가 가능한 경우가 있다.

(39) ㄱ. <u>동</u>이 나다 : <u>바닥</u>이 나다

빈대도 <u>낯짝</u>이 있다 : 빈대도 <u>콧등</u>이 있다

쌍심지를 <u>돋우다</u> : 쌍심지를 <u>켜다</u>

<u>엉덩이</u>가 무겁다 : <u>똥집</u>이 무겁다

<u>지렁이</u>도 밟으면 꿈틀한다 : <u>굼벵이</u>도 밟으면 꿈틀한다

ㄴ. 김선본지 이선본지 장개라고 가시거든 가마라고 탈 적에는

<민요 강실도령요>

*꿩도 먹고 알은 먹었지만, 눈 가리고 아웅은 했지만,

[?]내가 발은 벗고 나선다만은

간혹 전혀 다른 의미의 단어로 대치가 가능한 경우도 있는데 (39ㄱ)이 그런 예들이다. (39ㄴ)의 예들을 보면 문법적 기능을 가진 격조사를 바꾸면 비문법적인 통사 구조가 되므로 대치가 불가능한데 특수 조사(은, 는, 까지 등)를 대치하면 의미가 다소 변하지만 관용 의미가 사라지는 것은 아니므로 대치에 제약을 받지 않는다.

넷째, 일반적으로 관용 구절은 수동 표현에 제약을 가진다고 하나 꼭 그런 것만도 아니다. 예를 들어, '미역국을 먹다'가 '미역국을 먹이다'로 변형되는 것은 불가능하다고 하나 "출제 위원이 철수에게 미역국을 먹였다."는 가능하다. 그리고 '바가지를 긁다'도 '바가지를 긁히다'로 쉽게 변형될 수 있다. 대체로 관용구가 타동사와 같은 기능을 가지면 그 일부가 수동화할 수 있다.

피동화나 능동화에도 제약이 있다. 용언형 관용구는 타동사를 구성 요소로 가지

고 있으나, 피동화가 되면 (40)에서 보듯이 관용 의미를 잃게 되어 피동화가 어색
하다.

(40) 주름을 잡다 → *주름이 잡히다,
    콩밥을 먹다 → *콩밥이 먹히다,
    피를 보다 → *피가 보이다

서술형 관용절의 경우는 자동사나 피동사, 형용사를 구성 요소의 하나로 가지고
있다. 동작자와 동사가 결합되기도 하고 피동작자와 동사가 결합되기도 하는데 후
자의 구성이 더 많다. 일반 구문에서는 피동사가 능동사로 자연스럽게 바뀔 수
있지만, 관용문에서는 능동사로 바뀌면 관용 의미가 상실된다.

(41) 가시가 돋치다 → *가시를 돋다, 구멍이 뚫리다 → *구멍을 뚫다
    기가 막히다 → *기를 막다, 깨가 쏟아지다 → *깨를 쏟다
    눈에 청개가 씌이다 → *눈에 청개를 쓰다
    말이 먹히다 → *말을 먹다, 속이 보이다 → *속을 보다

그렇지만 피동화나 능동화가 불가능한 것은 아니다. 가능한 몇 예들을 제시하면
(42ㄱ), (42ㄴ)과 같다. 서술형 관용절 중에서 능동화가 가능한 경우는 용언형 관용
구와 상호 관계에 있는 것들이다.

(42) ㄱ. 피동화가 가능한 경우:
        낯을 깎다 → 낯이 깎이다, 마음을 놓다 → 마음이 놓이다
        목을 자르다 → 목이 잘리다, 못을 박다 → 못이 박히다
    ㄴ. 능동화가 가능한 경우:
        등골이 빠지다 → 등골을 빼다, 속이 뒤집히다 → 속을 뒤집다
        자리가 잡히다 → 자리를 잡다, 치가 떨리다 → 치를 떨다

관용 구절의 사동화는 타동사에 사동 접미사가 결합되어 사동사가 되는 단형 사동화와 '-게 하다'의 결합에 의한 장형 사동화로 나누어 볼 수 있는데 단형 사동과 장형 사동이 모두 불가능한 경우는 제외하고, 한 쪽만 되는 (43ㄱ), (43ㄴ)과 둘 다 되는 (43ㄷ), (43ㄹ)를 함께 놓고 비교해 보도록 하겠다.

> (43)[24]ㄱ. 깡통을 차다 → *깡통을 채우다/깡통을 차게 하다
>
> 마음을 먹다 → *마음을 먹이다/마음을 먹게 하다
>
> 머리를 깎다 → *머리를 깎이다/머리를 깎게 하다
>
> 뒷북을 치다 → *** /뒷북을 치게 하다
>
> 말뚝을 박다 → *** /말뚝을 박게 하다
>
> 바가지를 긁다 → *** /바가지를 긁게 하다
>
> ㄴ. 몸이 달다 → *** /몸을 달게 하다
>
> 바람이 들다 → *** /바람이 들게 하다
>
> 불이 붙다 → *** /불이 붙게 하다
>
> ㄷ. 타동사 → 사동사
>
> 골탕을 먹다 → 골탕을 먹이다/골탕을 먹게 하다
>
> 국수를 먹다 → 국수를 먹이다/국수를 먹게 하다
>
> 무릎을 꿇다 → 무릎을 꿇리다/무릎을 꿇게 하다
>
> ㄹ. 자동사 → 사동사
>
> 속이 타다 → 속을 태우다/속이 타게 하다
>
> 애가 타다 → 애를 태우다/애가 타게 하다
>
> 가슴이 타다 → 가슴을 태우다/가슴이 타게 하다

용언형 관용구 중에는 단형 사동화에는 제약을 보이나 장형 사동화에는 제약을 보이지 않는 경우가 많다. 둘 다 가능한 경우도 장형 사동화된 문맥이 더 자연스러운 경우가 많다. 서술형 관용절은 사동화가 되는 경우가 전체의 반도 못 되는데, 가능한 경우일지라도 문맥이 자연스럽지 못한 경우가 대부분이다.

관용 구절이 원래 사동형으로만 된 예도 있다.

---

24) 예문에 표시된 '***'은 동사 변이형 자체가 존재하지 않아 적용할 수 없는 것들이다.

(44) ㄱ. 눈을 붙이다 → *눈이 붙다/눈을 붙이게 하다

　　　등을 돌리다 → *등이 돌다/등을 돌리게 하다

　　ㄴ. 비행기를 태우다 → *비행기를 타다/*비행기를 타게 하다

(44ㄱ)은 사동사로 구성된 사동 구문 관용구를 자동사로 바꾸면 관용 의미를 잃게 된다는 것을 보여주는 예이다. 또 (44ㄴ)의 예처럼 장형 사동으로 바꾸면 어색한 것도 있다. 사동화 역시 관용 구절의 유형에 따라서 정도의 차이를 보이는 제약일 뿐이다.

　다섯째, 시제 요소의 결합은 체언형 관용구나 관형절, 부사절을 제외하고는 대체로 제약을 받지 않는다. 체언형 관용구는 시제 요소가 결합될 수 없고, 관형형 관용절과 부사형 관용절은 시제까지도 고정되어 쓰이기 때문에 제약이 많으나 적절한 문맥이 주어지면 어느 정도 시제 요소의 결합이 가능해진다. 이에 비해 용언형 관용구는 제약을 보이지 않고 서술형 관용절의 경우도 비교적 시제 변화가 가능하다. 현재, 과거, 미래 시제의 순서로 제시해 본다.

(45) ㄱ. **용언형 관용구**

　　　꼬리를 밟히다 : 이렇게 꼬리를 <u>밟히게</u> 된 것도, 결국 꼬리를 <u>밟혔다</u>,

　　　　　　　　　　 꼬리를 <u>밟힐까 봐</u> 겁이 났다.

　　　뒷북을 치다 : 뒷북을 <u>치고 만</u> 꼴이 되고 말았다,

　　　　　　　　　 그는 항상 뒷북을 <u>쳤다</u>, 뒷북 <u>칠까 봐서</u>.

　　　마음을 먹다 : 그렇게 마음을 <u>먹으니</u> 용기가 났다,

　　　　　　　　　 이번에는 모질게 마음을 <u>먹었다</u>.

　　ㄴ. **서술형 관용절**

　　　가시가 돋치다 : 가시가 <u>돋친</u> 얼굴, 잔뜩 가시가 <u>돋쳤다</u>,

　　　　　　　　　　 [?]가시가 <u>돋칠까</u> 염려스러워.

　　　간이 붓다 : 간이 <u>부어서</u> 저 모양이니, 그는 간이 <u>부었다</u>,

　　　　　　　　 간이 <u>부을까 봐서</u> 그렇지.

　　　기가 막히다 : 기가 <u>막혀서</u>, 기가 <u>막혔다</u>, [?]기가 <u>막힐</u> 것 같아서.

ㄷ. 관용문

눈 가리고 아웅하다 : 그게 다 눈 가리고 <u>아웅하는 거지</u> 뭐야?,

[?]<u>눈 가리고 아웅했다.</u>

방귀 뀌고 성내다 : 방귀 뀌고 <u>성낸</u> 꼴이었구만, *방귀 뀌고 <u>성냈다</u>,

[?]방귀 뀌고 <u>성낼지도</u> 모르지.

여섯째, 관용 구절의 생략은 일정한 문맥만 주어지면 매우 자연스럽게 일어난다. 용언류가 생략되는 것은 명사만 가지고도 어느 정도 의미 전달이 가능하나 목적어나 주어 등 체언류가 생략되는 것은 반드시 앞뒤 문맥이 있어야 의미 전달이 가능하다. ( ) 안의 부분이 생략된 관용 구절의 일부이다.

(46) ㄱ. 용언류의 생략

이번에도 미역국(을 먹으)이면 어떡하지?

웬 바가지(를 긁는 거)야. 바가지(를 긁기는)가.

또 오리발(을 내미니)이냐?

ㄴ. 체언류의 생략

이번 인사 때 정과장이 목이 잘릴 게 분명해. 지금까지 (목이) 안 잘린 게 요행이었지.

남자가 그렇게 입이 가벼워서야 어디에 쓰겠니? (입이) 가볍기는 내가 뭘 어쨌다고 그러시는 거예요?

일곱째, 국어에서 일반적으로 대용(代用)이 그다지 자유롭지 못한 것처럼 관용 구절에서도 마찬가지이다.

(47) ㄱ. *형은 미역국을 먹었지만, 동생은 그것을 먹지 않았다.

ㄴ. 형은 미역국을 먹었지만, 동생은 그렇지 않았다.

(47ㄱ)에서 볼 수 있듯이 관용 구절은 구성 요소 사이의 결속력이 강하여 구성 요소를 분리하여 대용화하는 경우는 제약이 많이 따른다. 그렇지만 (47ㄴ)에서 드

러나듯 관용 구절 자체가 하나의 단위로 대용화되는 것은 비교적 제약을 받지 않는다. 이것은 관용 구절이 결속력이 강하여 분리 불가능한 하나의 구조이기 때문이다. 특히 구성 요소를 분리하여 대용 표현을 만들려면 그 구성 요소는 어휘 의미를 감추어야 하는데 관용 구절의 특성이 두 구성 요소의 필수적인 공기 관계에 의해 이루어지기 때문에 한 쪽의 의미가 감추어질 경우 관용 의미를 잃게 되어 대용화가 불가능하게 된다.

국어 관용 구절은 일반 구절과 같은 기본 원리의 지배를 받고 있다. 다만 이들이 통사적으로 적용될 때 그 구성 요소가 각각 분리되어 적용되지 않고 결합된 형태가 하나의 통사 단위로 작용하기 때문에 통사적으로 구성 요소들의 결합 상태가 깨지면 관용 의미를 잃게 되므로 통사적 제약을 보이는 것이다. 관용 구절들이 통사적 구문에서 움직이는 단위는 그들 구성 전체가 되기 때문에 구성 요소 각각은 통사적으로 독립된 자격을 가지지 못하는 것이다. 관용 구절이 가지는 이러한 제약들은 일반 구절과 비교해 상대적으로 제약이 강하며, 제약을 받는 이유는 문맥 부여량, 일반적 원리 등의 다른 요인의 개입 때문이라고 생각한다. 그리하여 많은 관용 구절이 통사적 제약을 받기는 하지만 일률적으로 모든 관용 구절이 다 제약을 받는다고 할 수는 없고 각 기제들마다 정도의 차이가 있다.

각 유형별로 통사적 제약의 정도를 살펴보면, 체언형 관용구 > 관형형·부사형 관용절 > 관용문 단문 > 관용문 복문 > 서술형 관용절 > 용언형 관용구의 순으로 강하다. 서술형 관용절과 용언형 관용구는 둘 다 제약을 받지 않는데, 이 두 유형 내에서도 잘 알려지지 않은 역사적 사건이나 고사(故事)에서 유래한 불투명한 의미를 가진 관용 구절이 그 중 통사적 제약이 심한 편이고, 그 다음은 알려진 역사적 사건이나 일반적 사건에서 유래한 반불투명한 의미를 가진 유형이 통사적 제약을 덜 받으며, 의미가 반투명한 부류들이 통사적 제약을 가장 덜 받는다. 반투명한 유형 중에서도 사회·문화적 배경을 가지고 생성된 부류들은 약간의 제약이 따르고 외적 상황이나 행동의 유사에서 유래한 것들과 신체 관련 어휘로 구성된 관용 구절, 감정 표현의 관용 구절 등의 부류들은 통사적 제약이 가장 약하다. 같은 형식을 띤 유형에 속한 관용 구절이라도 생성 수단에 따라서 제약에 서로 이질적인 양상을 보인다.

이상에서 보았듯이 통사적 제약의 정도는 곧 통사적 고정성과도 일맥상통한 것이다. 통사적 제약이 강할수록 통사적 고정성을 띠고 있다고 할 수 있다. 그러므로 체언형 관용구가 통사적 고정성이 가장 강하고, 다음은 관형형·부사형 관용절과 관용문 복문, 그리고 용언형 관용구와 서술형 관용절이 통사적 고정성이 가장 약하다고 할 수 있다. 이러한 관용 구절들의 통사적 고정성은 일반 구절보다 강하고, 제2류 합성어(구성 요소간의 긴밀도가 강하여 관용 구절에서 조사가 탈락되어 합성화한 경우)보다는 약하다. 이러한 관용 구절의 제약과 고정성이라고 하는 것은 그들 사이에서 상대적인 것으로 파악해야 한다.

결론적으로 국어 관용 구절은 통사적 제약이 클수록 통사적 고정성이 강하고 구성 요소간의 긴밀성(결속력)도 큰 반면에 의미적 투명성은 약하다고 하겠으며, 반대로 통사적 제약이 작을수록 통사적 고정성이 약하고 구성 요소간의 긴밀성도 작은 반면에 의미적 투명성은 강하다고 할 수 있다.

4.4. 화용론적 특성

관용 구절은 담화상 실현되는 표현 양상과 의미 양상이 다양하게 나타나는데, 주로 화자 자신의 여건이나 발화 상황에 따라서 사용 양상이 달라진다. 첫째, 양식이나 문체 등의 상황의 차이에 따른 양상을 보면 일반적으로 문어체보다는 구어체에서, 격식체보다는 비격식체에서, 공적인 대화보다 사적인 대화에서 관용 구절을 많이 쓰는 경향이 있다. 둘째, 화자의 여건 차이에 따른 양상을 보면 세대 차이, 남녀 차이, 직업 및 교육 정도에 따라 차이를 보인다. 셋째, 표현 양상에서 가장 일반적인 현상은 구성 요소 일부를 다른 단어로 대치하는 경우이다. 넷째, 의미 양상은 사용 화맥에 따라서 미묘한 의미 차이를 보이는데, 이는 화맥 내에서의 화자의 관점(화자의 의도)을 고려해야 정확히 이해할 수 있다.

관용 구절이 실제 담화상 실현되는 표현의 양상은 매우 다양하다. 가장 일반적인 현상은 (48ㄱ)처럼 일부 구성 요소를 화맥에 따라 개념이 유사한 다른 단어로 대치해서 쓴 경우이며, (48ㄴ)처럼 응용을 해서 쓴 경우도 있고, 드물게 (48ㄷ)처럼 반의어로 대치해서 쓰기도 한다. 그밖에 (48ㄹ)은 구성 요소를 첨가한 예이고, (48

ㅁ)은 관용 구절 내부에 다른 요소를 삽입한 예, (48ㅂ)은 어순을 재배치한 예이다.

> (48) ㄱ. 코가 <u>석 자</u>나 빠지다
>> → 여학생 장가로 못 갈까 봐서 코가 <u>쉰댓 자</u>나 빠져갖고 댕길 때는
>> 언제고   <탁류>
>
> ㄴ. 콩 심은데 콩 난다 → 「<u>땅</u> 심은 데 <u>금</u> 난다」 겨울 잊은 태릉
>   <중앙일보>
>
> ㄷ. 콩으로 메주를 쑨다 해도(<u>못 믿겠다</u>)
>> → <u>팟</u>으로 며쥬를 만든다 하여도 <u>고지 듯게</u> 도얏더라   <귀의성>
>
> ㄹ. 시치미를 떼다 → <u>싀</u>시침이를 써히다   <귀의성>
>
> ㅁ. 최판셔를 처다보고 시침이를 <u>쑥</u>—씌며   <신출귀몰>
>
> ㅂ. 엉덩이가 무겁다
>> → 제 누이의 전보니까 그 <u>무겁던 엉덩이가</u> 이제야 떨어진 것인 게지요
>   <삼대>

(49)처럼 통사 단위를 변개해서 쓰기도 한다. (49ㄱ)은 의미를 강조하기 위해서 대구(對句)를 하나 더 추가해서 쓴 예이며, (49ㄴ)과 (49ㄷ)은 심층 의미와 관용 구절을 동의 중복하여 씀으로써 의미 강조의 효과를 노리는 예이다. 인용 형식에 변화를 주어 '-식, -격, -법, -꼴, -셈' 등의 보문 명사를 화맥에 맞추어 바꾸어 쓰기도 한다. (49ㄹ)이 그 예이다. 이 방식은 주로 속담의 인용 형식들이지만 관용 구절을 인용할 때도 쓰인다.

> (49) ㄱ. 콩으로 며쥬를 쑤고, <u>쇼곰으로 쟝을 담는다</u> ᄒ여도 도모지 고지 들니지
>> 아니ᄒ니   <불로초>
>
> ㄴ. [심층 의미] + <u>관용 구절</u>
>> [급ᄒ시기는] 령감도 <u>우물에 가 슉룽을 ᄎ지시겟네</u>   <월하가인>
>> [급ᄒ면] <u>바늘 허리에 실을 믜여 쓸닛가</u>   <월하가인>
>
> ㄷ. <u>관용 구절</u> + [심층 의미]
>> <u>누은 소 타기곳치</u> [쉬우면] 나는 쥬션을 못ᄒ여서 쟝ᄉ다려 부탁을 ᄒ
>> 나구   <월하가인>

ㄹ. 닭 쫓던 개 지붕 쳐다보는 격이다 → 닭 쫓던 개 지붕 쳐다보는 꼴이다

그밖에 세대·남녀·직업의 차이 등과 같은 화자의 여건에 따라서 사용상의 차이를 보인다. 인간이 공통적으로 느끼는 감정 표현의 관용 구절 중에서 일상적인 생활 용어로 굳어진 것들은 세대차를 뛰어넘어 보편적으로 널리 쓰이지만, 소멸의 위기에 있는 폐어나 이미 없어진 고어를 구성 요소로 한 관용 구절들은 노인층이면서 식자층에서만 주로 사용되고 있다. 그리고 관용 구절 중에는 생성 시부터 성별의 차이가 반영된 관용 구절이 있다. 예를 들어 "결혼하다"는 의미의 '국수를 먹다', '마당을 빌리다', '화촉을 밝히다'는 성별에 관계없이 모두 쓰이지만, '머리를 얹다', '머리를 올리다', '면사포를 쓰다', '시집을 가다'는 여성만을 대상으로 하고, '상투를 틀다'와 '장가를 가다'는 남성만 대상으로 한다. 화자의 성별 차이에 따라 관용 구절의 선택이 크게 달라지는 것은 아니다. 그런데 감정 및 심리 표현의 관용 구절은 여자가 더 많이 사용하는 경향이 있고, '한 잔 하다' 같은 경우는 남성들이 자주 사용하는 항목으로 조사된 것을 보면 성별에 따라 분명한 선택 차이가 있는 것들이 있다. 한편 화자가 어떤 직업을 가지고 있느냐에 따라서는 관용 구절의 사용이 크게 달라지는 것 같지는 않다. 다만 전문어의 성격을 지닌 관용 구절의 경우는 특정 계층에서 생성되지만 상황에 따라서 달리 사용되는 것이 아니라 그 분야에 대해서 말할 때는 누구나 대부분 그 관용 구절을 가져다 쓴다. 그런데 화자의 지적인 수준이나 교육 정도에 따라서 그 인식의 정도가 달라지므로 의미를 모르는 사람은 사용할 수가 없어서 사용 빈도에 차이를 보인다고 하겠다. 특히 신문에 많이 쓰이는 정치나 경제 분야 등에 관한 것은 사용 빈도 및 인식 자체에 큰 차이를 보인다.

요컨대, 관용 구절의 사용에는 화자의 나이, 성별, 직업 중에서도 나이가 가장 많은 영향을 끼치고, 나머지 요소는 사용에 크게 영향을 주지는 않는 것으로 보인다. 오히려 중요한 것은 화자 자신의 여건보다도 화자가 선택한 양식이나 문체에 따라서 관용 구절이 결정된다고 하겠다. 그밖에 관용 구절의 화용론적인 특징으로 관용 구절에 사회상이 반영되어 있다는 사실을 들 수 있다. 관용 구절에는 민족의 역사적 사건이나 천재지변, 민족성, 세대차, 지역차, 남녀차 등의 여러 요인이 은유,

과장 등의 수사적 표현에 의해 정직하게 반영되어 있다. 따라서 그 나라의 제반 사회·문화 현상을 제대로 이해해야 관용 구절의 의미를 올바로 이해할 수 있다. 사회상을 반영하는 몇몇 관용 구절을 들어보면 다음과 같다.

(50) ㄱ. 결혼 풍속 : 국수를 먹다, 마당을 빌리다, 머리를 올리다, 상투를 틀다,
　　　　　　　　시집을 가다, 장가를 가다
　　　ㄴ. 관직 : 감투를 쓰다
　　　ㄷ. 매사냥 : 시치미를 떼다
　　　ㄹ. 무속 신앙 : 굿들은 무당, 산통을 깨다
　　　ㅁ. 문화·예술 : 메가폰을 잡다
　　　ㅂ. 민족성 : 냉수 먹고 이 쑤시기(체면 중시)
　　　ㅅ. 식생활 : 우물에 가서 숭늉을 달란다, 콩으로 메주를 쑨대도

5. 속담

　광의의 관용표현이라 하여 앞에서 다루지 않은 연어, 상용구절, 속담, 격언, 금기담, 간접표현들 중에서 속담은 다른 것들과 성격이 다른 점이 있어서 여기에서 따로 다루고자 한다.

5.1. 속담의 개념과 범주

　『표준국어대사전』에 나오는 속담의 정의를 보면, "예로부터 민간에 전하여 오는 쉬운 격언이나 잠언"이라 되어 있다. 속담은 풍자적, 교훈적 의미를 비유적으로 표현한 것들을 말한다. 속담은 처음에 생겨나서 정착하기까지 다음과 같은 단계를 거친다.

개인적 차원 - ① 특수 사례의 발생
　　　　　　　② 그 사례의 묘사(표현)

사회적 차원 - ③ 묘사(표현)의 정제
　　　　　　　④ 언중의 공감과 재인용
　　　　　　　⑤ 어구의 고정화와 전파

　말하자면 사람들의 주목을 끄는 특수한 사례가 발생하면 어떤 개인이 그 사례를 묘사하고 주위의 사람들이 그 묘사가 적절함에 감탄을 한다. 유사한 사례가 발생했을 때 주위의 사람에게 각인이 된 그 말은 반복적으로 인용된다. 그러는 과정에서 묘사는 정제되어 더욱 언중의 공감을 얻게 된다. 묘사를 통해 전달하고자 하는 뜻이 사회적으로 공감을 얻을 수 있도록 적절한 수정이 가해지기도 한다. 이런 과정을 거쳐 완성이 된 표현은 널리 퍼지고 완전히 속담으로서 자리를 잡게 된다.
　속담이 되려면 첫째, 속담적인 구조를 갖추고 둘째, 기능적인 의미 전달을 하며 셋째, 관용성과 대중성을 지녀야 한다. 예를 들어 '산 입에 거미줄 칠까?'는 속담이지만 '사람은 먹고 살게 마련이다.'는 단순한 개념의 서술로서 기능적인 의미 전달을 하지 못하므로 속담의 요건을 결하고 있는 것이다.

5.2. 속담의 유형 분류

　속담의 유형을 나누어 보면 다음과 같다. 먼저 내용상으로는 풍자성을 띤 속담과 교훈성을 띤 속담으로 분류할 수 있다.

(51) ㄱ. 풍자성을 띤 속담
　　　　　 가지 많은 나무에 바람 잘 날 없다, 낫 놓고 ㄱ자도 모른다,
　　　　　 등잔 밑이 어둡다, 원수는 외나무 다리에서 만난다
　　　 ㄴ. 교훈성을 띤 속담
　　　　　 가는 말이 고아야 오는 말이 곱다, 공든 탑이 무너지랴,
　　　　　 윗물이 맑아야 아랫물이 맑다, 천릿길도 한 걸음부터,
　　　　　 콩 심은 데 콩 나고 팥 심은 데 팥 난다

둘째, 문장 말미의 형태로 분류할 수 있다. 속담은 그 문장의 말미가 어떤 형태로 되어 있는가가 중요한 의의를 갖는 것은 아니나 다음과 같이 명령형, 반문형, 평서형, 명사형, 미완형으로 분류할 수 있다. 이러한 문장의 말미는 화용론적으로 얼마든지 치환이 가능하다.

(52) ㄱ. 명령형 : 적게 먹고 가는 똥 누어라,
　　　　　　　 올라가지 못할 나무 쳐다보지도 말아라
　　 ㄴ. 반문형 : 산에 들어가 호랑이 피하랴, 외 손뼉이 소리 나랴,
　　　　　　　 공든 탑이 무너지랴
　　 ㄷ. 평서형 : 재주 익자 눈 어두워졌다, 장도 없으면서 국 좋아한다
　　 ㄹ. 명사형 : 풍년에 거지 노릇, 달리는 말에 채찍질
　　 ㅁ. 미완형 : 고양이 세수하듯, 고자 처갓집 가듯

셋째, 구조상으로는 다음과 같이 분류할 수 있다. 속담의 구조를 의미재(意味材)와 재료재(材料材)의 결합으로 이루어졌다고 본다면, 다음과 같은 유형들로 나누어 볼 수 있다.

(53) 가루는 칠수록 줄고(재료재), 말은 할수록 는다(의미재).
　　 낮 말은 새가 듣고(재료재), 밤 말은 쥐가 듣는다(재료재).
　　 가지 많은 나무 바람 잘 날 없다(의미재).

5.3. 속담의 특성

속담의 특성을 기능적, 통사적, 의미적, 화용적 특성으로 나누어 살펴보면 다음과 같다. 먼저 속담의 기능적 특성을 보면 속담의 일차적 기능은 비유성이며, 그 비유의 표현 방식이 대구로 이루어지는 것이 특징이다. '가는 방망이 오는 홍두깨', '달면 삼키고 쓰면 뱉는다', '앉아 주고 서서 받는다'가 그런 예이다. 이러한 부류의 속담들은 전반부와 후반부가 병립되어 중문의 구조를 가지고 있으면서 그 전체의 의미가 은유를 이루는 비유항이다. 그러므로 이런 경우에 있어서 피비유항은 속담

의 앞 또는 뒤에 다른 문장으로 존재하여 다음 (54)와 같이 다시 이 속담과 대응을 이룬다.

> (54) 앉아 주고, 서서 받는다더니 은혜를 베풀고 사정하네.
>
> 앉아 주고, 서서 받게 되니 빚 주는 일은 조심해야지.

속담의 통사적 특성은 구조상 대구를 이룸으로써 통사적 조화를 이루는 것이 많다는 것이다. 자세한 설명은 생략한다. 속담의 의미 특성은 속담에 동원된 언어 재료와 주제 의미와의 관계에 따라서 상징적 기능과 서술적 기능으로 나누어 생각할 수 있다. 의미 기능이 상징적인 경우는 주제 의미가 동원된 언어 재료의 표면에 전혀 나타나지 않고 상징적으로 전달되는 경우이다. 의미 기능이 서술적인 경우는 주제 의미가 언어 재료 속에 그대로 들어 있어서 그 언어 환경에 익숙하지 않은 사람이라도 누구나 쉽게 그 뜻을 알 수 있게 설명적으로 전달되는 경우이다. 전자의 예로 '백지장도 맞들면 낫다'가 있다. 주제 의미인 '협동'과 상징적인 관계에 있으며 상징적인 기능에 의해 의미를 전달하고 있다고 할 수 있다. 후자의 예로 '물은 건너보아야 알고 사람은 지내보아야 안다'가 있다. 주제 의미가 후반부에 그대로 노출되어 있어 이 속담은 서술 기능에 의존하고 있다고 할 수 있다.

속담은 통사 구조상 대구를 이룬 것이 많다면 의미적 특성상으로는 의미적 대립을 통한 대응적 특성을 보이는 것이 많다. 이를 의미 속성의 상대성이라고 할 수 있다. 서로 조화되지 않는 사건이나 행위를 풍자함으로써 두 개의 개념이 지니는 의미 속성이 상극적이면서 해학미를 풍기며, 거기에서 발생하는 의미의 상충은 우리의 의식 속에 풍자의 묘미를 유발시킨다. 아래 (55)에 일부 예를 제시한다.

> (55) 중의 빗, 풍년에 거지 노릇, 짚신에 분칠,
>
> 낮말은 새가 듣고 밤말은 쥐가 듣는다. 내리 사랑은 있어도 치사랑은 없다,
>
> 달면 삼키고 쓰면 뱉는다, 잘 되면 제 탓 못 되면 조상 탓

속담에 따라서는 의미 속성의 점층적 가중 현상이 나타나기도 한다. 앞부분에 나타나는 의미 속성이 뒷부분에서 더욱 가중되는 형식을 취하는 것이다. '말 타면 경마 잡히고 싶다', '게도 잃고 구럭도 잃었다'가 그 예이다.

속담의 화용적 특성을 보면 다음과 같다.

(56) ㄱ. 팔은 안으로 굽는다, 누울 자리 보고 발 뻗어라,

　　　아니 땐 굴뚝에 연기 나랴

　　ㄴ. 처삼촌 무덤에 벌초하듯

　　ㄷ. 행차 후의 나팔

　　ㄹ. 울며 겨자 먹기

(56)에서 보듯이 속담의 문장 형식은 다양하다. '-다, -라, -랴' 등의 용언으로 끝나기도 하고(56ㄱ), '~듯'으로 끝나는 것도 있으며(56ㄴ), 명사로 끝나는 것도 있고(56ㄷ) 용언에 명사형 어미 '-기'가 붙기도 한다(56ㄹ).

그런데 실제로 속담을 글이나 대화에 인용할 때는 "속담(옛말)에 ~(이)다(라)는 말이 있다"거나 "~다는 속담이 있는데" 등의 형식을 주로 사용한다. 그밖에도 속담의 변형 양상은 매우 다양하다.

(57) ㄱ. 공동묘지 가보게나, 핑계 없는 무덤 있던가?(←핑계 없는 무덤 없다)

　　　　　　　　　　　　　　　　　　　　　　　　　　　　　　　　　〈논 이야기〉

　　ㄴ. 꼬리가 길면 밟히는 법이라 마침내는 들키고야 말았다.　　　〈탑〉

　　　그야말로 고래 싸움에 새우등 터지는 격이었다.　　　　　　〈농민〉

　　　난 조카님의 응원을 얻어 오늘 밤 사문화를 열까 했는데, 혹 떼려다 혹 붙인 꼴이 되었군요.　　　　　　　　　　　　　　　〈행복어 사전〉

　　ㄷ. 외나무다리에서 만난 원수가 (←원수는 외나무다리에서 만난다) 하필이면 이몽룡이란 말인가.　　　　　　　　　　　　　　〈외설 춘향이〉

　　ㄹ. "이거 김칫국부터 마시는 (←떡 줄 사람은 생각지도 않는데 김칫국부터 마신다) 것도 유분수지 외박중이 어떻게 될지도 모르면서…"

　　　　　　　　　　　　　　　　　　　　　　　　　　　　　〈나무들 비탈에 서다〉

　　ㅁ. 백지장도 맞들면 낫다 → 백지장도 맞들면 가볍다

문맥에 맞추어 어말어미를 바꾼다거나(57ㄱ) 어미를 관형사형 어미 '-는, -ㄴ'으로 바꾼 후에 '법, 격, 꼴, 것, 기분, 셈, 식' 등의 명사를 덧붙인다(57ㄴ). 또한 구성 성분의 순서를 바꾸기도 하고(57ㄷ), 일부 구성 단어를 생략하거나(57ㄹ) 다른 단어로 바꾸어서 인용하는 경우도 있다(57ㅁ).

우리가 글을 쓰거나 말을 할 때에 이러한 속담을 인용하는 것은 새로운 표현을 만드는 부담을 느끼지 않으면서 생동감 있게 표현해 내는 이점이 있고, 길게 설명을 해야 하는 상황에서 그에 걸맞은 속담을 인용함으로써 전달하고자 하는 바를 다 전달하면서도 간결하게 표현할 수 있기 때문이다. 그리고 속담은 언중의 무수한 재인용을 거치면서 어느 정도 보편성을 획득하였기에 자신의 주장에 대한 근거로 활용되기도 한다. 또한 글을 시작할 때에 서두에서 속담을 인용함으로써 글을 읽는 사람에게 흥미를 유발하고 글 전체에 대한 암시를 줄 수 있다.

참 • 고 • 문 • 헌

[1장, 2장]

강신항(1983), 외래어의 실태와 그 수용 대책, 『한국 어문의 제문제』, 일지사.

강신항(1985), 근대화 이후의 외래어 유입 양상, 『국어생활』2, 국어연구소.

강신항(2004), 외래어가 국어에 끼친 공과, 『새국어생활』14-2, 국립국어연구원.

강신항(1991), 『현대 국어 어휘 사용의 양상』, 태학사.

고영근(1974), 『국어 접미사 연구』, 광문사.

고영근(1989), 『국어형태론연구』, 서울대학교 출판부.

고영근·구본관(2008), 『우리말 문법론』, 집문당.

구본관(1996/1998), 『15세기 국어 파생법에 대한 연구』, 국어학총서30, 태학사.

국립국어원(2003), 『2003년 신어』, 국립국어원.

국립국어원(2004), 『2004년 신어』, 국립국어원.

국립국어원(2005), 『2005년 신어』, 국립국어원.

김광해(1989), 『고유어와 한자어의 대응 현상』, 국어학총서16, 국어학회, 탑출판사.

김광해(1993), 『국어 어휘론 개설』, 집문당.

김광해(1995), 『어휘연구의 실제와 응용』, 집문당.

김규선(1970), 국어의 복합어에 대한 연구, 『어문학』23.

김규철(1980), 한자어 단어형성에 관한 연구, 『국어연구』41, 국어연구회.

김규철(1997), 한자어의 단어 형성, 『국어학』29, 국어학회.

김규철(2005), 『단어형성과 도상성에 대한 연구』, 박이정.

김문창(1985), 『국어 문자 표기론』, 문학세계사.

김민수(1973), 『국어정책론』, 고려대 출판부.

김세중(1998), 외래어의 개념과 변천사, 『새국어생활』8-2.

김용한(1998), 『한자 어소의 의미 기능 연구』, 국학자료원.

김일병(2000), 『국어 합성어 연구』, 역락.

김종택(1971), 의미충돌 현상에 대하여, 『국어국문학』51.

김종택(1992), 『국어 어휘론』, 탑출판사.

김진해(2006), 신어와 언어 '밖', 『새국어생활』16-4, 국립국어원.

김종훈(1983), 『한국고유한자연구』, 집문당.

김창섭(1983), '줄넘기'와 '갈림길'형 합성명사에 대하여, 『국어학』12.

김창섭(1981), 현대국어의 복합동사연구, 『국어연구』47, 국어연구회.

김창섭(1996), 『국어의 단어형성과 단어구조 연구』, 태학사.

김창섭(1996), 국어 파생어의 통사론적 문제들, 『이기문교수 정년퇴임기념논총』.

김창섭(1999), 『국어 어휘 자료 처리를 위한 한자어의 형태·통사론적 연구』, 국립국어연구원.

김창섭(2008), 『한국어 형태론 연구』, 태학사.

남기심·고영근(1993), 『표준국어문법론』, 탑출판사.

남광우(1992), 중세국어 한자어에 대한 기초적 연구, 『한국어문』1.

남성우(2006), 『16세기 국어의 동의어 연구』, 박이정.

남풍현(1967), 15세기 국어의 혼성어(blend) 고, 『국어국문학』34.35.

남풍현(1968), 중국어 차용에 있어 직접 차용과 간접 차용의 문제에 대하여, 이숭녕박사
　　　　송수기념논총.

노명희(1990), 한자어의 어휘형태론적 특성에 관한 연구, 『국어연구』95, 서울대 국어연구회.

노명희(1998/2005), 『현대국어 한자어 연구』, 태학사.

노명희(2006), 최근 신어의 조어적 특징, 『새국어생활』16-4.

노명희(2006), 국어 한자어와 고유어의 동의중복 현상, 『국어학』48.

노명희(2007), 한자어의 어휘 범주와 내적 구조, 『진단학보』103.

노명희(2008), 한자어의 구성성분과 의미 투명도, 『국어학』51.

노명희(2009ㄱ), 국어 동의중복 현상, 『국어학』54.

노명희(2009ㄴ), 외래어 단어형성, 『국어국문학』153.

노명희(2010), 혼성어 형성 방식에 대한 고찰, 『국어학』58.

류구상(1976), 동의중첩어의 구조, 『어문논집』17, 고려대학교.

류구상(1987), 동의중첩어의 구성 차례, 『한남어문학』13, 한남대학교.

리의도(2005), 『올바른 우리말 사용법』, 예담.

문금현(1999), 현대국어 신어의 유형분류 및 생성 원리, 『국어학』33.

박영섭(1995), 『국어 한자 어휘론』, 박이정.

박용찬(2005), 『우리말이 아파요』, 해냄.

박용찬(2007), 『외래어 표기법』, 랜덤하우스.

박용찬(2008), 국어의 단어형성법에 관한 일고찰, 『형태론』10-1.

배주채(2003), 『한국어의 발음』, 삼경문화사.

성환갑(2001), 반의자 결합 한자어 연구(Ⅰ), 『어문연구』112, 한국어문교육연구회.

성환갑(2002), 반의자 결합 한자어 연구(Ⅱ), 『어문연구』113, 한국어문교육연구회.

송기중(1992), 현대국어 한자어의 구조, 『한국어문』1, 한국정신문화연구원.

송기중(1998), 어휘 생성의 특수한 유형, 「한자차용어」, 『국어 어휘의 기반과 역사』, 태학사.

송민(1979), 언어 접촉과 간섭 현상에 대하여, 『성심여대논문집』10, 성심여자대학교.

송민(1990), 어휘 변화의 양상과 그 배경, 『국어생활』22, 국어연구소.

송민(2006), 20세기 초기의 신어, 『새국어생활』16권 4호, 국립국어원.

송원용(2002/2005), 『국어 어휘부와 단어 형성』, 국어학총서50, 태학사.

송철의(1977), 파생어 형성과 음운현상, 『국어연구』38, 서울대 국어연구회.

송철의(1992), 『국어의 파생어 형성 연구』, 태학사.

시정곤(2006), 『현대국어 형태론의 탐구』, 월인.

시정곤(2006), 사이버 언어의 조어법 연구, 『한국어학』31, 한국어학회.

신기상(2004), 한자어 구문과 그 어순에 대하여, 『한국어의 역사』(이등룡 교수 정년기념논
　　　　문집), 보고사.

신기상(2005), 한자어의 국어화에 대한 연구, 『어문연구』33, 한국어문교육연구회.

신기상(2005), 『현대국어 한자어』, 북스힐.

심재기(1964), 국어 어의 변화의 구조적 연구, 『국어연구』11, 국어연구회.

심재기(1982), 『국어어휘론』, 집문당.

심재기 외(1984), 『의미론 서설』, 집문당.

심재기(1987), 한자어의 구조와 그 조어력, 『국어생활』, 국어연구소.

심재기(1989), 한자어 수용에 관한 통시적 연구, 『국어학』18.

심재기(1990), 국어 어휘의 특성에 대하여, 『국어생활』22, 국어연구소.

심재기(2000), 『국어 어휘론 신강』, 태학사.

엄영섭(1991), 국어 어휘의 동의중복 현상 연구, 동아대학교 교육대학원 석사학위논문.

유창돈(1971), 『어휘사 연구』, 선명문화사.

윤평현(2008), 『국어의미론』, 역락.

이기문(1978), 어휘 차용에 대한 일고찰, 『언어』3.1.

이기문(1986), 차용어 연구의 방법, 『약천 김민수교수 회갑기념 국어학신연구 Ⅱ』, 탑출판사.

이기문(1991), 『국어 어휘사 연구』, 동아출판사.

이기문(2006), 『신정판 국어사개설』, 태학사.

이용주(1974), 『한국 한자어에 관한 연구』, 삼영사.

이용주(1984), 한국외래어의 특징과 고유어와의 상호작용, 『국어교육』9, 한국국어교육연구회.

이용주(1989), 한국어 어휘체계의 특징, 『국어교육』15, 한국국어교육연구회.

이운영(2002) 『표준국어대사전 연구 분석』, 국립국어원.

이은섭(2007), 형식이 삭감된 단위의 형태론적 정체성, 『형태론』9-1.

이익섭(1968), 한자어 조어법의 유형, 『이숭녕박사 송수기념논총』.

이익섭(1969), 한자어의 비일음절 단일어에 대하여, 『김재원박사회갑기념논총』.

이익섭(1975), 국어 조어론의 몇 문제, 『동양학』5, 단국대 동양학연구소.

이익섭(1985), 국어 복합명사의 IC 분석, 『국어국문학』30, 국어국문학회.

이익섭 외(1997), 『한국의 언어』, 신구문화사.

이익섭(2000), 『국어학 개설』, 학연사.

이익섭(2005), 『한국어 문법』, 서울대학교출판부.

이익섭·채완(1999), 『국어문법론강의』, 학연사.

이재인(1999), 동의 중복어의 구조, 『배달말』25, 배달말학회.

이주호(1994), 합성어로서의 준말에 대한 연구, 계명대학교 교육대학원 석사학위논문.

이주희·홍승욱(2001), 영어 합성어와 혼성어에 대한 비교 연구, 『영어영문학연구』45-1.

임지룡(1983), 의미중복에 대하여, 『배달말』8, 배달말학회.

임지룡(1989), 『국어 대립어의 의미 상관체계』, 형성출판사.

임지룡(1992), 『국어 의미론』, 탑출판사.

임지룡(1996), 혼성어의 인지적 의미분석, 『언어과학연구』13, 언어과학회.

임지룡(1997), 『인지의미론』, 탑출판사.

임홍빈(1997), 외래어의 개념과 그 표기법의 형성과 원리, 『한글 맞춤법, 무엇이 문제인가?』, 태학사.

임홍빈(2008), 외래어의 개념과 범위의 문제, 『새국어생활』18-4.

정민영(1994), 국어 한자어의 단어 형성 연구, 충북대 대학원 박사학위논문.

정원수(1991), 국어의 단어 형성 연구, 충남대학교 대학원 박사학위논문.

정호성(2000), 『표준국어대사전』 수록 정보의 통계적 분석, 『새국어생활』10-1.

정희원(2004), 외래어의 개념과 범위, 『새국어생활』14-2.

조남호(1988), 현대국어의 파생 접미사 연구, 『국어연구』85, 서울대 국어연구회.

조남호(2002), 국어 어휘의 분야별 분포 양상, 『관악어문연구』27, 서울대 국어국문학과.

조세용(1986), 한자어에서 개주된 귀화어 연구, 한양대학교 대학원박사학위논문.

조준학(1993ㄱ), 영어의 중복 표현 소고, 『영어영문학』39-2.

조준학(1993ㄱ), 영어와 한국어의 중복 표현에 관한 화용론적 고찰, 『어학연구』29-1.

채현식(2000), 유추에 의한 복합명사 형성 연구, 서울대 대학원 박사학위논문.

최형용(2007), 동의 충돌에 따른 의미 변화의 한 양상에 대하여, 『국어학』50.

최규일(1989), 한국어 어형성에 관한 연구, 성균관대 대학원 박사학위논문.

최범훈(1973), 국어의 한자계 귀화어에 대하여, 무애 양주동박사 고희기념논문집.

황진영(2009), 현대국어 혼성어 연구, 연세대학교 대학원 석사학위논문.

Aitchison, J.(2003), *Words in the Mind*, Blackwell Publishing Ltd.

Bauer, L.(1983), *English Word-Formation*, Cambridge University Press.

Booij, G.(2007), *The Grammar of Words*, Oxford University Press.

Cruse, A.(2000), *Meaning in Language*, Oxford University Press.

Hockett, C.F.(1958), *A Course in Modern Linguistics*, New York: The Macmillan Company.

Hapelmath, M.(2002), *Understanding Morphology*, London: Arnold.

Ingo Plag(2003), *Word-Formation in English*, Cambridge Textbooks in Linguistics.

Kubozono, Haruo(1991), *Phonological constraints on blending in English as a case for phonology-morphology interface*, Booij and van Marle(eds.)에 수록.

[3장]

강범모(1999), 『한국어의 텍스트 장르와 언어 특성』, 고려대학교 출판부.

강범모·김홍규(2004), 『한국어 형태소 및 어휘 사용 빈도의 분석2』, 고려대 민족문화연구원.

강범모·김홍규(2009), 『한국어 사용 빈도』, 한국문화사.

강범모 외 편(2004), 『코퍼스와 어휘 데이터베이스』, 월인.

강신항(1983), 외래어 실태와 그 수용대책, 『한국어문의 제문제』.

구현정·전영옥(2002), 구어와 구어 전사 말뭉치, 서상규·구현정(2002)에 수록.

권혁승(2003), 영어의 기초어휘 연구, 『새국어생활』13-3.

김광해(1993), 『국어 어휘론 개설』, 집문당.

김광해(2001), 한국어의 등급별 총어휘(낱말 v.2001) 선정. 서울대 국어교육연구소1.

김광해(2003), 기초어휘의 개념과 중요성, 『새국어생활』13-3.

김광해(2003), 『등급별 국어교육용 어휘』, 박이정.

김광해 외(1999), 『일제강점기 대중가요 연구』, 박이정.

김의수 외(2004), 말뭉치에 나타난 어근의 분포, 강범모 외 편(2004)에 수록.

김종택(1992), 『국어 어휘론』, 탑출판사.

김종학(2001), 『한국어 기초어휘론』, 박이정.

김한샘(2005), 『현대 국어 사용 빈도 조사2』, 국립국어연구원 보고서.

김홍규·강범모(1997), 『한글 사용빈도의 분석』, 고려대 민족문화연구소.

김홍규·강범모(2000), 『한국어 형태소 및 어휘 사용 빈도의 분석1』, 고려대 민족문화연구원.

김희정(2008), 일제 강점기 한일 유행가에 나타나는 고빈도 어휘 연구, 『일본어문학』41.

김희진(1990), 중학교 교육용 어휘에 대한 연구. 『국어교육』71.

문교부(1955), 『우리말에 쓰인 글자의 잦기 조사』, 문교부.

문교부(1956), 『우리말 말수 사용의 잦기 조사』, 문교부.

문영호(2001), 『조선어어휘통계학』, 박이정.

문영호 외(1993), 『조선어빈도수사전』, 평양: 과학백과사전종합출판사.

박갑수(1971), 청록집의 어휘고, 『김형규 박사 송수기념 논총』.

배주채(2010), 한국어 기초어휘집, 한국문화사.

배희숙(2000), 어휘 풍부성 평가에 대한 계량언어학적 연구(프랑스어 텍스트를 중심으로), 『음성과학』7-3.

샤를르 뮐레 저, 배희숙 역(2000), 『통계언어학』, 태학사.

서상규(1998), 말뭉치 분석에 기반을 둔 낱말 빈도의 조사와 그 응용, 『한글』242.

서상규(1998ㄱ), 연세 말뭉치 1-9를 대상으로 한 현대 한국어의 어휘 빈도-빈도 7 이상, 연세대 언어정보개발연구원 내부 보고서.

서상규(1999), 『한국어 교육 기초 어휘 의미 빈도 사전의 개발』, 한국어세계화추진위원회 보고서.

서상규(2000), 『한국어 교육 기초 어휘 의미 빈도 사전의 개발』, 한국어세계화추진위원회 보고서.

서상규(2002), 우리사전의 중요어 목록(2차 조사) 총 2,975단어. 미발표.

서상규·구현정(2002), 『한국어 구어 연구(1)-국어 전사 말뭉치와 그 활용』, 한국문화사.

서상규 외(1998), 『한국어 교육을 위한 기초어휘 선정 보고서』, 한국어 세계화 추진 위원회.

서정국(1968), 국어 기본어휘의 연구-국민학교 국어과 교과서의 어휘 조사를 중심으로. 고려대 석사학위 논문.

성광수(1999), 어휘부의 구조와 기초어휘의 활용-외국인대상 교육용 및 실어증환자 진단용 어휘설정을 위해, 『선청어문』27.

신익성(1972), 언어통계학과 어휘연구, 『어학연구』8-1, 서울대 어학연구소.

안승덕·김재윤(1975), 국민학교 『국어』 교과서의 어휘 조사 연구, 『논문집』11, 청주교대.

양오진(2003), 중국어의 기초어휘 연구, 『새국어생활』13-3.

이상억(2001), 『계량국어학 연구』, 서울대학교출판부.

이운영(2002), 『표준국어대사전 연구 분석』, 국립국어연구원 보고서.

이응백(1972), 국민학교 학습용 기본어휘. 『국어교육』18.

이응백(1978), 국민학교 입문기 학습용 기본어휘 조사 연구. 『국어교육』32.

이응백·이인섭·김승렬(1982), 국민학교 아동의 어휘 조사 연구. 『국어교육』42.43.

이익환(2002), 기본어휘 선정 및 사용 실태 조사를 위한 기초 연구, 국립국어연구원 보고서.

이충우(1994), 『한국어 교육용어휘 연구』, 국학자료원.

이한섭(1997), 어휘 조사 단위에 대한 연구, 국립국어연구원 보고서.

이한섭(2003), 일본어의 기초어휘 연구, 『새국어생활』13-3.

이희자(2003), 국어의 기초어휘 및 기본어휘 연구사, 『새국어생활』13-3.

임근석(2002), 현대국어의 어휘적 연어 연구, 『국어연구』167.

임소영·안주호(2002), 『어휘 정보 주석 말뭉치 구축』, 서상규·구현정(2002)에 수록.

임소영·안주호(2004), 대학생의 외래어 사용 양상-구어 말뭉치를 중심으로, 『한글』263.

임지룡(1991), 국어의 기초어휘에 대한 연구, 『국어교육연구』23, 경북대 국어교육과.

임칠성(2000), 컴퓨터 대화방 글말의 어휘에 대한 계량적 고찰, 『국어교육연구』10-1.

임칠성(2002), 초급 한국어 교육용 어휘 선정 연구. 『국어교육학연구』14.

임칠성(2003), 기초어휘 선정 방법론, 『새국어생활』13-3.

임칠성·水野俊平·北山一雄(1997), 『한국어 계량연구』, 전남대학교 출판부.

정영미(1993), 국어 어휘의 통계적 특성과 그 응용, 『인문과학』69.70

조남호(2002ㄱ), 현대 국어 사용 빈도 조사-한국어 학습용 어휘 선정을 위한 기초 조사, 국립국어연구원 보고서.

조남호(2002ㄴ), 국어 어휘의 분야별 분포 양상, 『관악어문연구』27.

조남호(2002ㄷ), '21세기 세종계획'의 균형 말뭉치 분석, 『한국어와 정보화』(홍윤표 외, 태학사).

조남호(2003), 국어 기본어휘 선정의 현황과 과제, 『새국어생활』13-3.

조남호(2003), 말뭉치를 활용한 어휘 빈도 조사, 『텍스트언어학』15.

조남호(2003), 한국어 학습용 어휘 선정 결과 보고서, 국립국어연구원 보고서.

조남호(2005), 『現代韓國語における外來語受容の樣相の變遷』, 國立國語研究所(2005)에 수록.

조남호(2006), 20세기 후반기 국어 어휘 변화 양상의 일고찰-빈도 조사 자료의 비교를 중심으로, 『이병근선생퇴임기념 국어학논총』.

조현용(2000), 『한국어 어휘교육 연구』, 박이정.

최길시(1998), 『외국인을 위한 한국어 교육의 실제』, 태학사.

한영균(2001), 한국어 학습자 사전 개발을 위한 어휘 계량적 접근, 『울산어문연구』15.

한영균(2002), 어휘의 계량과 그 응용, 『제3회 국어정보화 아카데미 심화 강좌 강의자료집 II』, 연세대학교 언어정보개발연구원.

한영균(2002), 어휘 기술을 위한 연어정보의 추출 및 활용과 관련된 몇 가지 문제, 『국어학』39.

한영균(2003ㄱ), 어휘 계량적 분석과 띄어쓰기 문제, 『한국문화』31.

한영균(2003ㄴ), 한자어의 현대 한국어 문어 텍스트 점유율에 관한 연구, 『어문연구』31-4.

한영균(2006), 한국어 어휘 교육·학습 자료 개발을 위한 계량적 분석의 한 방향-어휘 빈도 조사 방법의 개선을 위하여, 『어문학』94.

한영균(2007), 한국어 어휘 교육과 어휘 통계 정보, 『한국어교육』18-3.

水野俊平(1993), 현대 한국어 어휘 구성의 계량적 고찰, 전남대 석사논문.

國立國語研究所(1984), 『語彙と研究と教育(上)』.

國立國語研究所(1984), 『日本語教育のための基本語彙調査』, 秀英出版.

國立國語研究所(2005), 『世界の<外來語>の諸相』, 第11回 國立國語研究所國際シンポジウム報告書.

Francis, W. & Kučera, H.(1982), *Frequency Analysis of English Usage: Lexicon and Grammar*, Houghton Mifflin Company.

Nation, P. & Waring, R.(1997), *Vocabulary size, text coverage and word lists*, Schmitt, N. & McCarthy, M.(1997)에 수록.

Schmitt, N. & McCarthy, M.(1997), *Vocabulary: Description, Acquistition and Pedagogy*, Cambridge University Press.

Thorndike, E. L. & Lorge, I.(1963), *The Teacher's Word Book of 30,000 Words*(4판), Teachers Clooege·Columbia University.

Ogden, C. K.(1932), *Basic English-A General Introduction with Rules and Grammar*(2판), Kegan Paul, Trench, Trubner.

West, M.(1953), *A General Service List of English Words*, Longman, Green and company.

[4장]

김완진(1973), 국어 어휘 마멸의 연구, 『진단학보』35.

김종학(1982), 국어 어휘의 의미변화양상에 대한 시고, 『어문논집』16, 중앙대.

김태곤(2002), 『중세국어 다의어와 어휘변천』, 박이정.

김희진(1984), '놈(자)'의 의미변화고, 『어문연구』42.43, 한국어문교육연구회.

남성우(1985), 『국어의미론』, 영언문화사.

남성우(1990), 국어의 어휘 변화, 『국어생활』22, 국어연구소.

남성우(1999), Ullmann의 의미론에 대하여, 『한국어 의미학』5.

남풍현(1985), 민간어원 수제, 『국어학』14.

마성식(1991), 『국어 어의변화 유형론』, 한남대학교출판부.

마성식(1999), Ullmann의 의미 변화 이론과 그 적용(Ⅰ)-The Principles of Semantics를 중심으로, 『한국어 의미학』5.

마성식(2000), Ullmann의 의미 변화 이론과 그 적용(Ⅱ)-Semantics: 의미 과학 입문을 중심으로, 『한국어 의미학』6.

박종갑(1992), 낱말밭의 관점에서 본 의미 변화의 유형, 『영남어문학』21.

성환갑(1991ㄱ), 의미의 축소와 확대, 『현산 김종훈박사 화갑기념론문집』, 집문당.

성환갑(1991ㄴ), 의미의 향상과 비하, 『도곡 정기호박사 화갑기념논총』, 대제각.

신은경(2002), '틈'[隙]의 의미에 관한 통시적 고찰, 『한국어 의미학』11.

심재기(1964/1982), 국어 어의변화의 구조적 연구, 『국어연구』11, 심재기(1982)에 재록.

심재기(1968/1982), 평가상으로 본 국어의 의미변화, 『이숭녕박사 송수기념논총』, 심재기(1982)에 재록.

심재기(1982), 『국어어휘론』, 집문당.

심재기 편(1998), 『국어 어휘의 기반과 력사』, 태학사.

심재기·이기용·이정민(1984), 『의미론서설』, 집문당.

유창돈(1980), 『어휘사연구』, 이우출판사.

윤평현(2008), 『국어의미론』, 역락.

이광호(1986), 의미령역에 따른 자석어변천고, 『언어연구』4, 대구언어학회.

이광호(1989), 의미의 가치변화에 따른 자석어변천, 『어문논총』23, 경북어문학회.

이광호(1995), 『유의어 통시론』, 이회문화사.

이기문(1991), 『국어 어휘사 연구』, 동아출판사.

이기숙(1993), 언어변화의 설명가능성과 예측가능성, 『독일문학』51, 한국독어독문학회.

이숭녕(1956), 국어의 의미변화 시고-의미론 연구의 한 제언, 『자유문학』창간호.

이을환(1959), 의미론연구(상)-언어학적 의미론, 『국어교육』2, 한국국어교육연구회.

이을환(1962ㄱ), 의미론연구(하), 『국어교육』3, 한국국어교육연구회.

이을환(1962ㄴ), 국어의미변화고-언어기호설을 중심으로 하여, 『국어학』1.

이을환(1962ㄷ), 어의변화(語義變化)의 심리적 고찰(心理的考察), 『한글』130.

이을환(1963), 국어 의미변화의 원인 연구-심리적·언어적 견지에서, 『숙대 논문집』3.

이을환(1964), 국어 의미변화의 사회적 고찰, 『숙대학보』4.

이을환(1967), 국어 통시의미론 서설의 일단, 『숙대 논문집』7.

이을환·이용주(1964), 『국어의미론』, 수도출판사.

이현희(1989), {스랑ᄒᆞ다}의 의미축소 연구, 『제효 이용주박사 회갑기념론문집』.

전재호(1962), 의미변화 서설의 일단, 『어문논총』1.

전재호(1987), 『국어어휘사연구』, 경북대학교출판부.

정교환(1980), 국어 의미변화의 연구, 『마산대 논문집』2.

조남호(2004), 의미 변화 이론의 수용과 전개, 『국어학』43.

조항범(1984), 국어 유의어의 통시적 고찰-명사·동사를 중심으로, 『국어연구』58.

조항범(1989), 어휘론 연구사, 『국어학』19.

조항범(1993),『국어의미론』, 와이제이물산.

조항범(1999), '전염'에 의한 의미 변화에 대하여,『인문학지』17, 충북대 인문학연구소.

천시권·김종택(1971),『국어의미론』, 형설출판사.

최창렬·심재기·성광수(1989),『국어의미론』, 개문사.

홍사만(1994),『국어의미론연구』, 형설출판사.

홍사만(2003),『국어 어휘의미의 사적 변천-유의어의 의미 기술』, 한국문화사.

Bréal, M. 저, Cust, H. 역(1964), *Semantics: Studies in the Science of Meaning*, Dover Publications.

Darmesteter, A.(1887), *La Vie des mots*, 최석규 역(1963),『낱말의 생태』, 문교부.

Guiraud, P.(1955), *La Sémantique*, 유제호 역(1986),『의미론』(탐구 끄세즈 문고 61), 탐구당.

Jeffers, R. J. & Lehiste, I.(1979), *Principles and Methods for Historical Linguistics*, The MIT Press.

Joseph, B. D. & Janda, R. D. eds.(2003), *The Handbook of Historical Linguistics*, Blackwell Publishing.

McMahon, A. M. S.(1994), *Understanding Language Change*, Cambridge University Press.

Stern, G.(1931/1965), *Meaning and Change of Meaning*, Indiana Univ. Press.

Traugott, E. C. & Dasher, R. B.(2002), *Regularity in Semantic Change*, Cambridge University Press.

Ullmann, S.(1957), *The Principles of Semantics*, 남성우 역(1981),『의미론의 원리』(재판), 탑출판사.

Ullmann, S.(1962), *Semantics: An Introduction to the Science of Meaning*, Basil Blackwell.

[5장]

강신항(1991),『현대국어 어휘사용의 양상』, 태학사.

구현정(1995), 남성형-여성형 어휘의 형태와 의미 연구,『국어학』25, 국어학회.

구현정(2004), 존비어휘화에 나타나는 인지적 양상,『한국어의미학』14.

국립국어연구원(2003),『국어 순화 자료집 합본』.

국립국어원·한국여성정책연구원(2007),『성차별적 언어 표현 사례조사 및 대안마련을 위한 연구』.

김광해(1993), 『국어 어휘론 개설』, 집문당.

김동언(1998), 국어 비속어의 개념과 특징, 『인문과학논집』5, 강남대학교 인문과학연구소.

김동언 편(1999), 『국어 비속어 사전』, 프리미엄북스.

김민수(1953), 은어(변말) 시고-특히 거지말(걸인어)를 중심으로 하여-, 『국어국문학』6.

김선풍(1994), 한국인의 금기어와 금기담, 『어문논집』23, 중앙어문학회.

김선희·이석규(1992), 남성어·여성어에 관한 연구, 『어문학연구』2-1, 목원대학교 어문학
　　　연구소.

김성배(1962), 한국금기어고(上), 『국어국문학』25, 국어국문학회.

김성배(1963), 한국금기어고(下), 『국어국문학』26, 국어국문학회.

김종훈·박영섭·김태곤·김상윤, 『은어·비속어·직업어』, 집문당.

김태엽(1995), 국어의 어휘적 높임 대립, 『우리말글』33, 우리말글학회.

김택구(1998), 대학생 사회의 은어 고찰, 『인문과학연구』5-2, 안양대학교 인문과학연구소.

김택구(2000), 대학생 사회의 은어 고찰(2)-은어 조어의 영역별 빈도와 조어유형의 다양성-,
　　　『인문과학연구』8, 안양대학교 인문과학연구소.

김혜숙(1989), 은어·속어를 통한 사회언어학적 고찰, 『목멱어문』3, 동국대학교 국어교육과.

남기심(1982), 금기어와 언어의 변화, 『언어와 언어학』8, 한국외국어대 언어연구소.

민현식(1997), 국어 남녀 언어의 사회언어학적 특성 연구, 『사회언어학』5-2, 사회언어학회.

박덕유(2004), 대학생 특수어의 사회학적 기능-1990년대를 중심으로, 『새국어교육』67, 한
　　　국어교육학회.

박덕유(2008), 사회언어학적 관점에서 본 대학생의 의식변화 고찰-은어와 속어를 중심으로,
　　　『새국어교육』80, 한국국어교육학회.

박영순(2001), 『한국어의 사회언어학』, 한국문화사.

박영준(2004), 한국어 금기어 연구-유형과 실현 양상을 중심으로, 『우리말연구』15, 우리말
　　　학회.

박정열·최상진(2003), 금기어 분석을 통한 한국인의 심층심리 탐색, 『한국심리학회지 : 일
　　　반』22-1, 한국심리학회.

성낙수(1993), 대학생들의 은어 고찰, 『한국어문교육』3, 한국교원대학교 한국어문교육연구소.

신희삼(2004), 인터넷 통신언어의 어휘적 의미, 『한국어의미학』15, 한국어의미학회.

오새내(2002), 한국어 여성비속어의 분류와 특성, 『한국어의미학』11, 한국어의미학회.

이선영(2007), 국어 신어의 정착에 대한 연구, 『한국어의미학』24, 한국어의미학회.

이옥련(1983), 한국 학생 은어 연구-발생원인 및 형성방법을 중심으로, 『한국국어교육연구
　　　회 논문집』24, 한국어교육학회.

이익섭(2000), 『사회언어학』, 민음사.

이정복(2007), 한국어 사전에 나타난 성차별 언어 연구, 『한국어학』34, 한국어학회.

임홍빈(1990), 어휘적 대우와 대우법 체계의 문제, 『강신항교수 회갑기념 국어학논문집』, 태학사.

임홍빈(1993), 국어의 여성어, 『국어사 자료와 국어학의 연구』, 문학과 지성사.

장소원·남윤진·이홍식·이은경(2002), 『말의 세상, 세상의 말』, 월인.

정인웅(2005), 고등학생의 비속어에 대한 연구-부천지역 고등학생을 중심으로, 한양대학교 대학원 석사학위논문.

조남호(2005), 국어 대우법의 어휘론적 이해, 『국어학』47.

조항범(2009), 『말이 인격이다』, 예담.

최상진·양병창·박정열·김효창(2002), 여성관련 금기어의 타당성 및 수용성 지각: 성차를 중심으로, 『한국심리학회지: 여성』7-1, 한국심리학회.

최학근(1977), 학생사회에서 사용되는 비어(은어), 『관악어문연구』2, 서울대학교 국어국문학과.

한국여성개발원(1996), 『성차별적 언어 사용에 관한 연구』.

[6장]

강신도(2005), 『속담 관용어 사전』, 흑룡강 민족출판사.

강위규(1990), 우리말 관용표현 연구, 부산대 박사 학위 논문.

강위규(1998), 『국어 관용표현 연구』, 세종출판사.

강현화(1988), 『국어 숙어표현에 대한 고찰』, 연세대 석사 학위 논문.

강현화(1992), 숙어표현의 사전 처리 문제에 관하여, 『연세어문학』24.

고광주(2000), 관용어의 논항구조와 형성제약, 『어문논집』42, 민족어문학회.

권경일(1997), 국어의 상투적 비유 표현에 대한 연구, 『사전편찬학연구』7.

김규선(1978), 국어 관용어구(idiom)의 연구, 『논문집』14, 대구교육대학.

김기수(1994), 관용적 은유의 인지적 연구, 세명대학교, 『인문사회과학연구』1.

김명춘(2008), 한국어 신체 관용표현 교육 방안 연구, 부산외국어대 석사 학위 논문.

김문창(1975), 국어 관용어의 연구-숙어 설정을 중심으로-, 『국어연구』30, 서울대국어연구회.

김문창(1976), '손 : 手'의 어휘체계에 대하여-숙어생성론의 관점에서-, 『국어교육』29.

김문창(1980), 국어의 관용어 연구, 『대구 교육논문집』14.

김문창(1990ㄱ), 『숙어개념론』, 기곡 강신항 선생 화갑기념논문집 간행위원회.

김문창(1990ㄴ), 『관용어, 국어연구 어디까지 왔나』, 동아출판사.

김문창(1991), 관용어, 『한국민족문화대백과사전』3, 한국정신문화연구원.

김문창(2003), 한국어 관용표현 연구 약사, 『한국어의미학』13, 한국어의미학회.

김승호(1981), 관용어 연구 시론, 『어문학교육』4, 한국어문교육학회.

김영철(2003), 국어 관용어에 관한 고찰, 『국어문학』35.

김옥분(1994), 한국어 관용어 연구 동향에 대한 고찰, 인하대 석사 학위 논문.

김옥분(1995), 관용어의 구조적 특질과 일반어와의 구분 문제, 『인천국어교육』11, 인천광
　　　역시 중등학교 국어 · 한문 교과 연구회.

김옥분(2000), 신체어 관용구의 인지 이해, 『한국학 연구』11, 인하대학교 한국학연구소.

김은화(2008), 중국인에 대한 한국어 속담과 관용어 교육에 대하여, 『중국조선어문』3, 길림
　　　성민족사무위원회.

김인택(1998), 한반도 남부지역과 일본규슈지역의 인체어 구성 관용표현 비교 연구, 『한국
　　　민족문화』11, 부산대학교 한국민족문화연구소.

김인한(1983), 국어의 관용어에 대한 고찰-그 의미와 표현구조를 중심으로, 전남대학교 석
　　　사 학위 논문.

김재정(2004), 관용적 표현, 『고시월보』315, 고시연구사(월보).

김종택(1971), 이디엄(idiom) 연구, 『어문학』25, 한국어문학회.

김진봉(1949), 『일용숙어강화』, 한미문화사.

김진식(1995), 인체어 <눈>의 관용표현 연구, 충북대학교, 『개신어문연구』12.

김진식(1996), 관용어와 속담의 특성 고찰(Ⅰ)-상이점을 중심으로, 『개신어문연구』13, 충북대.

김진식(1997), 관용어의 속담의 특성 고찰(Ⅱ), 『오당 조항근 선생 화갑 기념논총』, 보고사.

김진정(1969), Idiomatic Phrase에 대한 연구, 고대 교육대학원 석사 학위 논문.

김진해(1996), 관용어의 통사 · 의미론적 제약 연구, 경희대 석사 학위 논문.

김진해(2003), 관용어의 직설의미와 관용의미의 관계 연구, 『한국어의미학』13, 한국어의미
　　　학회.

김한샘(1999), 현대국어 관용구의 계량언어학적 연구, 연세대 석사 학위 논문.

김한샘(2003), 자연언어처리를 위한 관용표현 연구, 『한국어의미학』13, 한국어의미학회.

김한샘(2003), 한국어 숙어의 의미 빈도, 『계량언어학』2, 박이정.

김향숙(1999), 한국인의 감정표현 관용어 : 슬픔을 중심으로, 『인천국어교육』15.

김향숙(2000ㄱ), 한국어의 '눈(目)숙어', 『한국학 연구』11, 인하대학교 한국학 연구소.

김향숙(2000ㄴ), 관용어에 나타난 사랑과 미움의 의미 연구, 『인천어문학』16, 인천어문

김향숙(2001ㄱ), '분노' 표현 관용어에 나타난 의미 연구, 『어문연구』110.

김향숙(2001ㄴ), 한국어 감정표현 관용어 연구, 인하대 박사 학위 논문.

김현진(2006), 한국어 관용표현의 교수-학습 방법 개선에 대한 연구, 대구대 석사 학위 논문.

김형배(1995), 사동과 피동표현의 숙어 연구, 『건국대학교 대학원 학술논문집』41.

김혜숙(1991), 익은말과 다른 관용어구와의 관계, 『논문집』18, 세종대.

김혜숙(1993), 한국어 익은말 연구, 『목멱어문』5, 동국대 국어교육과.

나은영(1989), 국어 관용어 연구, 서울여대 석사 학위 논문.

나은영(1999), 관용구의 통사.의미 자질 분석, 『태릉어문연구』8, 서울여대.

남기심(2001), 언어의 관용적 성격, 『새국어생활』11-1, 국립국어연구원.

남선형(1996), 국어 관용어 연구, 고려대 교육대학원 석사 학위 논문.

남창임(2007), 슬픔을 나타내는 관용구의 한일 대조연구, 『한국일본어문학회 학술발표대회 논문집』26, 한국일본어문학회.

노수련(1936), 언어 기구에 대하여 : 관용어와 어법에 대한 고찰, 『정음』16, 조선어학연구회.

묘춘매(2006), 한국 한자어 관용표현의 유형 연구, 강원대 박사 학위 논문.

문금현(1996ㄱ), 국어의 관용표현 연구, 서울대 박사 학위 논문.

문금현(1996ㄴ), 관용표현의 생성과 소멸, 『국어학』28, 국어학회.

문금현(1997), 신문에 나타난 관용표현의 특징, 『국어국문학』120, 국어국문학회.

문금현(1999), 『국어의 관용표현 연구』, 태학사.

문금현(2000), 구어적 관용표현의 특징, 『언어』25-1, 한국언어학회.

문종선(1995), 국어 관용어 연구, 원광대 교육대학원 석사 학위 논문.

민충환(1998), <우리 동네>에 나타난 특이한 관용어구, 『어문연구』100, 한국어문교육연구회.

민현식(2003), 관용표현의 범위와 유형에 대한 재고, 『한국어 의미학』12, 한국어의미학회.

박경선(2000), 감정분류에 의한 신체어휘 관용구 고찰, 중앙대 석사 학위 논문.

박동근(1995), 한국어 관용표현의 통사적 특성 연구 : 사·피동법 제약을 중심으로, 『건국어 문학』19.20, 건국대.

박만규(2002), 관용표현의 범주적 정체성 확립을 위하여, 『제29회 국어학회 전국학술대회 발표논문집』, 2002. 12. 16~18, 국어학회.

박만규·이선웅·나윤희·이광호(2001), 『21세기 세종계획 관용표현 전자사전 구축에 대하여』.

박만규·이선웅·나윤희·이광호(2001), 『21세기 세종계획 관용표현 전자사전 분과 보고서』.

박만규·천미애(2003), 관용표현의 범주적 정체성 확립을 위하여, 『국어학』41, 국어학회.

박세영(2001), 국어 관용구의 판정에 대한 연구, 고려대 석사 학위 논문.

박영순(1985), 관용어에 대하여, 『국어교육』53.54, 한국국어교육연구회.

박영아(2000), 국어 신체어 관련 관용표현 연구, 충남대 석사 학위 논문.

박영준(1993), 국어 관용어 사전 편찬을 위하여, 『우리어문연구』6.7.

박영준·최경봉(1996), 『관용어 사전』, 태학사.

박영희(1992), 신체 어휘에 관한 관용구의 연구, 중앙대 교육대학원, 석사 학위 논문.

박진수(1986), 국어 관용어 연구, 경북대 석사 학위 논문.

박진호(2003), 관용표현의 통사론과 의미론, 『국어학』41, 국어학회.

박혜경(1994), 국어 관용어 연구, 원광대 석사 학위 논문.

성광수(1995), 국어 관용표현의 구조와 의미적 특성, 『성곡논총』26-상, 성곡재단.

송민(2007), 개화기국어에 나타나는 신생어와 관용구, 『한국현대문학회 발표 자료집』, 한국현대문학회.

송민(1979), 언어의 접촉과 간섭 유형에 대하여 : 현대 한국어와 일본어의 경우, 『논문집』10, 성심여대.

송효빈(2000), '보다' 관용구문에 대한 연구, 『어문연구』33, 어문연구학회.

시정곤(1991), 국어의 관형구성의 형태·통사적 양면성, 『어문논집』30, 고려대 국어국문학연구회.

신희삼(2001), 관용어의 유형과 분석, 동신대, 『인문논총』8.

심재기(1982), 속담의 종합적 검토를 위하여, 『관악어문연구』7, 서울대 국문과.

심재기(1986), 한국어 숙어의 화용론적 연구, 『관악어문연구』11, 서울대 국문과.

심재기(1988), 숙어의 화용론적 고찰, 『꼭 읽어야 할 국어학 논문집』, 집문당.

심재기(1998), 남북한 관용표현 비교, 『통일논총』11, 숙명여자대학교 통일문제연구소.

안경화(1986), 한국어 숙어 유형에 대한 분석적 연구, 서울대 석사 학위 논문.

안경화(1997), 동사 숙어의 숙어성에 대하여, 『대전어문학』14, 대전대.

양동휘(1978), 국어 보조동사의 관용성, 『설당 김영희 박사 송수기념 영어영문학논총』, 형설출판사.

양영희(1995), 관용표현의 의미 구현 양상, 『국어학』26, 국어학회.

오제운(1982), 국어의 관용어 연구, 원광대 석사 학위 논문.

용은미(2000), 국어 분노 표현 관용어 연구, 세종대 석사 학위 논문.

윤소희(1986), 한국어 익은말에 대하여, 연세대 교육대학원 석사 학위 논문.

윤희수(1989), 관용어의 고정된 어순 분석, 『논문집』10, 금오공과대학.

윤희수(1990), 관용어의 굳은 정도, 『논문집』11, 금오공과대학.

이기동(1997), 관용어, 은유 그리고 환유 1, 『담화와인지』4-1, 담화·인지언어학회.

이만기(1993), 북한 숙어의 개념론, 『인천국어교육』9.

이만기(1995ㄱ), 북한 숙어(관용어) 자료집의 검토, 『인천국어교육』10.

이만기(1995ㄴ), 북한의 숙어에 대하여, 『국어교육연구』7, 인하대학교

이만기(1996), 남북한 관용어에 대한 요약적 이해, 『인천국어교육』11.

이상섭·남기심·이희자·유현경(2001), 현대 국어 관용어 사전 편찬의 연구, 1999년도 연세대 학술연구비에 의한 연구 보고서.

이상억(1993), 국어 관용표현의 분석과 어휘부 내에서의 처리, 『인문논총』34, 서울대.

이연숙(1996), 국어 관용어 연구, 충북대 교육대학원 석사 학위 논문.

이영희(1982), 국어의 관용적 표현과 의미의 다의화에 관한 연구, 인하대 석사 학위 논문.

이정민(1992), 관용표현의 논항구조, 전산처리를 위한 국어 관용표현 연구, 제26회 어학연구회.

이종철(2001), 관용적 어휘소의 사용 양상과 지도 방법,『국어교육』104, 한국국어교육연구회.

이창호(1997), 국어 관용어 연구, 대구대 석사 학위 논문.

이택희(1983), 관용적 표현의 언어 의미 연구, 전북대 교육대학 석사 학위 논문.

이혜원(1987), 한국 관용어 소고,『한국어문교육』2, 고려대학교.

이훈종(1961), 관용구와 그 배후 민담,『국어국문학』24, 국어국문학회.

이희자(1994), 현대국어 관용구의 결합 관계 고찰,『제6회 한글 및 한국어정보처리학술대회 발표논문집』, 한국정보과학회/한국인지학회.

이희자(1995), 현대 국어 관용구의 결합 관계 고찰,『대동문화연구』30, 성균관대 대동문화연구소.

이희자·최경봉(2003), '관용표현'의 사전학적 연구,『국어학』41, 국어학회.

이희자(1994), 현대국어 관용구의 결합관계 고찰, 제16회 한글 및 한국어정보 처리 학술대회.

임경순(1979), 관용어와 언어구조 : Chafe의 의미와 언어구조를 중심으로,『용봉논총』9, 전남대.

임수영(2000), 다요소적 현상으로서의 통사적 관용구의 분석방법에 관한 문제, Lomono-sovski je cteni je 1, 모스크바 국립대학.

임지룡·윤희수(1989),『어휘 의미론』, 경북대 출판부.

장세경·장경희(1994), 국어 관용어에 관한 연구-정서 표현을 중심으로-,『한국학논집』25, 한양대학교 한국학연구소.

전일심(1982), 관용어구의 연구, 건국대 교육대학원 석사 학위 논문.

정옥주(1985), 한국어 관용어 연구, 고려대 교육대학원 석사 학위 논문.

정지도(1990), 현대 조선말 성구에 대하여,『언어학론문집』8, 사회과학출판사. 평양.

정지도(1991), 굳은 단어 결합들의 구성문제,『조선어문』3, 과학백과사전종합출판사, 평양.

정혜정(2001), '고양이'와 '개'에 관련된 관용표현 연구,『논문집』33, 한국외국어대.

조남호(2008),『구슬 서 말을 꿰어 보배로 만드는 속담 활용 글쓰기』, 랜덤하우스.

조민정·신자영(2003), 한국어 스페인어 관용표현 대조 분석,『초등국어교육』13, 서울교육대학교 국어교육과 초등 국어 교육 연구소.

조암(1999), 한·중 양국어의 속어와 관용어 대비 소고,『어문연구』101, 한국어문교육연구회.

조재윤(1988), 한국 속담의 구조 분석 연구, 고려대 박사 학위 논문.

조현용(2003), 비언어적 행위 관련 한국어 관용표현 교육 연구,『한국어교육』14, 국제한국어교육학회.

주경미(2006), 신소설에 나타난 신체어 관련 관용표현 연구, 『한국언어문학』58, 한국언어
　　문학회.

주경희(2002), 속담과 관용어의 차이점, 『국어국문학』130.

주영진(2001), 우리말 속담의 관용어 되기 원리, 『동남어문논집』12, 동남어문학회.

지경숙(1999), 국어 관용어의 의미론적 연구, 한국교원대 석사 학위 논문.

최경봉(1992), 국어 관용어 연구, 고려대 석사 학위 논문.

최경봉(1994), 관용어의 의미구조, 『어문논집』33, 고려대.

최경봉(1995), 국어사전에서의 관용적 표현의 처리 문제, 『한남어문학』20, 한남대.

최경봉(2000), 관용어의 구성 형식과 의미 구조, 『한국언어문학』45, 한국언어문학회.

최병진(1988), 관용구를 바탕으로 하는 파생명사 분류, 한국외국어대 석사 학위 논문.

최성윤(1992), 관용구에 대한 고찰, 중앙대 교육대학원 석사 학위 논문.

하진희(2005), '손'관련 관용표현의 관용성 척도 연구, 『국어국문학』24, 국어국문학회.

한정길(1986), 숙어표현에 대하여, 『어학연구』22-1, 서울대 어학연구소.

허 양(1989), 한국어 관용어 연구, 인하대 석사 학위 논문.

홍기선(1998), 한국어의 관용어구와 논항구조, 『어학연구』34-3, 서울대 어학연구소.

홍재성(1991), 구어적 한국어 관용표현 사전의 주축을 위하여, 한국어의 특질 및 대화체
　　기계번역에 관한 연구, KAIST.

홍재성(1992ㄱ), 자유표현, 관용표현, 그리고 기능동사 구문, 『제26회 어학연구소 발표집』,
　　서울대학교.

홍재성(1992ㄴ), 한국어 관용표현 연구의 한 시각, 국어학회 제19회 공동연구회 발표문.

홍재성(1993), '먹다' 숙어동사 구문의 통사적 기술, 『어학연구』29-3, 서울대학교 어학연구소

홍재성(1997), 제한된 동사 활용형으로 구성된 관용표현, 『새국어생활』7-2, 국립국어연구원.

홍철기(1994), 관용어 연구 시론, 『어문논집』23, 중앙대.

황수미(1994), 국어 관용어의 의미론적 고찰, 고려대 교육대학원 석사 학위 논문.

황희영(1977), 한국 익힘말(관용어구)의 생성과 유형고, 『인문학연구』4.5, 중앙대 인문학연
　　구소.

황희영(1978), 한국 관용어 연구, 『성곡논총』9, 성곡재단.

小林雅明(1994), 한·일 양어 신체 관련 숙어의 비교 연구 : 신체어의 내포적 의미를 중심으
　　로, 서울대 석사 학위 논문.

Cruse, D. A.(1986), *Lexical Semantics*, Cambridge University Press.

Makkai, Adam. 1984. *A Dictionary of American Idioms*, Barron's Educational Series
　　Inc.

Norrick, N. R.(1981), *Semiotic Principles in Semantic Theory*, Amsterdam/John Benjamins B.V.

Nunberg, G., Ivan A. Sag & T. Wasow(1994), *Idioms, Language*, Vol. 70, No 3, Stanford University.

Ortony, Andrew(1979), *Metaphor and Thought*, Cambridge University Press.

Wasow, T., Ivan A. Sag & G. Nunberg(1984), *Idiom: An Interim Report, Proceedings of the XIIIth International Congress of Linguists*, ed. by Shiro Hattori and Kazuko Inoue, Tokyo: Nippon Toshi Center.

찾 ● 아 ● 보 ● 기

• 저자 소개

심재기
서울대학교 명예교수
1938년 인천에서 태어나 서울대학교 국어국문학과를 졸업하고 서울대학교 대학원에서 1981년에 문학박사 학위를 취득했다. 『국어어휘론』, 『국어 어휘론 신강』 등 어휘론에 관한 다수의 논저가 있다. 서울대학교 국어국문학과에 재임하는 동안 이 책의 다른 공저자들을 후학으로 양성했다.

조항범
충북대학교 인문대학 국어국문학과
1958년 충청북도 청주에서 태어나 동국대학교 국어국문학과를 졸업하고 서울대학교 대학원에서 1992년에 문학박사 학위를 취득했다. 논저로는 『국어 친족어휘의 통시적 연구』, 『국어어원론』 등이 있으며 어원, 의미 변화 등에 관심을 기울이고 있다.

문금현
숙명여자대학교 한국어문학부
1962년 광주에서 태어나 숙명여자대학교 국어국문학과를 졸업하고 서울대학교 대학원에서 1996년에 문학박사 학위를 취득했다. 논저로는 『국어의 관용 표현 연구』, 『대학생을 위한 화법 강의』(공저) 등이 있으며 현재는 외국인을 위한 한국어 어휘 교육, 한국어 화용 교육에 관심을 갖고 있다.

조남호
명지대학교 인문대학 국어국문학과
1964년 인천에서 태어나 서울대학교 국어국문학과를 졸업하고 서울대학교 대학원에서 1997년에 문학박사 학위를 취득했다. 논저로는 『두시언해 한자어 연구』, 『한국어 학습자용 말뭉치의 구축과 활용』(공저) 등이 있다. 단어의 역사적 변천, 어휘의 사용 양상 등에 관심을 두고 있다.

노명희
성균관대학교 문과대학 국어국문학과
1965년 서울에서 태어나 성균관대학교 국어국문학과를 졸업하고 서울대학교 대학원에서 1998년에 문학박사 학위를 취득했다. 논저로는 『현대국어 한자어 연구』, 『국어 한자어와 고유어의 동의중복현상』 등이 있으며 주로 한자어의 어휘적 특성과 단어 형성에 관심을 두고 있다.

이선영
홍익대학교 문과대학 국어국문학과
1967년 대구에서 태어나 서울대학교 국어국문학과를 졸업하고 서울대학교 대학원에서 2002년에 문학박사 학위를 취득했다. 논저로는 『국어 어간복합어 연구』, 『우리말 연구 서른아홉 마당』(공저) 등이 있으며 국어 어휘의 통시적 변화에 관심이 있다.

개정판

국어 어휘론 개설

초판 1쇄 발행   2016년 8월 30일
초판 4쇄 발행   2020년 10월 30일

지 은 이   심재기·조항범·문금현·조남호·노명희·이선영
펴 낸 이   박찬익
편 집 장   한병순

펴 낸 곳   ㈜ **박이정**
주   소   경기도 하남시 조정대로45 미사센텀비즈 7층 F749호
전   화   (031) 792-1193, 1195
팩   스   (02) 928-4683
홈페이지   www.pjbook.com
이 메 일   pijbook@naver.com
등   록   2014년 8월 22일 제2020-000029호

ISBN 979-11-5848-237-4 (93710)

* 책값은 뒤표지에 있습니다.